KB088758

학교교육 제4의 길 ❷

학교교육 변화의 글로벌 성공사례

THE GLOBAL FOURTH WAY

Copyright © 2012
All rights reserved.

Korean translation copyright © 2015 by ERICK PUBLISHER
Korean translation rights arranged with Corwin Press, Inc.,
SAGE Publications company
through EYA (Eric Yang Agency)

이 책의 한국어판 저작권은 EYA(Eric Yang Agency)를 통해
Corwin Press Inc., SAGE Publication company와 독점 계약한
'교육을바꾸는사람들'에 있습니다.
저작권법에 의하여 한국 내에서 보호를 받는 저작물이므로
무단전재와 복제를 금합니다.

앤디 하그리브스 · 데니스 셜리 | 지음
이찬승 · 홍완기 | 옮김

The Global Fourth Way

학교교육 변화의 글로벌 성공사례

학교교육 제4의 길 ②

교육을바꾸는사람들

| 일러두기 |

1. 주석은 모두 옮긴이 주입니다.
2. 본문 중 위 첨자로 기입된 숫자는 저자가 참고문헌을 표시한 것입니다. 책의 뒷부분에 위치한 '참고문헌' 부분에서 해당 번호를 찾아가시면 저자가 집필에 참고한 문헌을 확인하실 수 있습니다.
3. 인명, 지명 등의 외래어는 국립국어원의 외래어표기법을 따랐습니다. 단, 국외 학회지의 표제나 연구 프로젝트명과 같은 경우 국내 학회나 문헌, 언론에서 통용된 사례를 참고해 표기했습니다.
4. 저작물의 제목에는 다음 기준에 따라 약물을 사용했습니다. 신문이나 잡지와 같이 여러 편의 작품으로 엮인 저작물이나 단행본 등의 서적인 경우 겹낫표(『 』)를 사용했고, 그 외 노래와 같은 예술작품의 제목, 논문과 같은 단편적 저작물, 법률이나 규정인 경우 홑낫표(「 」)를 사용했습니다.

앤디 하그리브스Andy Hargreaves는 현재 보스턴 칼리지의 교육대학인 린치Lynch 스쿨에서 토마스 모어 브래넌 석좌교수*로 재직 중이다. 토마스 모어 브래넌 석좌교수직의 직무는 사회정의를 증진하고 교육의 이론과 실천을 결합하는 일이다. 이전에는 초등학교에서 근무했고 옥스퍼드를 포함한 여러 영국 대학에서 강의했다. 보스턴 칼리지에 부임하기 전에는 토론토 대학 교육대학원에서 교육혁신 국제센터International Center for Educational Change의 공동 설립자 겸 이사로 일했다. 그는 미국, 캐나다, 영국, 홍콩, 스웨덴, 일본 및 싱가포르에서 초빙교수를 역임했고 스칸디나비아 반도에서 가장 오래된 스웨덴의 웁살라대학에서 명예박사 학위를 받았다. 캐나다 교육연구에 대한 뛰어난 공헌을 인정받아 휘트워스 상Whitworth Award을 수상하였다.

하그리브스는 학술지 『교육개혁 연구Journal of Educational Change』의 창간인이자 편집장이다. 또한 『교육개혁 핸드북International Handbook of

* 보스턴 칼리지의 토마스 모어 브래넌 석좌교수직(Thomas More Brennan Chair)은 2011년 미국 대폭발 테러사건(911테러)으로 세계무역센터(WTC) 건물에서 희생된 금융인 토머스 모어 브래넌을 기리고자 그의 모교인 보스턴 칼리지 동문들이 조성한 재단에서 모교에 기부한 기금으로 연구활동을 하도록 대학에서 지정한 교수직이다.

Educational Change』 1, 2판의 수석편집인을 지냈다. 그는 우수 편저자로 30권 이상의 책을 저술 또는 편집했으며, 그중 일부는 우수 저서로 꼽혀 수상했다. 최근의 저서로는 『교직과 교사의 전문성 자본: 학교를 바꾸는 힘Professional Capital(마이클 풀란 공저, 2012)』, 『학교교육 제4의 길 (1)(2)the Fourth Way, the Global Fourth way(데니스 셜리 공저, 2009, 2012)』, 『Sustainable Leadership 지속가능한 리더십(딘 핑크 공저, 2006)』 등이 있다. 앤디 하그리브스에 대한 자세한 최신 정보는 홈페이지 www.andyhargreaves.com 에서 얻을 수 있다.

데니스 셜리Dennis Shirley 역시 보스턴 칼리지 린치스쿨에서 교수로 재직하고 있다. 그는 지역사회 조직화와 교육변혁에 대한 연구 분야를 개척하여 많은 나라에서 강연요청을 받고 있다. 셜리의 최근 저술들은 『교육리더십Educational Leadership』, 『파이 델타 카판Phi Delta Kappan』, 『사범대학 보고서Teachers College Record』, 『교육변혁the Educational Change』 등에 실렸으며 많은 언어로 번역되었다. 캘리포니아 주 의회 교육위원회, 매사추세츠 주 교육위원회 및 미국 국회 등에서 교육전문가로서 증언했다. 영어 외에도 독일어와 스페인어에 능통하다.

최근 셜리는 미국에서는 포드재단Ford Foundation의 교원노조 개혁 네트워크Teachers Union Reform Network(TURN)의 지방위성조직 확대연구를 마무리했다. 현재는 보스턴 칼리지의 대학기술혁신 책임연구원으로서 신기술이 주의력을 분산시키거나 방해하지 않고 주의집중에 긍정적인 영향을 미칠 가능성에 대해 연구하고 있다. 이 분야의 연구는 엘리자베스 맥도널드Elizabeth Macdonald와 공저한 그의 책 『사려 깊은 교사the Mindful Teacher(2009)』에 기초하고 있다. 해당 서적 및 관련 프로그램에 대한 자세한 정보는 홈페이지 www.mindfulteacher.com 에서 얻을 수 있다.

셜리는 호주 교육지도자협의회 순회학자traveling scholar로 있으며 하버드 대학, 싱가포르국립교육원 및 바르셀로나 대학의 초빙교수직을 맡고 있다. 미국교육연구협의회의 교육변혁 특별 이익단체 부문의 장을 맡고 있다. 하버드 대학에서 명예박사 학위를 받았다. 데니스 셜리에 대한 자세한 최신 정보는 홈페이지 www.dennisshirley.com 에서 얻을 수 있다.

차례

공교육이 침체에 빠져 있다. 대규모의 교육개혁도 마찬가지다. 적어도 대부분의 교사와 많은 교장들이 그렇게 생각하고 있다. 지난 50여년간 영미권 국가에서 일어난 일들을 살펴본 결과, 거의 모든 곳에서 공교육에 대한 질타가 날로 거세졌다. 교육이 공동선을 위한 것이라는 교육본질에 대한 생각이 희박해졌고, 개별 학생의 시험성적을 향상시킬 수 있다면 설령 그 교육이 순전히 이윤을 추구하는 것일지라도 누구나 교육서비스의 공급자가 될 수 있다는 주장마저 대두됐다. 중앙정부의 통제를 받으면서 재정을 지원받는 자유학교free schools, 협약학교charter schools와 민간위탁 협약학교academies와 같은 학교들에 대한 선호가 증대되면서, 지방정부가 학교를 관리하던 민주적 관행이 퇴색되거나 사라지고 있다. 세상은 빠르게 변한다. 하지만 늘 올바른 방향으로 변하는 것은 아니다.

최근의 심각한 문제상황 중 하나는 교사에 대한 사회적 공격이 날로 거세지고 있다는 점이다. 교직은 지속적으로 평가절하되고 있다. 아이들을 성장시킨다는 고무적인 교육목적이 좋아 교사는 교직을 택하고 학생들은 배움에 적극 참여하는 것이 교육현장의 모습이어야 하지만, 이제 이런 교육은 더 이상 공식적으로 존중되지 않는다. 아이가 처음 글을 유창하게 읽는 순간, 학생이 눈을 반짝이며 평생 자신이 추구해나갈 분야가 무엇인지 깨닫는 순간, 또는 학생이 책으로 학습한 바를 자신의 삶과 언어와 문화에 연관짓는 방법을 깨닫는 순간에서 교사들은 기쁨과 환희를 느낀다. 어린 학생들에게 자연의 경이로움을 가르칠 때, 아이들이 공평함, 죽음, 신에 관해 품는 의문들에 대답해줄 때, 집단따돌림 현상을 해결해 약자들을 보호할 수 있게 되었을 때, 교사들은 자신의 직업에 감사하고 자신이 제대로 교육하고 있다는 확신을 가진다. 하지만 '시험성적을 끌어올려라. 다른 학교, 다른 교사들과 경쟁해라. 정부주도로 만들어진 교육과정을 있는 그대로 가르쳐라. 감정이 무뎌져 기분장애 상태에 이를 가능성이 있더라도 문해력과 산수능력을 강조하여 지속적으로 가르쳐라.'와 같은 요구가 빗발치는 환경에서 교육자의 보람이란 아주 먼 일이 되고 만다.

교사의 교수행위에 대한 공격을 넘어, 교사의 인격이나 임금에 대한 모욕도 이어졌다. 경제가 어려울 때에는 교사들이 애써 번 연금 수당을 사회적 사치로 표현하며 적정 수준으로 삭감할 것을 요구하는 목소리가 높아진다. 실제로 세계경제의 붕괴 이후 대중의 분노는 은행가가 아니라 공공영역 종사자, 특히 교사를 향했다. 언론매체들이 앞장섰다. 학생들의 시험성적 데이터라는 것은 본래 수시로 변화할 수 있으며 신뢰성이 높다고 말하기 어려운 경우가 많다. 그런데 이 데이터를 가지고 교사들을 비교하고 평가해 상벌의 기준으로 삼았다. 과거에는 오랜 기간 힘든 수련을 거쳐야 전문직 자격을 얻을 수 있었지만, 이제는 여름휴가 기간 몇 주 동안 속성으로 교육을 받으면 취득할 수 있다*. 물론 현재 교육적 성공을 거두고 있는 나라들은 그렇지 않다.

이런 교육개혁이 20년 이상 지속되면서 교사들을 지치게 만들었다. 2012년 메트라이프MetLife, Inc. 보험사가 미국 교사들을 대상으로 진행한 조사에 따르면 미국에서 교직은 쇠퇴하고 있다. '자신의 직업에 매우 만족한다'고 응답한 교사는 전체 응답자의 59%였는데 2년 뒤에는 44%로 급감했다. 대신, 이직을 고려하고 있다는 응답이 17%에서 29%로 뛰었다.[1] 학생들이 자신을 가르치는 교사가 낮은 직업 만족도를 지니고 있으며 세 명 중 한 명의 교사는 이직을 고려하고 있다는 사실을 알게 된다는 걸 상상해보자.

개혁이 지지부진하자 그 영향이 개혁 자체에도 미쳤다. 오랜 기간 동안 다양한 국가에서 교육개혁을 시도했지만 번번이 실패를 거듭했다. 하지만 이런 실패가 개혁을 주도하는 주체들의 열기를 꺾지는 못했다. 오히려 개혁의 주체세력들은 타국의 교육시스템에서 거둔 높은 학업성취도와 증거를 기반으로 개혁 반대세력들의 의견을 반박했다. 영미의 개혁가 중에는 기존의 노선을 도중에 바꾸지 않고 끝까지 밀어붙이는 경우가 너무 많다.

모순되는 증거들을 살펴보자. 첫째, 미국에서는 많은 교구가 관내

* 이 책의 원서 출간 국가인 미국의 상황에 대한 설명이다.

모든 공립학교를 협약학교 운영주체*에 넘겨 협약학교로 전환을 했지만 종합적으로 볼 때 협약학교들의 학업성취도가 전통적인 공립학교보다 오히려 낮다.[2] 영국의 민간위탁 계약학교인 아카데미의 경우 일부가 좋은 성과를 내고 있지만 다수는 전통적인 학교의 성취도보다 나은 결과를 일관되게 유지하지 못하고 있다.[3] 둘째, 학교들은 교사의 일자리를 줄여가면서까지 컴퓨터 등의 첨단기기 사용에 많은 투자를 했지만 학생들은 교사에 의해 면대면으로 배우기를 원하고 학업성취도 결과도 면대면으로 공부한 경우가 더 높은 것으로 판명되었다.[4] 셋째, 학생의 시험성적과 교사의 봉급을 연계하고자 하는 부단한 노력이 있어왔지만, 사실 시험성적을 근거로 한 성과급 시행이 가르치는 일의 탁월한 성취를 낳는다는 증거는 거의 전무하다. 복잡한 업무를 수행하는 어떤 전문직종에서도 외적 인센티브는 성취를 높이지 못한다.[5] 설상가상으로 이런 비효율적인 정책이 개발도상국으로 수출되고 있는데, 이들 국가들은 이용가능한 자원마저 적다.[6]

변화의 이런 방향성들(시장모델식 학교개선, 기기/기술에 대한 과잉투자, 성과급)로 인해 교직에 대한 사람들의 인식이 바뀌었다. 교사의 소양이란 속성교육과정을 통해서도 갖출 수 있다는 것이 그것이다. 교수자의 교수능력은 4년에서 8년 정도의 현장경험이 쌓여야 정점에 이를 수 있는데도 불구하고 그 시간을 채우지 못하고 직업을 이탈하는

* 미국에서 다수의 협약학교를 관리하거나 새로운 협약학교를 세우는 비영리 단체로 영문을 줄여 CMO라고 지칭한다. KIPP, 로켓십 차터스쿨즈(Rocketship Charter Schools), 그린 닷 스쿨즈(Green Dot Schools) 등과 같은 단체들이 있다.

사람이 늘어나고 있다.[7]

이에 세계적으로 눈여겨볼 만한 사례들이 있다. 핀란드, 싱가포르 그리고 캐나다 같이 교육면에 있어서 다소 성공을 거두었다고 일컬어지는 국가들의 교육시스템에는 건실한 공교육이 있다. 이 나라들에서는 지역주민들이 학교교육에 참여한다. 시험은 신중하게 시행되며 전국적으로 과도하게 치러지지 않는다. 세세한 영역까지 표준화하지 않고 혁신을 선호한다. 교사의 성과급은 학생의 시험성적 데이터를 근거로 삼지 않는다. 단기간의 속성연수가 아닌 집중연수를 통해 교직소양을 향상시키며, 교직은 평생직업으로서 한 사람이 일생을 들여 업으로 삼을 만한 것으로 여겨진다.

지금보다 더 나은 길이 있다. 지난번 책『학교교육 제4의 길 (1)』* 에서 대강을 소개했다.[8] 우리는 그 책에서 연구를 바탕으로 학교변혁을 위한 새로운 구조를 명확하게 설명했다. 학교가 교육적으로 성공하기 위해서는 학교시스템을 구성하고 있는 교육자들에게 영감을 주는 올바른 목표, 전문성을 강화 · 발전시키려는 노력, 그리고 문화와 구조 간 연계의 필요성을 강조한다. 문화와 구조가 유기적으로 연계되어야 전체가 통합적으로 작동할 수 있다.

기존의 세 가지 변화의 길, 즉 제1, 제2, 제3의 길은 나름 강점을 지니고 있으나 학교의 완전한 잠재력을 실현하는 데 있어서는 각기 실제적 한계에 부딪쳤다. 1960년대 시작된 제1의 길에서 교사들은

* 본 서적의 전편으로, 원서명은『The Fourth Way: The Inspiring Future for Educational Change』이다.

전례 없이 큰 수업자율성을 누렸으나 자신들이 배운 내용을 확산시키거나 통합시키지 못했다. 1980년대에 시작된 학교변화 제2의 길은 성취기준을 설정하고 그것의 달성을 위해 시장주의적 경쟁이라는 무기를 동원해 강력한 드라이브를 걸었다. 하지만 성취기준이라는 '표준'의 설정은 교육혁신보다는 교육의 표준화를 유발하고 말았다. 영국과 캐나다의 일부 지역에서 매우 성공적으로 시작되었으나 미국에서는 극히 일부 지역에만 영향력을 발휘한 제3의 길에서는 교사들이 새롭게 형성된 수평적 네트워크를 통해 서로의 강점이나 전략들을 가르치고 배울 수 있었지만, 그런 일들이 주로 평가결과 데이터를 중시하고 그것에 기반한 변화를 추구했기 때문에 교사들 간에 일어난 지식과 정보의 공유는 그 깊이나 범위 면에서 한계가 있었다.

이런 성찰적 분석에 더해 우리는 높은 성취도를 보인 국제적 증거들을 활용했다. 300여 개 고등학교가 참여한 네트워크, 교육적으로 성공한 나라, 열악한 환경을 딛고 반전을 이룬 학구, 그리고 유력한 정책을 거부하면서도 긍정적 변화를 도출한 사례 들에 기반했다. 『학교교육 제4의 길 (1)』에서는 지면의 한계로 제4의 길을 향한 폭넓은 경로를 개략적으로 제시하는 것에 그쳤는데, 이것이 정말 학교를 변화시키는 일에 제대로 유용하게 쓰이려면 계획을 좀 더 세밀하게 수립해야 하고, 실천의 움직임을 시작해 나아가야만 한다.

그러므로 이 책 『학교교육 제4의 길 (2)』에서는 높은 성취도를 보인 국가들의 특징을 보완하고 정교화하고 때로는 재정의할 것이다. 이러한 작업은 우리가 여러 해 동안 세계의 서로 다른 시스템과 학교들에서 보인 높은 성과를 여러 해에 걸쳐 조사 · 연구한 결과를 바탕으로 이루어졌다.

1장과 2장에서는 책 전체 논의의 토대를 마련할 것이다. '우리가 바라는 변혁change이란 과연 어떤 것인가?'라는 질문으로부터 글을 시작할 것이다. 기존의 것을 개선할 것인가 아니면 근본적으로 새로운 것을 마련할 것인가의 문제, 그리고 개선을 하면서도 동시에 혁신을 이루어내는 다양한 방법을 어떻게 탐구했는지 설명할 것이다. 이를 바탕으로 한 우리의 요지는 다음과 같다. '변화'란 기존의 것을 점진적으로 개선하는 방법만으로 이뤄지는 것이 아니라 학교의 시스템을 파격적으로 변혁해내야 한다는 것이다.

우리의 주장에 대한 증거가 다음 여섯 장에 걸쳐 제공된다. 학교의 혁신과 성적의 향상을 이뤄낸 성공사례 여섯 개를 분석적으로 소개한다. 사례 중 두 가지는 교육을 성공으로 이끈 국가 단위의 시도에 관한 것이다. 다른 두 가지는 대규모 시스템에 관한 것으로, 제3의 길에서 제4의 길로 나아가는 과도기로서 두 가지 길의 특성이 결합된 사례다. 마지막 두 가지 사례는 제4의 길과는 대척점에 있는 시장경쟁력, 표준화, 대규모 시험을 강조하던 시스템 안에서 제4의 길을 실현하기 위해 치열한 투쟁을 벌였던 학교와 시스템에 관한 것이다.

구체적으로 3장과 4장에서는 제4의 길의 전형을 보여 준 핀란드와 싱가포르 두 국가의 시스템에 대해 이야기한다. 이 두 나라는 지리적, 정치적, 문화적으로 매우 다르다. 하지만 두 나라 모두 한 세대 남짓한 기간 동안에 국가의 교육시스템을 개조해냈다. 두 나라의 차이에도 불구하고 두 나라에는 놀랍게도 일관적인 특성들이 있다. 강력하면서도 일관된 윤리적 교육목적, 강력한 공교육의 필요성에 공감하는 시민의식, 교사와 교수행위의 수준을 높게 유지시키고자 만들어진 명확한 지침들, 서류상으로 존재하는 관료주의적 일관성에 초점을 맞춰 시스템 통합성을 증명하려고 하지 않고 그 대신 구성원의 신념 및 소통방식에서 문화적 응집성을 높임으로써 시스템 통합성을 향상시키고자 했던 태도의 전환이 그것이다.

5장과 6장에서는 제3과 4의 길 중간에 위치한 캐나다 앨버타와 온타리오 주의 사례를 다룬다. 캐나다는 국민의 삶의 질, 정부정책의 수준에서뿐만 아니라 교육적 성과에 있어서도 세계 으뜸의 수준을 자랑한다. 공식적인 이중언어사회이자 다문화사회인 캐나다는 이웃인 미국과 많은 면에서 유사하나 확연히 다른 특징을 지닌다. 캐나다 두 개 주의 교육시스템이 시사하는 바는 공적 투자, 교사의 질, 교직의 안정성이라는 토대가 갖춰져야만 교육적으로 성공할 수 있다는 것이다. 또한 연방정부가 교육적으로 탁월한 성과를 내기 위해서는 반드시 중앙집권적 권한을 행사해야만 하는 것은 아니라는 것이다. 권한을 주*전체로 분산시켜 지역의 학구가 상당한 영향력을 행사할 수 있게 해야 효율적이라는 것을 증명하였다.

그다음 7장과 8장에서는 시장과 표준화라는 제2의 길, 원칙과 데이터 위주의 성적향상이라는 제3의 길, 원칙을 기반으로 움직이는

* 캐나다의 '주(州)', 즉 province는 미국과 호주의 state에 해당한다.

상부 시스템 하에서 이에 대항하면서 자신의 입지를 굳혀 나간 제4의 길 학교와 학교네트워크에 대하여 알아본다. 7장은 북부 잉글랜드 지방의 가난하고 문화적 소수공동체의 한 고등학교가 이루어낸 반전에 관한 내용이다. 다른 많은 경우에서처럼 이 학교도 자신의 학생들이 가장 잘 배울 수 있는 교육과정을 찾아 이를 토대로 교육하는 매우 혁신적인 변혁전략을 채택했다. 교사들에게 영감을 주는 리더십을 보이면서 교사들의 활기를 북돋웠고 마을과 학부모와 긴밀히 협력했다. 이 모든 것은 국가시스템이 데이터 위주의 성적향상과 표준화시험에 대한 요구를 충족시키라는 강력한 압박을 이겨내고 이에 저항하며 달성해낸 성과였다.

8장은 미국 캘리포니아 주의 교원노조가 주도한 상향식 개혁의 성공사례다. 주의 정책이 비우호적이고 때로는 방해가 되는 환경일지라도 유의미한 학업적 성과를 주 전반에 걸쳐 만들어낼 수 있다는 가능성을 확인할 수 있다. 어떻게 하면 제4의 길을 추구하는 노조가 학생들에게 득이 되면서도 교사의 지위를 향상시키는 교육변혁의 최전선에 제대로 서서 여러 교육 파트너들과 더불어 변혁을 수행해 나갈 수 있는지를 볼 수 있다. 또한 학생에게 득이 되는 변혁을 거부하는 제2의 길 방식의 정부와 교육시스템 관리자를 왜 피해가야 하는지, 어떻게 피해갈 수 있는지를 알려 준다. 요점은 제4의 길 방식으로 사고하고 행동하는 것이 어디에서든 가능하다는 것이다. 제4의 길 방식과 전혀 이질적인 시스템 하에서도 가능하다는 것이다.

이 책은 여섯 개 사례를 연구함으로써, 학교와 교육시스템에 영감을 불어넣고 능력을 높여 학생들의 성적을 향상시키는 필수적인 변혁 원칙을 짚어냈다. 마지막 장에서는 변혁을 주도하는 리더들이 교사들을 이끌고 그들의 잠재적 역량을 끄집어내기 위해 반드시 정복해야 할 실질적, 핵심적인 이슈들을 다뤘다. 지렛대나 추진력만으로는 교육변화를 성공적으로 이뤄낼 수 없다. 변화의 에너지를 창출하고 이를 다양한 곳에 적절하게 변환시키는 발전기 역할을 하는 전문성을 갖춘 교사들이 필요하다. 그렇지 않으면 실현불가능하다.

수많은 교사와 학교리더들이 교육변혁의 발전기 역할을 해야 한다. 그들은 충분히 그 일을 해낼 수 있는 사람들이다. 올바른 학교변혁에 대한 방향감각을 제대로 지닌 정부가 교사들에게 여러 자원을 제공해 영감을 줘야 하고, 이와 관련된 긍정적 메시지를 끊임없이 던져 주어야 한다. 국민들은 자신의 교육적 심미안을 높여 자녀에 대한 교육적 기대치를 높이고 전국의 아이들 모두의 열망에도 관심을 가질 줄 알아야 한다. 그러나 궁극적으로는 아이들의 수업을 매일, 최종적으로 책임지는 수많은 교사들과 학교리더들의 참여 없이는 어떤 가치 있는 일도 제대로 일어나기 어렵다.

이것이 바로 제4의 길의 소명召命이다. 이상적인 책임이나 학문적인 개념이 아니라 교육적 성공을 거둔 학교와 교육시스템에 이미 존재해온 실제적 소명이다. 이는 양질의 교수학습에 대한 뿌리 깊은 원칙을 상기시키며 이것으로 돌아가야 한다는 소명이다. 또한 앞선 성공사례들로부터 교훈을 얻어 스스로의 교수를 발전시키고 모든 아이들을 교육하는 일에 노력을 배가해야 한다는 소명이다.

The Global Fourth Way

01

교육변화의 위기

지금 우리는 세계사적으로 매우 중요한 시기에 있다. 엄청난 위기들이 엄습하여 우리의 삶을 뒤흔들어 놓았다. 최악의 경제적 위기가 50년 만에 닥쳐왔고, 디지털 시대의 기술변화는 걷잡을 수 없는 속도로 이뤄지고 있으며, 정치적 소요와 같은 불안정성의 징표가 세계 도처에서 나타나고 있고 기후변화도 누그러질 기미가 없다. 사람과 사상의 전 세계적인 교류는 그 어느 때보다 왕성하다.

이 책의 전편인 『학교교육 제4의 길 (1)』의 원서 『The Fourth Way』는 2009년에 출간되었다. 우리는 이런 변화들이 다가오는 것을 일찌감치 목격했다. 이들이 미래의 공교육에 어떤 의미를 지닐 것이며 우리가 어떤 선택의 기로에 놓일 것인지에 대해 그 책에 상술했다. 이 책 『학교교육 제4의 길 (2)』을 쓰고 있는 현재에도*전편에서 언급했던 모든 '변화의 힘'은 여전하다. 영향과 효과가 더욱 커진 것도 많다. 그런데 지난번 진단 이후로 교육에 가장 큰 영향을 끼친 변화요인은

* 이 책의 원서인 『The Global Fourth Way』는 2012년에 출간되었다.

교육계 바깥에 있지 않다. 전 세계적 교육개혁의 장場, 그 내부에 있다. 즉, 그간 교육을 변화시킨 힘은 바깥세상에서 비롯되지 않았으며 오히려 교육분야 내부에서 벌어진 모든 개혁들이 조직적으로 세상을 변화시키기 시작했다는 점을 미리 언급해둔다.

교육 '시장'

공교육을 포함한 '교육'분야는 그 규모가 수백억 달러에 달하는 거대 자본의 투자시장이 되었다.[1] 금융부채 거품이 터지면서 부동산거품도 꺼졌고 자본은 새로운 투자처를 찾아야만 했다. 많은 개인투자가와 벤처투자가들의 눈에 '교육'이라는 분야는 새로운 시장으로 여겨졌다.[2]

물론 교육에서 시장이라는 개념이 새로운 것은 아니다. 이미 오래 전인 1776년에 스코틀랜드 경제학자 애덤 스미스Adam Smith는 교육에 있어서 시장의 중요성을 『국부론』에서 역설한 바 있다. 한 세기가 흐른 후 빅토리아시대에는 자본가와 자선가들이 산업경제가 성장하면 이를 뒷받침할 기술인력을 양성할 공교육체제가 필요하다는 점을 들어 학교를 설립했다. 20세기 전반에는 인적 자본의 개념이 도입되었는데 장차 경제적 수익은 지식을 갖춘 숙련인력에 의해 창출될 것이라는 논리가 등장했고 이를 근거로 공교육은 경제적 수익을 위한 일종의 투자처가 되었다.[3] 그리고 지난 수십 년에 걸쳐 교과서 개발, 시험기관 설립, 교사연수기관 설립, 그리고 연구개발과 자문 등 각종

'학교개선 산업'이 수백만 달러 규모로 크게 성장했다.[4]

최근에는 시장의 영향력이라는 것이 공교육의 대변혁을 유도할 수 있을 정도로 거대해졌다. 다이안 래비치Diane Ravitch는 '벤처기업식 자선활동*'이 그 원인이라 했다. 즉, 벤처사업가들이 큰돈을 벌면서 거대재단의 지도자들이 경험한 경쟁, 선택, 탈규제, 우대조치와 같은 시장기반 접근방식을 교육개혁의 전략으로 지지한 탓이라는 것이다.[5] 또 다른 원인으로 대기업을 들었는데 대기업은 공교육과 관련된 각종 서비스(출판, 시험, 기술 등)를 제공하는 방식으로, 또는 교육개혁과 관련된 국내외 회의를 주도하는 정치지도자, CEO, 학자들의 국제적 회합을 주최하면서 교육변혁에 직간접적으로 영향력을 행사한다는 것이다. 그 결과는 무엇일까?

가장 눈에 띄는 것은 점점 더 많은 학교들이 민간의 손으로 넘어갔다는 점이다. 영국 연립정권은 지방 자치정부의 공립학교를 민간위탁 협약학교인 아카데미independent academy*로 만들었다. 가끔은 공립학교의 낙오기준을 상향 조정함으로써 이런 전환에 합법적 근거를 마련하기도 했다. 미국은 전통적인 학구學區들이 상대적으로 훨씬 뛰어난 성적을 보였음에도 불구하고 아동낙오방지법No Child Left Behind(NCLB)을 빌미삼아, 영리회사가 연계된 '보충수업 사업'에 수백만 달러를 투입했다.[6]

민간위탁 협약학교인 아카데미가 늘어나면서 영국 지방정부의 권

* 벤처기업 투자활동의 원칙과 기술을 이용한 자선사업 활동
* 영국의 사립학교로 정부의 재정을 받지 않고 독립적으로 운영하는 학교

한은 축소되었다. 지방정부는 더 이상 학교개선 및 지원사업을 계속 할 수 없었다. 아카데미와 교직원들은 이 사업을 자신들이 인수하게 될 것이라는 점을 반기고 있다. 한 신문의 표현에 따르면 '화장실에서 웃고 있다'.[7] 한편 미국 뉴올리언스나 디트로이트 같은 지역에서는 거의 모든 학교가 협약학교charter school 조직으로 넘어가고 있다.[8]

미국의 주州 단위 공통 핵심성취기준, 영국의 자세한 국가교육과정 그리고 지역교육의 공통규준 같은 것들이 시행되자 민간기업은 더욱 수월하게 교육에 참여할 수 있었다. 지방정부는 더 이상 지역의 대의 민주주의의 수호자가 아니고 중앙정부 정책의 관리자로 전락할 정도였다.

또한 기술의 발달로 새로운 기기나 매체가 널리 이용되면서 교육의 민간영역이 확대됐다. 디지털기술의 발달로 학생들이 교재를 이용하는 방식이 다양화되어 개인별 맞춤학습이 가까워졌다는 시각도 있지만 사실 굉장히 많은 학교들은 비판의식 없이 디지털기술 서비스와 제품을 '일단 사용해야 한다'는 분위기 속에 있다. 그 효율성이 전혀 증명된 바가 없는데도 불구하고 '고등학생은 반드시 한 교과를 온라인으로 수강해야만 졸업할 수 있다'는 강제조항을 법으로 규정한 주州가 증가하고 있다는 것이 일례다.[9]

그 와중에 표준화시험 시장이 급성장하면서 이와 관련한 출판, 시험제작 및 판매 그리고 이를 시행하는 회사들이 큰 이익을 거두고 있다. 2012년 뉴욕 주에서 체결한 단 한 건의 시험계약에는 3천2백만 달러의 세금이 들어갔다.[10] 교사자격증 취득요건이 늘어 교사지망생들은 자신의 수업을 촬영해 사설기관에 보내 점수(등급)로 평가받는 데 수백 달러를 쓴다. 게다가 그 사설기관은 연구를 명분으로 지원자들의 수업을 촬영한 자료를 독점적으로 사용한다.[11]

이윤증대의 한 방법은 비용을 줄이는 것이다. 교사급여는 공교육 재정에서 가장 큰 비중을 차지하고 있다. 이 비용을 낮게 유지할 수 있다면 공교육의 이윤은 증대한다. 이미 많은 현장에서 이와 관련된 갈등이 벌어지고 있다. 미국에는 교사연금과 정년보장에 대해 비난을 퍼붓는 여론이 있다. 영국에서는 빈곤지역에 근무하는 교사가 월급을 더 받기는커녕 오히려 덜 받도록 하는 단체교섭이 지역별로 강요되고 있다. 성과급을 도입해 근무평점이 낮은 경력교사들, 즉 연봉이 높은 '비싼 교사'들을 내보내고, 젊고 순종적인 임시교사로 대체해 비용을 경감한다. 미국의 몇몇 주에서는 종 모양의 정규분포 형태로 교사성과급 등급을 정하고 하위 7% 내외의 교사들이 매년 교직을 떠나게 한다. 미국에서 교사경력 기간의 최빈값은 '1년'이다.[12] 모든 의사 중 1년차 의사들이 제일 많다고 상상해 보라. 난리가 날 것이다.

교육분야에 있어서도 단기간에 경제적 수익을 거두려는 이익지향적 정책과 전략에 대한 논란이 상당하다. 하지만 이 책에 등장하는 교육선진국들에서는 이런 정책이나 전략을 시행하지 않았다. 이들 국가에는 시장영역이 전담하다시피 하는 교육이 없거나 아주 적은 수준이다. 이 국가들에서는 교사들이 의욕적인 학생을 가르치는 일은 훌륭한 일이며 교직은 내적 동기를 갖고 하는 이타적 전문직이라는 점을 강조하기 때문이다. 이 중 어느 나라에서도 학생의 성적과 관련지어 교사를 평가하지 않는다. 지방 자치정부는 상당한 수준의 자율권을 갖고 있으며, 매우 수준 높은 교사를 확보하는 데 힘을 쏟는다. 그리고 교사들이 능력을 최대한 발휘하도록 유지시키는 데 힘을 쏟는다. 교통시설이나 행정 같은 곳에 예산을 전용하는 대신 교수학습에 많은 재원을 투입한다. 마지막으로 매년 전체 학생을 대상으로 전 교과 일제고사도 실시하지 않는다. 사립학교는 공립학교가 제공할 수 없는 서비스들을 제공하고 개혁적인 교육을 먼저 시도함으로써 공립학교 체제의 변화를 견인하는 역할을 수행한다. 교육에 있어서 단기간의 경제적 수익을 목표로 하는 시장지향적 개혁은 분명히 잘못된 전략이다. 그릇된 방향이다. 교육후진국인 미국*과 영국 같은 나라에는 지금과는 다른 종류의 개혁이 절실하다. 그것은 무엇일까?

* 이 책의 저자는 미국의 교육학자로 책 전체에 걸쳐 자국의 교육정책과 교육개혁에 대한 비판적 태도를 견지한다. 그런 태도에 근거하여 '교육 후진국'을 미국 및 영국으로 한정해 제시한 것이지 교육의 후진성이라는 문제를 두 국가에만 해당되는 문제로 본 것은 아니다.

교육변화에 있어서 **유효한 이론**이란

/

모든 개혁에는 변화이론이 있다. 이론에는 목적, 도구, 실천 방안들이 있다. 시간이 흐르면 예상하지 못한 문제가 발생되기도 하고 현실적 조건들에 맞춰 계획을 조정하고 개선하는 과정이 뒤따른다. 인위적, 의도적으로 적용할 때 명확하게 가시화되는 이론이 있는 반면, 현상의 이면을 추정하는 이론들도 있다.

변혁의 대상과 방식을 설파하는 교육변화 이론은 굉장히 다양하다. 시장친화적 개혁에서는 충성도를 높이고 체제에 잘 적응하도록 경쟁, 비교, 적자생존, 소비자의 선택 그리고 성과급을 강조하고, 표준화를 지향하는 개혁에서는 공통기준 및 교육과정, 고부담시험 등의 일련의 장치를 사용한다. 또 압력행사의 수단으로 목표와 투명성을 강조한다거나, 자원의 지원을 조건으로 연수나 전문가 간 협의를 요구하는 등 당근과 채찍을 함께 사용하는 개혁들도 있다. 반면 단순한 개선보다 혁신을 지향하는 개혁에서는 국가가 자원제공이나 지원(점점 디지털화 되어간다)과 관련된 큰 방향, 즉 플랫폼platform만 제공하고 학교와 교사가 교육과정을 자율적으로 구성하고 채용을 자체적으로 진행하며 전문적 네트워크를 구성하도록 함으로써 변화를 꾀하고 있다.

모든 변화이론에는 개인단위에서 인간이 변화하는 방식, 그리고 집단적으로 변화가 이끌어내어지는 방식에 대한 특유의 가정이 있다. 정신과 의사들은 사람이 자신의 감정을 탐구하고 억압된 감정을 표출할 때 비로소 통찰력을 얻고 개인적 성장을 경험한다고 믿는다. '익명의 알코올중독자들Alcoholics Anonymous'이라는 자조모임에서는 유명한 12단계 회복프로그램과 '동료지원'을 신뢰한다. 식이요법협회Weight Watchers에서도 동료압력, 자기목표 설정, 결과의 투명성 그리고 역할모델이 되어줄 수 있는 유명인사의 TV출연 등이 변화를 가능하게 하는 원리라고 규정하고 있다. 시장기반 변혁이 전제로 하는 것은 사람이란 본능적인 경쟁심 그리고 외부보상이라는 유혹에 따라 움직인다는 점이다. 이와 대척점에 있는 이론도 있다. 사람들로 하여금 변화를 유발하는 조건이란 영감을 주는 리더십, 전문가들끼리의 상호작용, 자신의 분야에서 성공하고픈 욕구, 그리고 변화에 대한 지지라는 것이다.

결국 교육변화의 이론은 어떤 이념과 철학을 바탕으로 하고 있는지에 의해 판단되어서는 안 된다. 학생들에게 끼친 성과와 결과에 따라 판단되어야 한다. 이 책이 교육변화에 있어서 훌륭한 성과를 거둔 6개 국가의 구체적 사례를 살피는 것은 이런 맥락에서다. 이 책은 본 연구진이 직접 연구한 결과물로 성공적인 학교와 교육체제를 자세히 살펴본 후 이들에게 공통적으로 적용된 이론들을 추적해낸 것이다.

이 이론들의 설계원칙은 매우 단순해서 적절한 수정을 가하면 아주 다른 상황에도 적용할 수 있을 것이다. 독자들을 통해 이루어졌으면 하는 일은 성공적인 체제와 학교들의 기저에 있는 변혁의 원칙들을 독자들이 자신의 나라에 다른 제도와 체제에 어떻게 적용할 수 있을지를 살피고 고민하는 것이다. 하지만 최선의 성공사례를 살펴보기 전에 해야 할 중요한 일이 있다. 현재 유행하고 있는 개혁모델이 무엇인지, 그리고 우리가 기억하거나 직접 실천해 본 예전의 개혁모델이 어떤 것들인지 이해하고 잘 다룰 필요가 있다. 왜냐하면 이런 모델들이 형성해놓은 주류적 가설, 그리고 기억은 대안적 모델들이 주장하는 성공의 배경이 되기 때문이다.

교육변화의 세 가지 길
: 제1, 제2, 제3의 길

지난 40년간 전 세계적으로 시행된 교육변화의 접근방법 세 가지를 『학교교육 제4의 길 (1)』에 분석해두었다. 각 길을 제1, 제2, 제3의 길로 명명하고 각각의 전제와 영향, 결과를 면밀히 살폈다. 지난 30년 동안 미국과 캐나다 8개 고등학교에서 200명 이상의 교사들의 경험을 연구한 결과에서도 성격이 뚜렷이 다른 세 가지 변혁의 길이 확인되었다.[13] 나아가 현재 교육적으로 성공을 거둔 세계 각곳의 국가나 네트워크, 지역 내 학구 들의 높은 성과에 관한 연구를 통해 제4의 길의 정체가 드러나고 정교화되고 있다.

1960년대 후반과 70년대를 풍미한 학교교육 제1의 길의 특징은 공교육에 대한 강력한 투자, 전문직에 부여된 높은 자율성, 교육과정 선택과 구성에 대한 재량권, 수업은 오로지 교사에게 맡겨야 한다는 학부모들의 소극적 신뢰, 모둠학습 및 열린 수업 그리고 학생중심수업 등이었다. 많은 개혁방법이 심도 있게 이해되지 못했고, 개혁이 확산되지도 않았으며, 학교마다 변화의 모습이 달랐던 시기다. 교육변화 운동으로서의 제1의 길은 더 이상 우리 곁에 남아 있지 않지만,

교사란 외부 정치세력의 간섭을 받아서는 안 되며 전문직으로서의 자율성을 지켜야 한다고 생각하는 베이비부머세대 교사들과 교원노조의 향수 어린 기억 속에는 아직 남아 있다.

1970년대의 제1차 오일쇼크 이후, 미국의 레이건Reagan정부와 영국의 대처Thatcher정부 시절에 제2의 길이 탄생했다. 재원은 줄어드는데 교사의 급여는 올라가던 상황에서 제2의 길은 봉급과 재원을 줄이고 중앙정부가 교육과정과 교육을 사전에 자세히 규정했다. 공립학교 교사들의 능력과 특권을 향해 유례없는 공격이 조직적으로 자행됐다. 공익을 실현할 복지국가로서의 능력과 재정여력에 대한 신뢰가 약화되면서 교육분야에 시장경쟁모델이 도입되어 학교성취도별 순위를 따졌고 종국에는 개별 교사의 수업에까지 순위를 매겼다.

1990년대 영국, 칠레, 미국 그리고 호주와 캐나다 일부 지역의 교육개혁은 제2의 길 방식으로 이루어졌는데, 중앙정부의 압력은 크지만 지원은 거의 없는 하향식 개혁이었다. 제2의 길은 현재 미국에서 입법 추진 중인 「정상을 향한 경주*RTTT 법안」에도 드러나 있다. 이 법안은 협약학교charter school의 확산을 의도하며, 학생의 시험성적과 연계된 교사성과급을 강력하게 지지한다. 이런 흐름 속에서 민간 부문 노동자와 비교해 볼 때 교사들의 복지 및 정년보장은 부당한 특혜라는 식의 공격이 미국의 많은 주에서 이어지고 있는 것이 현 실정이다.

* 'Race to the Top'의 줄임말로 2009년 제정된 학교 회복 법안에 의거하여 43억 5천만 달러의 예산을 투입해 초중등학교의 학업성취도 성적 향상을 꾀한 오바마 정부의 교육개혁 방안이다. 학생의 학업성취도 성적 향상에 따라 예산을 분배했다. 본 책에서는 '정상을 향한 경주'로 번역해 영문 줄임말과 혼용한다.

제2의 길에서는 국가의 지원이 매우 빈약했다. 자연스럽게 교사의 채용과 유지가 어려웠다. 교사들이 교직 외의 직업으로 이직하는 것을 막는 것이 큰 과제였다. 이에 여러 나라들에서는 제1의 길과 제2의 길을 혼합하여 이들을 넘어서는 방안을 찾으려 했다. 1998년에 미국의 빌 클린턴Bill Clinton 대통령은 영국의 토니 블레어Tony Blair 수상과 정상회담을 갖고 제3의 길을 모색했다. 이 길은 전문가와 전문성을 우대하면서 복지국가의 안전망과 기업가 동력 및 시장의 개혁정신을 결합한 것으로서 런던정경대학의 전 학장 앤서니 기든스Anthony Giddens가 지적 토대와 정통성을 제공하였다.[14]

1990년대 미국에서는 제3의 길의 영향으로 마그넷스쿨magnet school이 공립학교의 합리적 대안으로 부상했다. 학교개혁 종합프로그램The Comprehensive School Reform Program이 시행됐고 교사들은 제1의 길에서처럼 자신의 학교에 적합한 개혁방안을 선택할 수 있었다. 하지만 정부가 인증하고 입증한 대안 중에서만 선택해야 했다. 버지니아 주의 노포크 시와 메사추세츠 주의 보스톤 시는 교사들의 학습공동체를 활성화한 공로를 인정받아 수상하기도 했다.

결과적으로는 미국에서 제3의 길은 다른 나라만큼의 성공을 거두지 못했고 별다른 정치적 성과도 없었다. 그래서 정책지도자들은 이미 많은 주에서 시행 중인 일제고사를 확대하고 민간영역의 대안들을 강화하는 제2의 길의 방식을 고집하면서 아동낙오방지법NCLB을 집행했다. 오바마 정부의 '정상을 향한 경주RTTT'에서는 이런 접근법이 더욱 강화되었다.

미국과는 달리 중앙정부의 하향식 압력이 유지되었거나 혹은 오히려 증대된 영국과 캐나다 일부 지역에서 제3의 길이 좀 더 충실히 실천되었다. 문해력 · 수리성취도에 대한 목표system target를 설정하면서 연수와 자료 그리고 별도의 코칭과 보조 등의 지원을 늘렸다. 예산을 투여하여 교사들 간 상호작용을 활성화시켜 목표치를 달성하도록 했다. 먼저 데이터팀을 구성하여 학업성취도 격차를 확인한 후 이를 조정하게 했다. 교사학습공동체를 구성할 새로운 전략을 짜고, 학교집단 및 네트워크끼리 아이디어와 수업전략을 주고받도록 했다. 제3의 길의 주요 특징인 데이터팀과 교사학습공동체는 시장경쟁과 표준화라는 제2의 길을 고집했던 미국에서도 강력한 영향력을 발휘했다.

제3의 길로 학업성취도가 향상되었고 교사의 의욕도 커지는 등 실질적인 성과가 있었다. 그러나 다른 교과는 배제된 채 문해력과 수학만이 중시되었고, 주어진 성취목표를 달성하기 위해 교사들이 제도를 악용하고 편법을 써가면서까지 성적향상을 나타내보이고 싶어했다는 비판을 받았다. 2장에서 이에 대한 이야기가 자세하게 이어질 것이다.

핀란드 교육전문가 파시 살베리Pasi Sahlberg는 이와 연관된 일련의 장면들을 '세계적 교육개혁운동' 즉 GERM *이라 불렀다.[15] 살베리는 GERM의 구성요소로 다음을 꼽았다.

* global education reform movement의 앞 글자를 따온 줄임말인데, 이 줄임말은 영어로 '세균'이라는 단어와 철자가 같다.

- 교수학습의 표준화
- 문해력과 수학성취도 향상에 집중
- 정해진 목표를 따라가는 교수
- 시험성적에 기반한 책무성
- 관료주의적 통제 증대
- 교사의 성과급
- 자국의 개혁모델 창출이 아닌 타국의 개혁모델 차용

여기에 우리는 두 가지를 추가하여 '제3의 길 플러스the Third Way Plus'를 만들었다.

- 학생의 학습 및 성취 관련 결정과 논의에 데이터 사용
- 학교와 교실에 디지털기기 사용 확산

제2, 제3의 길에서 전 세계 교육변화는 꽤 기계적이다. GERM에서의 변화는 자연계, 복잡계의 원리처럼 성장하거나 적응하거나 생겨나 진화하는 일이 없다. 산업계에서 상품을 생산하고 분배하는 식으로 '밀어붙여지고driven' '배달되는' 식이다. 이런 산업시대방식의 모델로는 21세기 지식경제에 필요한 혁신과 창의성을 길러낼 수 없다.[16]

대안,
제4의 길

/

대안적인 변화이론들이 있다. 경제적 활력이나 사회통합, 민주적 삶의 방식에 필수적으로 요구되는 경제적 성과 및 사회적 성과를 도출하는 가정과 원칙이 변화이론마다 각기 다르다. 제4의 길의 목표도 높은 성취기준과 개별학생의 성취도를 포함한다. 하지만 이를 넘어서는 곳에 목표가 설정되어 있다. 제4의 길은 목표지점에 도달하기 위한 독자적인 설계원칙과 변화의 과정을 지닌다. 교육의 목표와 결과를 도출하는 자신만의 과정이 있는 것이다. 이 책은 성공적인 교육에 이르는 바로 이 길에 관한 설명이자 주장이다.

제4의 길은 세계의 여러 국가, 학구, 학교네트워트 등에 대한 연구에 기반해 이전의 세 길에 대한 대안적 비전을 제시한다. 이전 책『학교교육 제4의 길 (1)』에서 이미 역설했던 교육변화 제4의 길의 특징은 다음과 같다.

- 체제가 일괄 설정하는 성취도목표 대신 도덕적 목표를 공유한다. 즉, 성취기준을 높여 제시하고 학생의 성적을 측정한 후 그

격차를 줄이는 방식으로 목표를 달성하는 방식 대신에 모두를 위한 교육achievement for all으로 바꾸려는 도덕적 목표를 공유한다. 교육의 목표는 정치적으로 하달되는 것이 아니다. 집단적 의사결정 과정을 거쳐 설정한다.

- 문해력과 수학 중심의 교육에서 벗어난다. 다양한 성향을 지닌 학생들 모두를 참여시킬 수 있는 다양한 교과교육을 시행한다.
- 교사를 다그칠 목적으로 데이터를 이용하지 않는다. 교사학습공동체의 연구와 의사결정에 유용한 정보를 제공할 목적으로 데이터를 사용한다.
- 시험은 시스템의 발전 정도를 측정하기 위한 표본조사로 실시한다. 제3의 길에서는 설정된 목표의 달성 여부를 파악하기 위해 고부담의 일제고사를 실시해 시험이라는 제도가 종종 악용되었다고 볼 수 있다.
- 교사는 주어진 교육과정의 전달자 이상의 위상을 공고히 한다. 교사는 학교 내외의 교사들과 협력하여 교육과정 개발자로서의 위상을 지닌다.
- 리더십이란 정해진 개혁의 방향과 내용을 전달하거나 강요하는 것이 아니다. 분산된 책임의식, 지속가능한 책임의식을 개발해내어 함께 혁신하고 함께 변화를 꾀하는 것이다. 즉 수직적 책무성이 아니라 집단적 책임감을 불러일으키는 일이다.

표 1-1은 『학교교육 제4의 길 (1)』에서 제시했던 제1, 제2, 제3의

길과 제4의 길이란 변화이론에 대해 종합적으로 비교해볼 수 있도록 요약적으로 정리한 것이다.

표 1-1 교육변화의 네 가지 길: 기본 체계

		제1의 길	제2의 길	제3의 길	제4의 길
변화의 목적과 파트너십을 세우는 기둥	**목적**	혁신적 (일관성 결여)	시장과 표준화	성적 목표. 목표 상향조정. 격차 해소	영감을 불러일으키고 통합교육지향. 혁신적인 사명
	지역 사회	참여 부재	학부모의 선택	학부모의 선택. 지역사회 봉사	대중의 참여. 지역사회 개발
	투자	국가가 투자	재정 긴축	투자 재개	윤리적 경제
	기업의 영향	최소	광범위 예 차터스쿨과 아카데미, 교수학습 기술과 시험	정부와 실용적 파트너십	시민사회와 윤리적 동반자 관계
	학생	우연적 참여	변혁의 수용자	교육 서비스의 대상	참여와 의사표현
	수업	선택적, 일정하지 않음.	성취기준과 시험에 맞춘 수업	개인의 요구에 맞춘 학습 경로	진정한 개별화. 세심한 교수학습
교사 전문성의 원칙	**교사**	다양한 질의 교사 양성 과정	유연하고 대안적 임용	높은 자질의 교사. 다양한 재직률	높은 자질의 교사. 높은 재직률
	조직	자율적	탈(脫) 전문화	재(再) 전문화	변혁의 주체
	교사 학습 공동체	자유재량적, 선택적	인위적이고 부자연스러운	데이터에 의해 주도되는	풍부한 증거기반의
변화를 지속시키는 촉매	**리더십**	개인적, 가변적	기업식 관리	사람들을 공급하는 통로	체계적이고 지속가능
	네트워크	자발적	경쟁적	분산적	지역사회 중심적
	책임감	지역중심. 낮은 수준의	고부담 목표. 일제고사 결과에 의한	높아지는 목표치. 자기 점검 및 일제고사 결과에 의한	책임감 우선 표본 추출 시험. 야심차고 공유된 목표에 의한
	개별화 교육, 교수 다양화	발전 단계의	법에 규정되고 표준화된	개인차의 감소. 데이터를 기반으로 개입하는	요구수준이 높지만 학습자에 반응적인

본 책은 탁월한 교육적 성취를 거둔 세계 각곳의 학교, 학교체제 여섯 개를 자세히 살펴볼 것이다. 이렇게 하여 제4의 길의 실제를 구체화하고 핵심요소들을 추출할 것이다. 증거를 엄밀히 검증하고 비교하여 교훈으로 정리하고자 한다.

새로운 연구로 알 수 있었던 것은 '순수한 제4의 길', '온전한 제2의 길'과 같은 사례는 거의 없다는 점이다. 실제로는 다양한 정책들이 서로 뒤섞여 있기 때문에 제4의 길의 원칙들이 제3의 길, 심지어는 제2의 길의 원칙들과 공존하는 경우가 적지 않다. 네 가지 길의 구분은 독일의 사회학자 막스 베버Max Weber의 표현대로 하나의 '이상적 형태'와 같다. 베버에 의하면 이상적 형태란 현실에서 완전한 형태로 존재하는 것을 찾아볼 수는 없지만, 일정한 특징 정도의 형태로 현실화되며 사회와 체제의 주요 속성을 설명하는 데 유용한 개념이다.[17] 실제 교육현장을 보면 오랫동안 함께한 같은 학년 또는 같은 교과 교사들 사이에서도 다양한 수업방식이 사용되고 때로는 서로 충돌하기도 한다. 이와 마찬가지로 '고유하고 순수한 정책지시'라는 것도 사실은 이전 시대의 정책들과의 연관성, 중복성 그리고 상충성에 의거해 결정되는 경우가 있다. 그러니 교장과 교육청장이 제3의 길을 고수하는데도 불구하고 학교상황은 제2의 길의 모습이며 수업은 제1의 길의 방식으로 이루어지는 일은 특별한 것이 아니다.

이 책에서는 전 세계 5개 나라의 6개의 교육성공 사례와 이를 뒷받침하는 변화의 원리를 살필 것이다. 하나하나의 사례가 독특한 교육변화이지만 공히 나타나는 설계의 원칙과 과정의 원칙, 그리고 목표가 있다. 이전의 교육변화와 개혁의 전통을 활용하면서 이를 뛰어넘는 교육적 성공을 이뤄낸 이 모든 사례는 큰길의 가시화된 일부일 뿐이다.

벤치마킹을 할 것인가 벤치프레싱을 할 것인가

실제로 제4의 길이 최선의 길인지 혹은 다른 길이 최선인지를 판별하는 방식 중 하나는 여러 사례를 비교해보는 것이다. 그러나 성공한 타국의 사례를 비교해보는 행위 자체가 더 나은 길로 나아가는 초석을 보장해주는 것은 아니다. 비교의 방식과 비교의 목적이 중요하다. 일반적으로 각국의 사례를 비교해 교훈을 얻는 것을 '국제적 벤치마킹international benchmarking'이라 하는데, 이는 현재 국제적 교육정책에 대한 논의를 진행하거나 방향을 설정할 때 주된 방법으로 쓰이고 있다. 국제적 벤치마킹은 타국의 성공사례를 이해하는 데 큰 도움을 준다. 하지만 적용에 있어서 오류를 범하는 경우가 적지 않고 각 사례 또는 벤치마킹 자체에 대한 이해를 잘못하는 경우도 있다. 따라서 벤치마킹의 효과를 높이기 위해서는 벤치마킹의 기원과 발전 과정을 아는 것이 좋다.

19세기에 구두수선공은 손님 발에 더 잘 맞는 구두를 만들기 위해 손님의 발을 벤치 위에 올려놓고 그 형태를 벤치에 표시했다. 이렇게 벤치에 '마킹marking'하는 관습에서 유래된 말이 벤치마킹이다.[18]

구두수선공의 손자인 한 사람(이 책의 저자이기도 하다.)은 대학에 다닐 적에 여러 해 동안 여름에 한 도시의 하수시스템을 조사하는 아르바이트를 했다. 조사원이 각도기를 대면 파트너는 근처 건물의 모퉁이에 수십 년 전에 새겨진 눈금(눈금 중에는 1800년대에 새겨진 것도 있다.)에 금속으로 된 눈금자를 대고 평형을 맞춘다. 이 눈금, 즉 벤치마크에는 국가와 지방에서 데이터베이스로 관리되는 수위를 적은 숫사가 쓰여있고 벤치마크의 높이는 주변 벤치마크와 연계되어 계산된다. 조사의 목적은 근처 건물에 새겨진 벤치마크와 연계한 하수구의 높이나 수위를 측정하기 위한 것이다.

벤치마크와 벤치마킹이 구두제작이나 측량 이외의 용도로 사용되기 시작한 것은 1980년대가 되어서다. 1980년대 초반 제록스Xerox사의 신임 CEO 데이비드 킨즈David Kearns는 경쟁국인 일본이 어떤 과정을 통해 큰 성공을 거두었는지를 파악하기 위해 임원진을 일본으로 보냈다. 이는 '산업계 벤치마킹'의 효시로 알려진 사례 중 하나다.[19]

미국 경제교육협의회National Center for Education and the Economy(NCEE)소장 마크 터커Marc Tucker는 교육전문가도 산업계 벤치마킹에서 배워올 것이 있다고 믿었다. 단, 벤치마킹은 남이 하는 것을 단순히 베끼는 것은 아니라고 생각했다. 그렇게 해서는 기존의 성과보다 나은 결과를 만들어낼 수 없다는 것이 이유였다. 일본의 성공사례를 미국에 가져올 때에 중요한 것은 복제할 수 있는 조건과 그렇지 않은 조건을 분별함으로써 미국에서 재현할 수 있는 전략을 가려낸 다음, 일본보

다 미국이 훨씬 더 쉽게 잘 해낼 수 있는 전략을 가려내야 한다는 것이다.[20]

산업계 벤치마킹의 과정은 단순하지 않고 온전히 기계적이지도 않다. 우선 광범위한 자료를 수집할 팀을 구성하는데 현지에서 합류할 수 있는 사람들도 포함한다. 그리고 경쟁자가 우수한 결과물을 내기 위해 사용했던 프로세스를 조사한다. 그런 뒤에 그들이 배운 것을 자신들만의 특수한 기준에 적용하여 자신이 속한 조직의 생산과정을 간소화, 효율화하거나 개선해낸다.

최근엔 학업성취도를 국제적으로 비교할 때에도 산업계 벤치마킹 과정이 이루어졌다. 예를 들어 OECD의 '국제학업성취도평가PISA'와 '수학 및 과학의 국제비교연구TIMSS'는 어느 나라가 성공했는지 또는 특정 국가 내에서 어떤 학생들이 좋은 성적을 냈는지를 확인하는 데 사용되었다. OECD와 맥킨지 사 그리고 NCEE 같은 정책 및 사업전략에 관여하는 국제적 조직에서는 연구자, 교사와 전문가들을 최고 성적을 낸 국가들에 파견해 그 국가가 성공적인 성과를 낼 수 있게 한 프로세스가 무엇인지 파악하고, 상대적으로 성적이 뒤처진 본국에 도움이 될 내용을 추린다.[21] 이처럼 교육계에서 이미 사용되고 있으며 상당한 영향력을 보유하고 있는 전략이 바로 '국제적 벤치마킹'이다.

국제적 교육 벤치마킹의 수석설계자와 사용자들은 국제적 교육 벤치마킹에 있어서 산업계 벤치마킹보다 더하지는 않더라도 그 수준의 정교함은 확보하고자 한다. 학업성취도를 벤치마킹하는 목적이 불안감을 조성하거나 어떻게든 성취도를 향상시켜야한다는 경쟁심을 불러일으키고자 하는 것은 아니다. 성적을 한두 등급 올리거나 점수를 몇 점 올리게 하려는 것도 아니다. 벤치마킹의 주요 목표는 탁월성을 보인 국가의 교육성과를 철저하고 정확하게 분석하고 자국의 것과 비교하여 자국의 성과를 진단하고 탐구하려는 것이다.[22] 교육계 벤치마킹의 당면 목표는 경쟁력을 강화하는 것이 아니라 국내외에 존재하는 '정책을 학습하는 것'이어야 한다.[23]

국제적 시험들의 결과가 발표되고 이를 매스컴이 주목하면 국제적 벤치마킹의 필요성 또한 주목받는다. 하지만 안타깝게도, 이와 동시에 벤치마킹 프로세스가 다음과 같이 왜곡되는 것을 볼 수 있다.

1. 벤치프레싱

국가들끼리 경쟁이 심화되면서 종종 국제적 벤치마킹은 누가 더 무거운 역기를 들 수 있는가를 겨루는 식의 '벤치프레싱'으로 변질되어 의미 없는 성적경쟁만 부추기는 경향이 있다. 아일랜드 정치인들은 국제학업성취도평가에서 5위 안에 들고 싶다고 했고, 네덜란드는 7위에서 10위로 떨어졌다고 애통해했지만, 사실 2009년에 처음으로 국제학업성취도평가에 참여한 세 나라가 네덜란드보다 좋은 성적을 받은 것을 감안하면 사실 네덜란드의 성적이 낮아진 것은 아니라고 볼 수 있다. 노르웨이는 국가 간 성적비교에서 '스웨덴보다 앞설 수 있다'고 호언하고 스웨덴은 또 그 반대로 말한다.

2. '순간이동' 모델

다른 나라를 벤치마킹할 때에는 대개 정치적 명분이 있고 기술적으로 이해할 수 있고 쉽게 수입할 수 있으면서도 단기간에 성과를 낼 수 있는 소위 '개혁패키지'를 갖고 있는 국가와 지역이 눈에 먼저 들어온다. 교육적으로 성공을 거둔 캐나다의 여러 주州 중에서도 온타리오 주에 많은 국가가 관심을 보이는 이유가 바로 그것이다. 온타리오 주는 문해력과 산수 성취도 향상에 집중할 것을 강조하여 그 정책이 명확하고 구체적인데, 이는 중앙정부가 설정한 학업성취도 시험 목표를 달성하기 위한 것이다. 온타리오 주 교육부는 끈질기고 집요하게 압력을 가하지만 동시에 인적, 재정적 지원을 아끼지 않는다. 그러나 인구밀도가 희박한 캐나다 서부 앨버타 주도 온타리오 주와 비슷한 수준의 높은 성공을 거두었는데, 이 성공은 온타리오 주의 성공요인으로는 설명하기 어렵다. 다른 국가들의 눈에는 이들 사례의 복제가 쉬워 보일 수 있지만 전혀 그렇지 않다.

3. 불편한 진실

많은 국가들은 성공한 나라의 결정적 성공요인들을 자기 나라에 쉽게 적용할 수도 없고 별로 바람직하지 않은 것이라는 이유를 들어 경시하거나 무시한다. 예를 들어 징집제 또는 유사 징집제가 시행되는 핀란드와 싱가포르에서 남학생들은 학업성취를 절제된 애국심의 일부로 생각하는데 이런 생각이 성적향상을 이끌어 낸다는 점, 그리고 성공적인 아시아 국가들이 서구식 민주주의 국가는 아니지만 오히려 이로 인해 조직의 영향력이 크고 실행속도가 빠를 수 있다는 점 등을 간과하는 경향이 있다. 맥킨지 사의 국제보고서를 보면 조세부담률이 매우 높고, 공공서비스에 풍부한 재원을 투입하는 민주국가 핀란드를 극단적인 경우로 치부하며 은근히 평가절하하고 있다는 것을 알 수 있다.[24]

4. 제한된 단일지표에의 의존

산업계에서 벤치마킹을 할 때에는 경쟁국의 성공 여부와 성공전략을 판단하는 데 있어서 복수의 다양한 지표를 사용한다. 교육계에서의 벤치마킹이 표준화시험 성적만을 기준으로 하여 국가 비교에만 천착한다면 이는 벤치마킹의 장점을 제대로 살리지 못하는 일이며 벤치마킹의 의미와도 거리가 멀다. 예를 들어 네덜란드가 최근 국제학업성취도평가 등수가 7등과 10등이었다는 사실 못지않게 다문화사회이면서도 유니세프 아동복지지표가 세계 1등이라는 사실은 중요하게 다루어져야 한다.

국제적 벤치마킹을 할 때 중요한 점은 국가의 국제적 위상에 대한 불안감 그리고 공포심을 야기하여 이로써 큰 경쟁심을 유발하겠다는 목적을 가지고 국민을 순위로 평가하는 행태를 보여서는 안 된다는 점이다. 타국의 정책 중 벤치마킹할 것을 선별할 때에는 정책의 영향력을 간과하고 자국의 정치적 야망이나 우선 과제와의 이념적 부합성만을 고려해서도 안 된다. 모든 변화의 모델들은 그 모델의 저변에 깔린 고유한 조건들과 결부하여 분석, 판단해야만 한다. 자국의 변혁을 방해하거나 정치적으로 이식하기 어려울 수 있다는 이유를 들어 대상모델이 높은 세율이나 의무 군복무 정책, 특수한 정치적 상황이 있었기 때문에 성공을 거둘 수 있었다는 핵심조건들을 간과해서는 안 된다.

국제적 벤치마킹의 가장 큰 이점은 외국의 모범적 성공사례를 탐구해 '무언가를 배울 수 있다는 점'이다. 초국가적으로 이를 지지하고 자문하는 조직에서는 국가들의 성취도자료를 비교하면서 전 세계로 성공사례를 전파한다. 성공한 국가 내부에서도 중소단위 간에 서로 벤치마킹한다. 그들도 지속적으로 개선하고 혁신하기 위해 타자의 성공사례를 열성적이고 공격적으로 벤치마킹한다. 전국적으로 교장, 교사, 학생들이 연계된 혁신적 동반자관계가 형성되는 경우도 있다.

OECD에 의하면 핀란드, 싱가포르, 온타리오와 상하이 같이 세계 최고의 성공을 거둔 곳들 역시 모두 의도적으로 국제적 벤치마킹을 하고 있다. 이들은 열린 마음을 가지고 열정적으로 타자의 사례를 학습한다. OECD에 의하면 "치열하게 그리고 꾸준하게 국제적 벤치마킹을 하고 그로부터 얻어진 결론을 자신의 정책과 교육에 포함시키려는 시도를 하는 것이 바로 세계 최고의 성공을 거둔 국가들의 공통점"이다.[25]

이 책은 바람직한 국제적 벤치마킹을 지향한다. 서로 다른 조건을 바탕으로 문화와 정치체제가 상이한 상황에서도 큰 교육적 성공을 거둬낸 여섯 나라로부터 교훈을 얻어내고자 한다. 어떤 사례는 국가(정부)가 교사와 함께 교육변화를 주도했다. 또 어느 정도 정부의 정책에 반기를 들었던 교사들이 교육변화를 성공적으로 이끌어낸 경우도 있다. 이 책은 성공적인 개별 사례들로부터 어떤 교훈을 얻을 수 있는지, 그리고 이들 사례로부터 공통적으로 어떤 시사점을 얻을 수 있는지에 초점을 맞춘다. 그런데 이런 연구는 사실 OECD나 맥킨지사 그리고 NCEE와 같이 거대하면서도 영향력 있는 초국적 경제·정책 기관들에서 많이 이루어졌다. 이 책은 과연 이들의 연구에 어떤 새로운 가치를 추가할 수 있을까?

이 책의 연구방향
: 소규모 연구

최근 국내외 정책기관들은 교육정책에 있어서 해결해야 할 중대 문제점들을 제기하는 일에 상당한 재원을 투입하고 있다. 이들이 제시하는 당면 과제는 교사의 위상과 근무조건 및 보상체계를 개선하고, 학생성취도의 격차를 줄이고, 공교육에 투자를 늘리는 일에 관한 교육정책을 확보하는 것이다. 이들은 상당한 양의 자료를 수집해 국가별 학업성취도를 비교하고 최고의 성적을 냈거나 극적인 개선을 보인 학교나 지역에 전문가팀을 파견하여 그런 성공을 가능하게 한 정책 변인과 프로세스 변인을 밝혀내는 벤치마킹작업을 수행한다. 이 책의 저자들도 그 팀의 일원으로 연구할 기회가 주어졌는데, 그 연구팀의 연구가 굉장히 철저하고 정확하게 이루어졌다고 평가하여 그 일부를 이 책에 담았다. 또한 이 책을 위해 별도로 수행한 두 개의 연구(캘리포니아와 싱가포르에 대한 연구)는 그 팀에서 개발한 연구방법과 절차를 모델로 삼았다.

이 단체들이 시행한 국제적 벤치마킹은 현재 많은 나라들의 자국 정책 검토에 초석이 되고 있다. 국가별 사례연구 결과가 공표되고 리더십이나 학교변화, 교사의 질 등 특정한 쟁점에 대한 국제적 비교 자료가 발간되고, 장관이나 정책고문관, 연구자들의 회의와 세미나가 열린다. 이에 많은 나라들이 자신들의 정책 효율성을 보다 심층적으로 연구하기 시작했으며 경쟁국들은 각자가 보유하고 있는 정보와 그에 기초한 통찰을 교환하기 시작했다. 교육 수월성을 높이고 성취도 격차를 줄이기 위해 국가 단위로 지향해 나가야 하는 방향성에 대한 국제적 합의 또한 만들어지기 시작했다.

세계 교육변화를 연구 · 분석하는 투명성 높은 기관으로 OECD와 맥킨지 사 그리고 미국 경제교육협의회NCEE가 있다. OECD는 시장경제와 민주주의 하의 34개 국가로 구성된 단체로 다수가 서유럽 국가들이다. 1948년 제2차 세계대전 후 유럽 및 일본 재건 프로그램인 미국의 마샬계획Marshall Plan의 실행을 돕기 위해 창설되었다. OECD는 거의 모든 주요 사회정책에 대한 포트폴리오를 다양하게 개발했으며 교육분야에서 벤치마킹과 관련된 중요 평가 중 하나인 국제학업성취도평가인 PISA를 주관하는 조직이다. 국제학업성취도평가는 이제 세계적인 시험으로 자리 잡아 OECD 회원국을 포함한 전 세계 65개 지역이 참가하고 있다.

맥킨지 사는 세계적인 자문회사다. 포춘FORTUNE 지紙에 실린 500개 기업의 최고경영자CEO 중 70명 이상이 이 회사에 근무한 이력을 가지고 있다. 지난 십여 년간 맥킨지 사는 교육분야 활동을 지속적으로 확장해왔으며 교사의 질 개선, 성취도 격차의 완화, 재원배분 방식 등에 관한 개선방안을 연구해 정책입안자에게 제안해왔다.

미국 경제교육협의회, 즉 NCEE는 자국인 미국을 주된 연구대상으로 삼고 있는 기관이다. NCEE는 종종 최고경영자, 전직 백악관 교육수석 그리고 뛰어난 학구의 교육청장 등 저명인사들로 구성된 위원회를 소집해 미국 공교육의 현재와 미래에 관한 보고서를 작성한다. 1986년에는 「준비된 국가: 21세기 교사A Nation Prepared: Teachers for the 21st Century」를 발행했고, 2006년에는 「어려운 선택을 하라. 그렇지 않으면 어려운 시기를 맞는다Tough Choices or Tough Times」를 발행해 표준화에 집착하는 미국교육을 비판하고 유연하고 창의적인 문제해결 교육을 제안했다.[26] NCEE의 회장 마크 터커Marc Tucker의 주장에 따르면 학교체계를 연구하고 개선하기 위해서는 국제적 벤치마킹이 필요하다. 2011년에 발행한 「거인의 어깨 위에 서서: 미국 교육개혁의 의제Standing on the Shoulders of Giants: An American Agenda for Educational Reform」에서 최근의 미국 교육정책을 맹렬히 비판하고 타국과 비교하면서, 타국의 성공사례를 배우고 이를 변형해 미국에 적용해야 함을 촉구했다.[27]

이 세 단체들은 세계 교육변화를 연구하는 대표적 기관이다. 국제적 벤치마킹의 토대가 되는 자료를 수집하고 공개하는 등 결정적인 역할을 수행하기 때문이다. 벤치마킹의 영향에 대해 논의하고자 장관 및 정치 · 정부지도자들의 고위급 회의를 소집하기도 하고 수행된 연구의 현재적 의의와 미래교육정책에 지니는 함의를 발표한다. 이들은 연구를 지원하고 전파하는 조직으로서의 위상이 확립되면서 미래의 정책전략에 대한 영향력을 갖게 되었고, 이런 영향력을 종종 사회의 진보와 정의구현을 위해 사용한다. 그들이 지지하는 정책으로는 교사의 전문성 향상정책, 10~14세의 전기 청소년early adolescent 대상의 통합학교de-tracking school*정책과 같이 학생 간 격차를 줄이는 수단으로서의 정책, 외부적 압력을 통한 학교개선을 지양하고 지원을 증대하는 정책 같은 것들이 있다.

그러나 정책자문과 정책과제를 설정하는 실제적 주무자로서의 역할을 하는 이들 세 단체는 정부부처의 장관, 정책결정자 등과 같은 특정 이해당사자에게 연구결과를 제공하는데 경제적 이해나 의제에 관한 것들이 압도적으로 많다. 이런 연계관계는 이들 단체가 제공하는 자문내용에 영향을 미치며 심지어는 자문하지 않는 것에까지 영향을 준다. 그런 한계는 이들이 편파적인 단체이기 때문에 생기는 것이 아니라, 이들이 위임받은 권한의 본질적 한계 때문이다. 예를 들자면, 학교개선을 위한 '지역사회 조직화 방안'이라든지 잘못 이끌어진 교육변혁의 시도를 재고하도록 정책결정자에게 압력을 행사하는 방법에 관해서는 이 단체들 중 어떤 곳도 제대로 자문하지 않는다. 성적이 나쁜 나라의 교사들이 성공사례국의 교사들이 누리는 지위나 지원을 얻기 위해 어떻게 목소리를 함께 내야 하는지에 대해서도 발언하지 않는다. 그렇기 때문에, 교육성취와 교육변혁에 대한 다양한 단체의 목소리를 들어 상호보완하는 것이 중요하다. 각 단체는 서로

* 트랙 시스템(track system)은 미국의 능력(적성)별 학급 편성제도를 말한다. 이와 반대되는 학급 편성 제도가 디트래킹 시스템(detracking system)으로 모든 학생들을 통합하여 동일하게 교수하는 제도다. 이 책에서는 '통합학교'로 번역했다.

지지하고 있는 세력이 다르고 사례나 증거를 가져오는 기반이 다르며, 미래에 대한 관점 및 전망도 다르기 때문이다.

이 책에서 우리가 기본적으로 견지하고 있는 관점은 OECD, 맥킨지 사, NCEE가 이미 확립해 놓은 내용들과 상당 부분 일치한다. 하지만 앞에서 서술한 이유 때문에 몇 가지 주요한 차이점이 있다. 세 단체의 가장 기본적인 시각과 비교하여 이 책의 설명은 지역사회 차원의 관리, 지역의 발전, 그리고 지역에서 이루어지는 교육적 결정 또한 동등한 중요성을 갖는다는 점을 강조한다. 이는 핀란드, 캐나다 나아가 규모가 매우 작아 국가이지만 하나의 도시와 같은 싱가포르의 사례를 통해 다룬다.

두 번째로, 교사와 교장이 타국의 교육과정을 그대로 전달하고 시행하는 역할 이상을 하도록 하는 방법에 대해서는 세 단체와 이 책의 연구진이 가장 기본적이면서도 균형을 갖춘 시각을 공히 인지하고 있는데, 이 책의 연구진은 독자적으로 여기에서 더 나아가 교사들이 양질의 교육과정을 구안 및 개발해낼 수 있으며 효과적인 혁신을 스스로 이뤄낼 수 있다는 증거를 밝혔다.

마지막으로 OECD, 맥킨지 사 그리고 NCEE와 이 책 연구진 모두가 캐나다를 집중적으로 분석했었는데, 세 단체는 온타리오 주의 성공사례가 캐나다 전 지역과 호환될 수 있다고 보고 그 주만을 집중적으로 탐구했다. 하지만 우리 연구진은 앨버타 주도 함께 연구했다. 앨버타 주도 동일한 수준의 높은 성취를 이뤘는데 매우 독특한 문화적 정치적 정체성을 가지고 있었으며 다소 상이한 교육정책을 펼쳤다는 점에 주목했다.

또 한 가지 눈여겨볼 만한 점으로 강조하는 것은 맥킨지 사처럼 이 책의 연구진도 각 분야에서 큰 성공을 거둔 탁월한 사례를 분석하는 것에 기반을 두었다는 점이다. 다만 이 책에서 탁월한 사례로 언급하는 한 가지는 문화적 소수자가 많은 영국 북부지방의 경우이고 또 다른 예는 캘리포니아에서 최악의 성적을 낸 학교를 성공적인 학교로 바꾼, 부진학교 살리기 운동에 관한 것이다. 특히 캘리포니아의 경우는 정치 자본과 전문가 자본이 협력해 교육과 무관한 정치적 목적을 가진 불공정한 정부정책에 반대하면서 어떻게 공교육을 일신해냈고 학업성취도를 향상시켰는지에 관한 사례다.

교육과 공공의 삶을 위해 OECD, 맥킨지와 같이 정치적, 경제적 측면에까지 큰 영향력을 갖춘 단체도 필요하지만 이들과는 다른 연구결과나 목소리를 내는 독립적 연구, 소규모 연구를 수행하는 우리와 같은 곳도 사회에는 필요하다.

이 책의 **구성**

이 책은 어떤 이해관계에도 얽매이지 않은 새로운 시선으로 전 세계 교육의 성공사례를 분석한 결과물이다. 여섯 개 지역에 대해 이 책의 연구진이 직접 연구한 내용을 바탕으로 하며 OECD, 맥킨지 사, NCEE가 리더십이나 정책을 비중 있게 다루어 설명한 것과 달리, 이 책의 연구는 정부의 공무원과 주요 이해관계자뿐만 아니라 교사와 학교에 관한 기왕의 연구에 비해서 복잡성과 구체성의 수준을 높였다. 이 책 『학교교육 제4의 길 (2)』는 높은 교육적 성취를 거둔 여섯 지역의 사례를 주된 내용으로 삼는다.

1. 핀란드

비非아시아 국가 중 비교적 최근까지 PISA 시험의 모든 영역에서 최고의 성적을 보인 국가이다. 세계경제포럼은 핀란드를 '경제적 경쟁력'이 매우 뛰어난 국가로 평가한다.

2. 싱가포르

PISA 시험의 수학과목에서는 최고의 성적을 거뒀고 문해력과 과학 분야에서는 3위의 성적을 낸 국가이다. 1인당 국민소득과 평균수명에서 미국을 앞지른 국가로 시민의 지위가 단 한 세대 만에 3등에서 1등으로 도약한 나라이다.

3. 캐나다 앨버타 주

영어권(그리고 불어권)에서 최고의 PISA 성적을 거둔 나라이다. 석유 자원이 풍부한 미국서부 텍사스와 문화적으로 유사하지만 성적은 훨씬 뛰어난 지역이다.

4. 캐나다 온타리오 주

앨버타 주와 거의 동일한 성적을 내고 있다. 전 세계 리더들에게 성공적 교육개혁의 살아 있는 실험실로 여겨진다.

5. 영국

영감을 주는 리더십과 학생의 문화적 요구에 맞춘 교육을 시행하여 저소득 이민자 지역의 실패한 한 중등학교를 완전히 탈바꿈시켰다. 이는 정부의 정책기조와 반대 방향으로 감으로써 이룬 쾌거다.

6. 미국 캘리포니아 주

캘리포니아 교원노조가 주지사와 투쟁하여 경제와 학습 면에서 주

州 하위 1/3에 속하는 학교의 학업성취도 향상계획을 시행했다. 초기 지표에 따르면 큰 향상을 보였다.

상이하지만 교육적 함의가 큰 여섯 가지 사례가 주는 교훈을 통합하여 마지막 장에서는 교사, 교장, 그리고 교육정책가 들에게 유의미한 시사점을 정리할 것이다. 다시 말해서, 시험에 집착하여 학생들의 상상력을 죽이고, 교사들의 일상을 세세하게 관리하려는 거대 관료주의를 넘어설 수 있게 하는 실천적 대안들을 제시할 것이다.

여섯 가지 사례를 자세히 살펴보기 전에 2장에서는 교육적 성공 high performance의 본질적 특징이 무엇이며 학교, 제도 및 국가가 달성하고자 하는 성공에는 어떤 것들이 있는지에 관해 논의한다. 과연 학교는 현재의 제도를 그대로 유지한 채 과거에 비해 나아져야 하는가? 제도 자체를 개혁하고 바꾸어야만 하는 것인가? 이 문제들은 기존의 제1, 제2, 제3의 길에서는 어떻게 다뤄졌는가? 또 앞으로는 이 문제를 어떻게 다루어야 하는가? 어떤 교육적 변혁을 이루기 위해서든 오늘날 우리가 해결해야 할 주요 문제 중 하나가 바로 이것이다. 우리는 지금 이 문제에 주목해야만 한다.

The Global Fourth Way

02

혁신과 개선의 역설적 관계

어떤 종류의 교육 수월성을 기대하는가? 어떤 교육적 성취에 가치를 둘 것인가? 어떤 변혁을 이루기 위해 노력할 것인가? '변화를 어떻게 이뤄낼 것인지'를 생각하기에 앞서 '무엇을 바꾸어야 하는지'를 알아야 한다. 이것이 2장에서 다룰 내용의 핵심이다.

제4의 길이라는 개념은 우리가 사례연구를 통해 발견한 증거들을 기반으로 만들어진 것이다. 하지만 이는 신생개념이다. 큰 가능성을 지닌 개념이지만 미흡한 점도 있다. 그중 하나는 학교에 널리 보급된 매체나 디지털기술이 제대로 다뤄지지 않았다는 것이다. 휴대폰, 랩탑, 전자칠판SMART board, 온라인수업 등 이제는 아동청소년의 일상의 일부가 되어 더 이상은 분리해서 보기 어려운, 그리고 학교의 교구로서도 거의 필수품이 되어버린 디지털매체를 제4의 길은 어떻게 바라볼 것인가. 신기술이 교육적 성공을 거둔 국가들에서 어떤 역할을 했는지를 이 책에서 자세히 살필 것이다.

하지만 신기술의 의미나 영향력보다는 교육변화의 본질에 관한 질문이 선행되어야 한다. 21세기를 배경으로 행해지는 교육변화에 있어서 학교와 교육제도는 어떤 역할을 해야 하는가? 현재 하고 있는 역할을 조금 더 잘하는 방향으로 가야 하는가 아니면 가용수단을 모두 동원하여 개선하고, 효율성을 향상시켜야 하는가? 아니면 새로운 개념, 새로운 결과 그리고 새로운 관행practices의 집합체로서의 혁신을 수용해 이제껏 유지해온 관행뿐만 아니라 학교의 본질에도 완전한 변화를 시도해야 하는가? 이 장에서는 '혁신innovation'과 '개선improvement'이라는 두 지향의 목표가 각각 무엇인지, 그리고 양자의 장점은 무엇인지를 다루고, 이들의 실제적인 역할을 뒤이은 여섯 가지 사례에서 확인하고자 한다.

혁신과 **개선**의 모순 관계

최근 몇십 년 동안 예상치 못한 성공을 거둔 경영분야의 책 중 하나를 소개한다. 거의 무명에 가까운 하버드 경영대학원 교수가 쓴 책 『혁신기업의 딜레마: 미래를 준비하는 기업들의 파괴적 혁신전략*』으로 하드디스크의 역사에 대한 책이다. 이 책의 저자 클레이튼 크리스텐슨Clayton Christensen 교수는 독자들에게 다소 생소하게 느껴질 수 있는 이 주제를 가지고 '점진적 혁신'과 '파괴적 혁신'을 구분했다. 전자는 기존 제품에 대한 개량이나 개선을 의미하고, 후자는 같은 결과 혹은 뛰어난 성과를 내기 위해 제품의 겉모습을 완전히 바꿔버리는 것을 뜻한다.[1]

저자는 증기굴착기를 대체한 디젤굴착기, 그리고 대규모 제철공장을 대체한 소규모 제철소 등을 예로 들었는데 사실 그중 파괴적 혁신의 실체를 가장 잘 파악할 수 있는 예는 '소형 디스크 드라이브'에 관한 연구였다. 시장을 주도하고 있는 기업에 소속된 혁신가가 기존의

* 원서명은 『The Innovator's Dilemma: When New Technologies Cause Great Firms to Fail(2001)』이다.

제품보다 더 작은 크기의 디스크 드라이브를 만들어내면, 기존의 기술이 조금씩 점진적으로 수정되어 기존에 존재하던 제품이 좀 더 효율적이고 세련되고 매력적인 버전으로 변화하는 경우가 있다. 이와 달리 때로는 더 작은 크기의 디스크 드라이브의 탄생이 컴퓨터 기술 수준의 단계 자체를 변혁시키기도 한다. 데스크탑 컴퓨터에서 랩탑 컴퓨터로, 또 팜탑 컴퓨터 또는 태블릿으로의 기술적 도약과 같은 것 말이다. 이는 더 이상 모기업을 위한 느린 속도의 진화가 아니다. 곧 눈앞에 도래할 혁명의 전조다. 소비자의 욕구 충족에 연연하던 종전의 방식에서 벗어나며 대신 어마어마한 새로운 욕구를 창조해내게 된다.

혁신적 신기술이 개발된 뒤에는 더 환상적인 일들이 이어진다. 혁신가들은 혁명의 인자를 들고 사장에게 달려간다. 사장은 새롭게 개발된 제품에 관심을 보이고 고객을 대상으로 시장성을 시험한다. 하지만 기대와 달리 소비자들은 매우 보수적인 성향을 보인다. 소비자들은 새 제품을 좋아하기는 하지만 지금 가지고 있는 물건에 부가되어 있는 추억과 습관을 버리고 싶지는 않다고 응답한다. 그러면 기업의 대표는 기존 제품과 브랜드에 집착한다. 기업은 고객에게 사로잡힌 포로가 된다.[2]

그 결과 혁신가들은 좌절하고 퇴사하여 혼자 일을 시작한다. 그래도 이들이 개발한 별난 신제품은 예전의 사장에게 별 위협이 되지 않는다. 최초의 디젤굴착기는 정원에 파이프를 매립하기 위한 작은 도랑 따위를 파는 일에 쓰일 뿐이었다. 최초의 전기자동차는 겨우 골프

코스나 주정차 단속차량으로만 사용되었다. 규모가 작은 틈새시장에서만 사용되기 시작하는 것이다.

그러나 크리스텐슨이 연구한 혁신가들은 절제력과 근성을 가지고 있었다. 그들은 쉼 없이 아이템을 수정해 개발했다. 자동차배터리 기술은 진일보했고 디젤굴착기의 굴착능력은 계속 높아졌으며 팜탑과 랩탑 컴퓨터의 메모리는 계속 확대되어 과거 거대기업이 택했던 구모델들을 퇴출시키기에 이른다. 시간이 흐르면서 혁신적인 물건을 적용할 수 있는 영역이 늘어나고 소비자들은 마음을 돌리기 시작하며 시장도 확장된다. 1차적 혁신을 발판으로 또 다른 혁신이 이어지기 시작하면 시장을 주도했던 기업의 옛 제품은 이제 낡은 것이 되어 과거의 수익을 내기 어려워진다. 결국에는 신생 혁신기업들이 자신을 버렸던 모회사를 따라잡게 된다. 무시당하면서 내쳐졌던 자식이 돌아와 얄궂게도 부모를 완전히 내몰아쳐 버리는 격이다. '혁신'은 벼락출세와 승승장구의 길로 접어들게 되며 '점진적인 개선'을 월등하게 능가해버린다.

뒤이어 크리스텐슨은 '교육분야에서도 똑같은 일이 진행 중'이라고 마이클 혼Michael Horn, 커티스 존슨Curtis Johnson과 함께 공저한 책 『행복한 학교: 글로벌 시대의 성공인재 육성을 위한 학생중심의 수준별 맞춤교육혁명*』에서 말했다. 저자들의 말을 빌자면, 홈스쿨링과 온라인 강좌 및 온라인 개인교습과 같은 혁신적인 양상들이 나타나면

* 원서명은 『Disrupting Class: How Disruptive Innovation Will Change the Way the World Learns(2008)』이다.

서 지난 150년간 공교육이 누려온 우월적 지위는 위협받고 있다.[3] 게다가 공교육의 표준화가 심해지면서 점점 더 많은 학생과 학부모들이 학교를 떠나 개인적 관심에 부응하는 맞춤형 교육을 받을 수 있는 기회를 찾아 온라인이나 개인적인 다른 공간으로 향하고 있다. 저자에 따르면 단호한 책무성 관리, 즉 특정 과목의 성적관리라는 명분으로 각종 시각예술, 음악, 외국어 수업 등이 학교에서 사라지자 학생들은 자원의 소모를 수반하지 않는 학교 밖의 교육기회를 찾아 나설 수밖에 없게 되었다. 온라인 학점은행이나 고교 심화학습과정AP* 과 같은 것이 그 예이다. 이런 현상이 표면적으로는 아직 학교교육에 전혀 위협적으로 보이지 않을 수 있다. 하지만 이런 추세가 지속되어 2019년에 이르면 미국의 학교수업의 50% 이상이 온라인으로 이루어질 것이라고 저자들은 예측했다.[4]

크리스텐슨, 혼과 존슨은 단지 새로운 기술이나 신흥시장의 출현으로 공교육이 곧 붕괴할 것이라고 우려하는 게 아니다. 설령 공교육이 대다수의 사람들이 생각하는 것만큼은 그리 나쁜 상황이 아니며 그간 지속적으로 개선되어 왔다고 하더라도, 과거에 비하면 현재가 낫다고 평가하는 식은 적절하지 않다는 것이 그들의 견해다. 개인용 컴퓨터가 전면적으로 도입되자 1980년대에 등장했던 '개량' 전동타자기는 언제 완전히 사라졌는지조차 아무도 모른다. 학교보다 나은 학습플랫폼learning platforms이 나타나면 공교육은 어떤 특별한 보호도

* AP는 미국 학제 중 하나로 Advanced placement의 약자이며 우수한 학업 능력을 갖춘 고등학생들이 고등학교에서 미리 대학의 학점을 이수할 수 있도록 하는 제도로 1955년에 시작되었다.

받지 않아야 한다는 것이 저자들의 생각이다.

크리스텐슨과 동료들의 주장에 따르면 우리가 아는 형태의 공교육은 매우 큰 도전과 위기에 직면할 것이다. 파괴적 혁신 이론에 따르면 거대한 혁신의 물결이 학교를 휩쓸기 시작할 것이며, 그에 따라 공교육은 크게 변모하거나 혹은 사라질 위기에 처할 수도 있다. 대신 인터넷을 기반으로 한 혁신적, 대안적 교육이 주변부에서 중심부로 점차 진입할 것이다. 그들은 강력한 주류가 될 것이다. 공교육이 이런 혁신적 흐름의 일부를 변형해 체화하기 시작하지 않으면, 한때 시장을 주도했던 기업들의 전철前轍대로 살아남지 못할지도 모른다.

혁신의 암초

크리스텐슨이 설명한 기술의 발전에 따른 극적인 변화시나리오와는 대조적으로 역사학자 데이비드 티약David Tyack과 윌리엄 토빈William Tobin은 어떻게 백년이 넘도록 교육혁신이 실패를 거듭했는지를 매우 설득력 있게 보여주었다. 혁신이 실패한 이유는 학교가 변혁을 하면 대중은 학교가 자신들이 생각하는 기존의 학교가 더 이상 아니라는 위협을 느끼기 때문이라는 것이다.[5] 기술, 교육과정 그리고 교수학습원리 등의 모든 분야를 혁신하려고 부단히 노력했음에도 불구하고 학교의 기본원리는 깨지지 않았다. 연령별 학습자 구분, 교실수업 그리고 표준교육과정에 따른 교과목, 그리고 누구나 목매는 지필고사의 존재는 바뀌지 않았다. 그런데 시간이 흐르면서 학교의 이런 기본원리들은 메리 메츠Mary Metz의 표현에 따르면 '진짜 학교'가 되었다. 즉, 학부모들에게 자신의 자녀가 다니는 학교란 부모 본인이 제 기억 속에 보존하고 싶은 '학창시절의 학교'여야 했다. 그들이 원하는것은 자신의 아이들이 실험대상이 아닌지 우려되는 새로운 학교가 아니라 평범한 학교다.[6]

교과목과 교육과정 통합의 역사를 보면 교육자educators가 과연 학교를 개혁할 능력이 있는가에 회의를 품을 수밖에 없는 이유를 찾아볼 수 있다. 역사적으로 과학이나 수학과 같은 전통적인 교과목은 공연과 시각예술과 같은 교과와 비교하여 지식의 위상 면에서 항상 우위를 점해왔다. 교육과정 통합, 교과목 통합, 그리고 자기주도적 학습방법 등이 용인되는 경우는 아이가 어릴 때, 혹은 하급반에 소속될 만큼 성적이 낮을 때, 직업교육을 받을 때, 제2언어학습집단에 속해 있을 때, 특수교육을 받을 때 정도다.[7] 그러나 이런 통합교육과정과 혁신적 교육방식이 성적이 뛰어난 학생들이 두각을 나타내고 상대적 우위를 점하는 주류 교과목의 위계적 권위를 위협하여 '순수성이 손상될 것 같을 때', 크리스텐슨의 언어로 표현하자면 '혁신적 방식이 너무 상승 추세를 타거나 영향력을 확대하려 할 때', 또는 미래의 삶을 결정짓는 대학을 선택할 시기가 가까워 올 때, 그때에는 혁신적 시도가 어렵다. 엘리트 집단의 거센 반발이 이어진다.

역사적으로 보면 초기 급진주의자들이 설립했던 혁신적 학교는 대부분 실패로 끝났고 기존의 표준적인 보통의 학교로 되돌아갔다. 일반적으로 학교가 혁신을 시작할 때에는 새로운 교장이 부임하고 시설을 새롭게 갖추고 교사도 새롭게 임용하는 등 한껏 혁신적인 분위기에서 출발하며, 이런 분위기 속에서 교장이나 교사들은 기존 학교교육의 전통적인 원리를 구성해온 뿌리 깊은 가정들에 도전을 시도한다. 하지만 많은 혁신적 학교들을 대상으로 한 종단연구에 의하면 초기의 전성기가 지나면 이 학교들은 '변혁에 따른 피로감attrition of change'에 사로잡힌다.[8] 카리스마 있던 설립자를 대체할 사람은 없고, 누적된 혁신에 부하가 걸리면서 지쳐버린 교사들은 떠나기 시작한다. 전면적으로 교사교체 시기가 오면 학교는 혁신의 동력을 회복하기 어려워지기 일쑤다. 혁신적인 한 학교가 인기를 얻으면 이웃 학교들이 이를 시기하거나 때론 음해하기도 한다. 그리고 체제내부 규칙혁신을 위해 이들 학교가 누렸던 재량권들은 교장이나 초기 후원자들이 바뀌면 사라져버리기도 한다. 무엇보다도 교육변화의 패러다임이 대규모 개혁을 지향하고 외부에서 학교에 점점 더 큰 책무성을 요구하면 기존에 구축해둔 학교의 정체성을 유지하기가 점점 어려워진다. 혁신의 꿈을 안고 새로 부임한 교사들은 어떤 발판도 마련하지 못하게 된다.[9]

교사들은 최신 기기나 기술을 스스로 최적화해 사용할 능력을 보유하고 있는가? 교사들은 새로운 교육의 가능성을 열어줄 신기술을 수용하는 속도가 늦다. 스탠포드 대학의 역사학자 래리 쿠반Larry Cuban의 『교사와 기계*』라는 책에 따르면 1960년대와 70년대에 교사들은 교직을 '소명vocation'이라고 여겼고 그것을 이유로 기기나 기술의 교실수용을 꺼렸다. 교사들은 사람과 사람의 만남이 교육에서 가장 중요한 것이라 생각하여, 손쉽게 영상물을 활용할 수 있고 가르치는 부담도 줄일 수 있으며 학습자들이 기기활용능력을 갖추고 있는 상황에서도 수업에서의 기술사용을 꺼렸다. 기기와 기술이 교사와

* 원서명은 『Teachers and Machines: The Classroom Use of Technology Since 1920(1986)』이다.

학생의 관계를 대체하려 한다거나 방해한다거나 축소시킨다고 생각하는 등 기술 자체에 대해 부정적인 태도를 가지고 있었던 것이다.[10]

쿠반에 의하면 교사들은 교사와 학생이 지쳐서 휴식이 필요한 오후에 기기를 사용하는 경향이 있었다. 특히 하루 내내 한 학급의 많은 학생을 지도하느라 고된 초등학교 교사들은 텔레비전이나 영화를 이용하여 일종의 휴식시간을 확보했다. 영상은 교수도구로서의 신기술이라기보다는 보모와 같은 역할을 했다.

정리하자면 학교교육의 기본 문법이 바뀌기 어려운 원인으로 세 가지가 있다. 첫째로 학부모들의 기억이나 향수에 의존한 '학교의 상象'이 있는데 학부모들은 현대의 학교도 이 상에 가깝기를 원한다. 둘째로는 교육과정 과목들 간에 신성 불가침한 기존의 위계가 있다. 셋째로는 기기나 기술이 교육적, 학습적 목적보다는 학급관리나 오락용으로 이용돼왔다는 문제가 있다. 차터스쿨의 경우도 마찬가지다. 많은 차터스쿨들이 온갖 급진적 포부를 안고 출발했다. 하지만 지금은 많은 학교들이 전통적 방식으로 회귀했다. 기존의 공립학교와 다르다고 보기 어려워진 차터스쿨이 많다. 이들은 때론 공립학교를 어설프게 모방하기도 한다.[11]

과거역사의 궤적을 훑어보면 비즈니스 및 기술의 발달이 가져올 교육분야의 혁명적 변화에 대한 전문가들의 예측에도 불구하고 교육변화의 성공은 가파른 언덕을 오르는 일처럼 매우 힘든 과업이었다. 오늘날 학습자들의 욕구는 과거의 그것과 매우 다르지만 강력한 관성의 힘, 그리고 변화에 대한 강력한 저항력으로 학교는 과거의 관행으로 늘 회귀하고야 만다. 학생들의 생활과, 일상적 경험과, 상호작용이 매우 중요하지만 오늘날의 학교에서는 이런 것들이 늘 긍정적인 것은 아니다. 내부혁신을 지속적으로 이루지 못하면 학교들이 살아남고 발전할 가능성은 얼마나 될까?

혁신과 개선의 조화
: 이유와 방법

전통적인 학교의 모습은 모두에게 너무나 익숙하기 때문에 그것이 비효율적이고 시대에 뒤처진 것으로 여겨지더라도 바꾸기 어렵다. 정책결정자와 행정가, 관리자에게 새로운 개혁방안을 납득시키는 일은 더욱 난해하다. 게다가 그들이 기본적 문해력이나 기초수학 점수 향상을 목표로 한 대규모 개혁모델을 시도하여 이미 교육적, 정치적 성과를 경험한 사람들이라면 설득의 어려움은 더하다.

'혁신'과 '개선'은 양자택일의 문제인가? 기초과목의 성적을 지속적으로 향상시키고 유지시키면서 점진적으로 평범하게 '개선'하는 방안을 선택해야 하는가? 아니면 초기에 전반적인 성적향상을 기대하기 어렵고 규모 확장 시 실패의 위험이 도사리고 있지만 극적인 진보를 가능하게 하는 '혁신'을 선택해야 하는가? 혁신과 개선은 상호 배타적인 것인가? 영향력 있는 관료와 정보와 지식을 다루는 연구자들은 협력할 수 없는 것인가?

당면 과제는 이것이다. 어떤 학교체제에서든 개선을 지속해나가면서 혁신을 시도할 수 있도록 하는 방안을 찾아야 한다. '점진적 개선과 파괴적 혁신의 조화' 방안을 찾아야 하는 이유를 다음의 세 가지 키워드에서 찾아볼 수 있다.

1. S자 곡선

선두적인 조직전문가 찰스 핸디Charles Handy와 피터 센지and Peter Senge가 수학에서 차용해 변형한 'S자 곡선' 이론은 개인과 조직의 성장과 쇠락에 관한 것이다. 개인과 조직 모두 초반에는 서서히 또는 불안정하게 성장하는 곡선을 보인다. 중반에는 가파른 상승곡선을 그린 뒤 수평을 유지하며 이후 서서히 하락하고 그 뒤에는 급격한 하락을 보인다.[12] 정점에 이르렀을 때가 아니라 그 이전에 이미 하락의 동력이 작동된다. 크리스텐슨의 언급을 떠올려보자. 한 조직이 신제품을 만들어야 하는 시점은 이제껏 해왔던 대로 기존 상품의 품질을 개선한 뒤가 아니다. 그 이전이다. 학교나 시스템도 마찬가지다. 현재의 방식으로 최대의 교육적 성과를 내는 시점에 이르기 전에 이미 미래의 교육목표와 목표달성 방법에 대한 고민을 시작해야만 한다. 혁신과 개선이 모순관계를 나타낸다는 것을 잊지 말아야 한다. 계속 발전할 수 있을 것 같을 때 그 습관으로부터 벗어날 생각을 해야 한다.

2. 절제된 혁신

책 『위대한 기업의 선택*』의 저자 짐 콜린스Jim Collins와 모텐 한센

* 원서명은 『Great by Choice(2011)』이다.

Morten Hansen은 격변을 겪고도 살아남은 기업들의 특징을 조사하였다.[13] 그들에 의하면 위대한 기업의 핵심은 매우 확실하고 일관성 있게 혁신하고 이를 전파하는 능력이다.[14] 이를 달성해내는 것은 흔한 일이 아니다. 하지만 창조적 열정과 엄격한 규율을 혼합하여 창의성을 증폭시키는 것이 핵심이다.[15] 혹독하게 인내하고 끈질기게 버텨내게 하는 규율이 있어야 창의적 아이디어들을 현실화시킬 수 있다. 더불어 콜린스와 한센은 진정한 규율에 대한 오해를 경계했다.

"규율은 조직화된 통제와 다르고 측정도 아니다. 규율은 관료적 규정에 집착하고 이에 복종하게 하는 것도 아니다. 진정한 규율은 독립심을 요한다. 양립할 수 없는 가치, 성취기준, 장기적 목적들이 공존하는 시스템에 순응하라는 압력을 거부하는 독립심이 필요하다."[16]

즉, 개선을 추구했던 종래에는 하향식 통제와 관료주의적 정렬이라는 규율에 기댔다면, '절제된 혁신'을 위해서는 구성원의 순전한 자기결심에 기반한 집단적 자기규율이 필요하다는 것이다.

3. 전달통로가 아닌 플랫폼

혁신의 대가인 찰스 리드비터Charles Leadbeater는 공공의료서비스가 현재처럼 콜레스테롤이 높은 경우 콜레스테롤 강하제를 처방하는 대증요법에서 벗어나 콜레스테롤 수치를 낮추는 건강한 생활방식의 확립을 지원하고 전파하는 방식으로 전환되기 위해 필요한 조건이 무엇인지에 대한 분석을 2004년에 실시했다.[17] 리드비터는 공공의료서비스가 사용자 맞춤방식으로 전환되기 위해 필요한 근본적 방안 다섯 가지를 다음과 같이 제안했다.

- 이용자의 서비스 접근성을 용이하게 할 것
- 다양한 선택적 진료항목을 이용자가 찾아보기 쉽게 할 것
- 서비스에 대한 예산을 공급자로부터가 아니라 이용자로부터 확보하여 목적자금에 대한 이용자의 통제권을 확대할 것
- 지역단위의 프로그램 설계에 이용자를 참여시킬 것
- 플랫폼을 만들어 제공함으로써 이용자가 자신의 삶을 스스로 설계하고 효과적으로 행동하게 할 것

리드비터의 연구는 공공서비스 분야에서의 혁신이란 단순히 기존의 통제/책임의 범위나 강도를 완화하거나 포기하는 것이 아니라 이용자의 학습을 지원함으로써 이용자가 자신의 생활방식을 스스로 설계하는 능력을 키울 수 있는 토대, 즉 일종의 플랫폼을 제공하는 방식으로 전환하는 것이라는 점을 강조한다.

리드비터의 분석은 교육정책가들에게 중요한 질문을 던진다. 예를 들어 이제까지 교육행정가들은 정부가 설계한 교육과정을 교사들이 충실히 효과적으로 배포할 수 있도록 하는 집중연수와 지원을 제공해왔다. 하지만 이제 그 대신 교사들이 공동으로 교육과정을 개발할 수 있게 하려면 과연 교육행정가들은 어떤 플랫폼을 구축해야 하는

것일까? 성취도가 낮은 학교를 직접 호전시키고 나아가 성취도를 높이기 위해 중앙에서 개별 학교로 개입팀을 파견해 많은 예산을 투입하는 대신 학교네트워크가 서로 동등한 입장에서 이를 제 힘으로 해결할 수 있게 하기 위해서는 과연 어떤 시스템을 만들고 재원을 어떻게 배정해야 할까?

이제 독자들은 혁신과 개선을 조화시켜야만 하는 이유와 더불어 그 조화의 방법을 조금 알게 되었을 것이다. 어떤 개선의 과정이든 개선을 위한 노력이 정체되면서 개선의 성과가 정점에 오르는 시점이 있는데, 파괴적 혁신은 그 시점이 오기 전에 이미 시작되어야 한다. 효과적인 혁신이란 제대로 된 규율과 더불어 이루어지며 조직 내부의 불필요한 에너지 낭비에 노출되지 않는다. 추상 같은 성향을 지닌 '개선가'들이 지닌 특성 중 많은 부분은 강한 회복력을 지닌 '혁신가'들과 공통되지만, 하향식에 익숙한 개선가들의 관료주의적 성향이 옹호될 수는 없다. 공공서비스 분야를 개혁한다는 것은 정부가 공적인 부분에서 손을 떼는 것이 아니다. 다만 정부주도로 특정한 서비스를 배분하던 방식에서 당사자 본인이 자활할 수 있도록 플랫폼을, 즉 토대를 구축해주는 방식으로 정부의 역할을 전환하는 것이다.

그러나 현실의 문제에서는 혁신과 개선의 관계가 이상에 제시한 것과 달라지는 경우들이 존재한다. 변화의 지향이 상이한 '혁신'과 '개선'이라는 양자 간에 형성되는 다양한 종류의 관계에 대해 설명함으로써 그 이유를 제시하고자 한다.

혁신도 성취도 향상도 이루지 못한 **제2의 길**

많은 면에서 최근 미국의 전국적인 교육개혁전략은 교육혁신을 한 것도 아니고 개선을 이룬 것도 아니다. 전미교육성취도평가National Assessment for Educational Progress에서 4학년과 8학년의 읽기성적은 오랫동안 변동이 없었다. 10년 이상 개혁에 많은 노력과 예산을 투여했음에도 변함이 없었다.[18] 수학성적이 좋아지긴 했지만 전략이 적용되기 이전에 시작된 추세여서 성과로 보기 어렵다.[19] PISA 시험에서 미국은 65개 나라 중 읽기 17등, 수학 31등 그리고 과학 23등이었다.[20]

2008년 미국 대통령에 당선된 버락 오바마Barack Obama는 교육전략을 주로 교육부장관인 아니 던컨Arne Duncan에게 위임했다. 하지만 그는 부시 행정부의 아동낙오방지법NCLB을 계속 추진하여 교육계를 실망시켰다. 결국 상상력 없이 표준화시험을 계속 강조했고 이에 따라 정부는 차터스쿨을 포함한 개별학교들의 선택을 옹호하는 정책을 지속했고 심지어는 강화했다.

영국의 토니 블레어Tony Blair의 첫 임기 때처럼 미국의 교육부장관 던컨과 그의 팀은 기존의 정책을 전임자보다 더욱 가열차게 밀고 나갔다. 1장에서 제2의 길 방식의 특징으로 소개한 시장과 표준화라는 특성을 지닌 이 정책전략은 벤치프레싱 방식으로 이뤄졌으며 '정상을 향한 경주Race to the Top(RTTT)'라 명명되었다.

NCLB를 근간으로 한 RTTT는 다음과 같은 기본 원리를 바탕으로 시험성적의 향상과 시장적 인센티브에 초점을 맞췄다.

보상 | 새로 도입된 주州 공통 핵심성취기준new Common Core State Standards을 공식적으로 따르기로 한 주에는 보상책으로 RTTT 교육교부금 신청시 가산점을 부여한다. 이는 타국의 성공한 체제들에서 중앙집권적 교육과정 요건을 약화시키고 지방의 학교와 교사에게 교육과정에 대한 권한을 위임하여 양질의 교육과정 개발자 또는 교실수업의 혁신가로 양성한 것과 사뭇 다른 행보다.[21]

포상 | 성적이 낮아 힘겨워 하는 학교의 교장을 파면하고 같은 학교의 교사를 방출하겠다고 약속하는 주에 추가점수를 주어 포상한다. 이런 시도가 반복되면 불안정한 빈곤지역 주민의 생활이 더욱 불안정해질 수 있다.[22]

도구 | 부가가치 측정방식value-added measure을 사용하여 학생의 성취도평가 성적과 교사의 성과를 측정한 후 학생의 성적을 향상시킨 교사를 발굴하여 시상하고 성적이 나쁜 학생의 교사는 문책한다. 하지만 지난 100년간 교사성과급이 실패했고, 결국 학생의 학업성취도 향상에 지속적으로 영향을 주지 못한다는 연구증거가 있다.[23]

투입 | 정부에서 자세히 설계한 다양한 학교전환모델을 따르는 주

에 재정을 투입한다. 단, 교육계나 비즈니스계 어디에서도 '1년 이내'의 단기적인 전환을 시도한 노력의 성공기록은 희박하다.[24]

확대 | 차터스쿨의 수를 늘린다. 하지만 전통적인 공립학교보다 차터스쿨의 성취도 평가결과가 낮다.[25]

투자와 개선 | 데이터시스템에 자본을 투자해 개선하고 학생의 향상 정도를 추적한다. 하지만 위협이 큰 환경에서 효과적인 데이터분석을 위한 필수조건인 데이터에 대한 신뢰와 응답의 솔직성을 기대하기는 어렵다.[26]

양성 | 대졸자 중심의 전통적인 교사임용 방식 이외의 대안적 연수 경로를 개설하여 우수한 교사를 임용하고 이직을 방지하는 일을 강화한다. 비록 교육적으로 성공을 거두었을지라도 어떤 타국의 사례에서도 전문가를 이런 방식으로 양성하지는 않는다.[27]

RTTT에도 긍정적인 측면은 있다. 특히 교사의 이직을 방지하고 만성적으로 성적이 안 좋은 학교에 위기의식을 불어넣으려고 노력했다는 점이 그렇다. 그러나 NCLB는 구성요소들을 보면 실행에 들어갈 경우 그 결과가 실망스러울 수 밖에 없는 운명을 갖고 있었다. 국제적 성공사례의 원칙과도 맞지 않고 비슷한 사업에 대해 이뤄진 과거와 현재의 연구결과 또한 이를 뒷받침하고 있지 않기 때문이다.

가장 아이러니한 것 중의 하나는 공립학교를 대대적으로 변혁하겠다는 기치로 개교한 차터스쿨이 그 의도와는 정반대의 양상을 보이는 것으로 판명되었다는 점이다. 차터스쿨은 점심시간과 교실이동

중 대화를 금지하는 등 과거 공장학교factory school에서 보였던 우스꽝스러운 관행을 그대로 답습하거나 오히려 강화하기도 했다.[28]

변혁을 시도하더라도 다시금 전통적 교육으로 되돌아가는 비극적 아이러니에는 원인이 있다. 세 가지 힘이 위태로운 동맹을 맺은 탓이다. 시장원리로 인해 변혁의 주된 동인은 경쟁과 선택이었다. 그리고 불안정한 시대에 일관되고 예측가능한 것을 희구하는 학부모들의 향수가 학교를 추동했다. 그러면서 학교는 학부모들의 관심과 지지를 얻기 위해 옛 학교교육에서나 통용되던 문법들을 제도적으로 강화해 버렸다.

크리스텐슨이 든 예에 등장한 소비자의 보수성처럼 학부모들도 혁신이 성공하리라는 확신을 가지고 나서야 기존의 것을 버리겠다는 선택을 하는 것이다. 점점 많은 공립학교들이 학부모들의 이런 패턴에 영합했다. 많은 수의 차터스쿨도 같은 모습을 보였다. 이 방식은 고객이 원하는 방식이고 학생들의 점수향상에 긍정적이며, 경험이 적고 훈련이 부족한 교사들이 상대적으로 빠른 시간에 숙련도를 높일 수 있는 교수법이기 때문이다.

미국의 학교에서 이뤄진 모든 변혁이 그랬던 것은 아니다. 용 자오Yong Zhao가 지적했던 것처럼 미국의 많은 학교에는 아직도 미국 고유의 진취적 정신이 살아있다.[29] 미국의 바로 이런 문화와 기술적 혁신은 타국에 부러움의 대상이 된다. 특히 교외의 부유한 학교들에서는 개인별 심화학습AP 과정에서 탁월한 순위를 기록한 학생들을 계속 배출했고 이들은 세계적으로 경쟁력 있는 연구대학에 진학해 훌륭한 성과를 내고 있다. 실제로 미국 학교에서 수학한 백인과 아시아계 학생들은 세계적 성공사례 하에서 교육받은 학생들과 어깨를 견줄 만한 수준이다.[30]

또한, 용 자오는 지휘와 통제 중심의 정책모델이 미국의 도시 속에서는 혁신과는 정반대의 현상을 초래할 수 있다고 경고했다. 흑백 분리나 소수민족 학생의 구성비가 압도적으로 높은 학교school segregation의 시대를 여는 단초가 될 수도 있다는 것이다. 즉 일부 차터스쿨, 사립학교 그리고 부유한 백인들이 주로 거주하는 교외지역의 학교에서는 수행능력이 우수한 교원들을 채용하게 되는데, 이들은 자신들의 전문성을 바탕으로 교육과정을 유연하게 운영하여 지식경제에 필요한 21세기 기술을 학생들에게 가르친다. 반면, 유색인종이며 가난한 가정의 학생들이 상당 부분을 구성하고 있는 도시지역의 학교에서는 자질이 다소 부족하고, 숙련도가 낮은 젊은 임시교사들이 이미 구체적으로 그 내용이 규정된 표준화된 교육과정을 그대로 따라 가르치면서 지식경제가 요구하는 바와 상충될 수도 있는 기초과목만을 가르친다. 양자의 성취도평가의 점수 격차는 커질 수도 줄어들 수도 있다. 하지만 빈부지역 간 학생들이 학습하는 지식의 종류 및 수준에 있어서 그 격차는 점점 더 벌어진다.

역사적 증거, 국제적 성공사례, NCLB의 영향 등의 증거를 고려해 보면 RTTT의 전망은 밝지 않다. 여러 면에서 현재 미국의 교육변혁은 지금까지 '지속불가능한 변화'의 모습을 보여왔다. 교사를 포위하듯 몰아대며 시장의 논리로 입을 막고, 새로운 기기나 기술이 교육의 병폐를 해결해줄 것이라는 비현실적 유혹에 매몰되어 아직 증명되지도 않은 접근방식들에 충동적으로 집착하는 모습을 보인다. 문서상으로 보면 미국의 개혁정책은 과감하고 결단력 있어 보인다. 그러나 실제로는 교사들의 진을 빼고 의욕을 꺾는 개혁정책이며 학생의 성적향상마저 미미한 수준이다.

혁신 없는 성취도 향상
제3의 길

기존의 방식에서 탁월한 성과를 보이는 학교와 체제들이 있다. 이들은 목표를 향해 계속 전진하면서 성적향상 또한 꾸준히 이어나간다. 가장 훌륭한 사례로 캐나다 온타리오 주州를 들 수 있다. 온타리오 주는 15세 학습자를 대상으로 하는 PISA 시험에서 상위 4위인 지역이다. 캐나다 전체는 6위를 기록했다. 온타리오 주가 개혁에 성공한 시스템으로서 주목받는 것은 2003년 이후 몇몇 정책을 도입해 초등학교 문해력과 산수 성취도의 성적향상과 고등학교 졸업률 개선에 집중적으로 노력했다는 점이다.[31] 온타리오 주는 EQAOEducational Quality and Accountability Office가 주관하는 주 단위 표준화시험에서 6학년 학생 75%가 수준3 숙달도Level 3 proficiency에 도달하는 것을 주州 목표로 설정했는데, 늘 일정한 발전속도를 유지하고 있지는 않지만 목표를 향해 점진적으로 발전해 나가고 있다. '75를 향한 운동Drive to 75'이라 불리는 이 운동은 그 목표를 달성하지는 못했지만, 상당한 정도의 성적향상을 이뤘다. 운동을 시작한 2004년에는 54%에 머물렀던 숙달도 수준 달성비율이 2011년에는 약 70%로 향상되었다. 고교 졸업률도

2004년의 68%에서 2011년에는 82%라는 수치를 보였다.

온타리오 주의 전략은 교사들에게 압력을 넣으며 지원은 높이는 high pressure-high support 제3의 길의 전략과 거의 일치했다. 강력한 책무성 조치와 확고한 목표를 연계했고, 고교 졸업률과 더불어 문해력과 산수 성취도에 뚜렷하게 집중했다. 그리고 주–지방정부–학교 간의 확립된 전달체계는 제3의 길 방식의 전형적인 압력행사 방법이면서도 제2의 길에서 전염된 방식이 확실했다. 동시에 교원노조와 평화적 관계를 정착시켰고 예산을 크게 증액했으며 양질의 교재와 교사연수, 코칭을 충분히 제공하는 등 교수에 대한 지원을 강화했다. 제3의 길 특유의 수평적인 네트워크peer-to-peer를 구성해 비슷한 처지의 학교들이 연계해 성공한 동료학교의 지원을 받을 수 있도록 했다. 징벌을 하지 않는 정서적, 정치적 분위기가 있어서 성취도평가 결과가 좋지 않은 경우 그 원인을 교사나 교장의 '능력이나 헌신'의 부족이 아니라 강화 가능한 '역량'의 미진함으로 보았다. 교사들에게 압력은 넣되, 지원을 높이는 방식을 핵심에 두고 구안한 변혁의 효과는 무엇일까?

우리 연구팀의 일원이 보스턴 대학의 헨리 브라운Henry Braun과 그의 대학원 연구팀과 공동으로 온타리오 주 특수교육 전략의 뼈대와 영향이 무엇인지를 알아보기 위해 온타리오 주 학구 전체의 1/7을 대상으로 연구를 진행했다.[32] 이곳의 특수교육 전략은 여러 형태의 학습적 어려움learning challenge을 겪고 있는 학생들을 돕기 위해 계획된 것으로, 성취도평가 성적향상 및 문해력과 산수능력 향상을 목표로 하는 온타리오 주의 상위정책들과 깊이 연계되어 있기 때문에 이 주의 교육정책에 대한 중요한 통찰을 제공한다. 연구의 일환으로 연구 대상 10개 학구 각각에 대한 구체적 연구결과들을 모아 엮었고, 한 개의 학구를 제외한 모든 학구의 교실과 특수교육 교사로부터 조사 데이터를 수집했다.

데이터를 보면 교사들은 문해력 및 산수 성취도에 집중하는 주州의 정책과 특수교육 전략 사이에 강력하면서도 긍정적인 연계가 있다는 점을 인식하고 있었다. 교육자들이 느끼기에는 주州의 사업이 진행되면서 자신들의 문해력과 산수능력을 향상시키는 기술이 개선되었으며, 이로 인한 혜택은 특수교육 대상 학생을 포함한 모든 학생들에게 돌아갔다. 한 교사는 여러 정책 및 사업들이 상호보완적이었기 때문에 수업이 개선되어감에 따라 교사들은 학생들의 다양한 학습 이력에 초점을 맞출 수 있었다고 기록했다.[33] 이런 상보적 접근으로 교사들은 학생들에게 보다 유익한 수업을 진행할 수 있게 되었고 결과적으로 학생들의 성취도평가 결과는 향상되었다. 나아가 교사들 간에 공동작업의 분위기가 고조되었는데, 결국 이런 새 풍토의 혜택 또한 학생들에게 돌아갔다.

제3의 길 방식의 표준화시험의 유익성에 대해서는 매우 상반된 결과의 데이터가 병존했다. 한편, 체제의 관리자들은 EQAO를 강력히 지지했는데 그 이유는 이를 통해 체제의 발전 여부를 파악할 수 있을 뿐 아니라 이로써 학교에 영향력을 행사할 수 있기 때문이다. 많은 교장들은 물론이고 특수교육 자료교사들도 EQAO에 유익한 면이 있다고 보았다. 특수교육 자료교사들에 따르면 EQAO로 인해 특수교육 교사가 아닌 교사들이 학생 모두에 대하여 공동의 책임감을 갖게 되었고, 공식적으로 학습장애가 있다고 판명된 학생에 대한 기대수준을 높였으며, 특수교육 자료교사들만이 이 아이들을 책임져야 한다는 생각을 하지 않게 되었다.

EQAO와 진단적 성격이 강한 데이터 주도의 기타 평가에는 또 다른 장점이 있다. 먼저 이들 시험을 통해 학생들의 현재의 학업수준을 파악하고 이를 향상시키고자 하는 추진력이 학구단위에서 생겨난다. 성취도 향상에 초점을 맞춘다는 것은 모든 학생들이 학습을 한다는 것, 그리고 교사는 학생들의 수준을 현재 수준에서 한 단계 높이는 데 집중한다는 것이다. 특히 행정관료들이 보기에 가장 훌륭한 시나리오는 평가를 통해 학생들에 대한 기대치를 더 높이고, 이에 따라 교사들은 좀 더 구체적으로 개별 학생의 목표를 설정하며, 교사들은 서로의 아이디어에 귀를 기울이고, 학업성취도에 대한 공동의 언어를 개발해 토론하고, 모든 학생의 성공에 대해 집단적인 책임감을 갖게 하는 것이다.

많은 학구에서는 '데이터벽data walls'을 만들어 모든 학생이 도달해야 할 온타리오 주의 기준 문해력 목표치와 그 달성 정도를 시각화해 이를 추적관리한다. 데이터벽에는 다양한 읽기수준(초보단계, 초기단계, 과도기단계, 확장단계)을 나열하고, 10월, 2월, 5월에 실시한 진단평가에 따른 개별 학생의 현재 수준과 발전 정도를 문자와 수로 표시한다. 빨강은 기준 이하, 노랑은 기준 이하로 떨어질 위험, 초록은 기준 달성을 의미하며 학생들이 발전해감에 따라 표지는 다음 단계로 이어진다.

교사들은 매주 데이터를 확인하고 온타리오 주의 기준에 거의 도달한 학생과 이에 미달한 학생을 파악하여 개별 맞춤형으로 개입해 언어숙달도를 향상시킨다. 교사들은 이에 대해 연수를 받으며 이런 학생을 위해 수업을 개별화하고 진척을 관찰한다. 또 학생들이 다음 단계로 올라갈 수 있도록 달성가능한 작은 단기목표들을 제시한다.

학습자의 진척사항을 추적하는 이런 기술로 교사가 실시간으로 학생들의 문제점을 파악하고 적시에 개입할 확률이 높아졌다. 성취도 목표성적이 명확히 정해지면서 모든 교사가 모든 학생에 대해 공동의 책임을 지게 되었다. 이는 제3의 길의 중요 성과다. 하지만 동시에 이런 추적시스템이 '75를 향한 운동'과 그 운동에서 중요하게 여기는 수준3과 연계되면서, 목표달성을 위해 힘을 계산적으로 쏟거나 편법으로 제도를 악용하는 일도 나타났다.

예를 들어 어떤 지역 교사들의 보고에 의하면 학생들의 언어숙달도를 수준3, 즉 3.0이라는 수치로 향상시키라는 압력이 계속되자 어떤 교사들은 2.7에서 2.9 사이에서 맴도는 학생들에게만 집중했다.[34] 커트라인 바로 아래에 있는 학생들이야말로 주에서 지정한 성취도평가 결과의 장벽을 넘어설 가능성이 가장 높은 학생들이기 때문이다. 학교의 지도자들까지도 이런 학생들의 수준을 향상시켜야 한다고 교사들에게 말했다고 한다.[35] 한 교사는 다음과 같은 지시를 받았다고 했다. "특수교육 사업을 계속하세요. 그러나 경계선에 있는 학생들을 위해 무언가가 필요하지 않겠어요? 이 학생들에게 적합한 기술과 좀 더 개별화된 수업이 필요해요."[36] 교육자들은 표면적으로는 교사의 수업이 좀 더 맞춤형이 되어야 한다고 생각하지만[37] 사실 가장 큰 관심을 필요로 하는 최하위 성적권의 학생들보다도 경계선에 있는 학생들을 우선시하게 됐다.

교장실에 눈에 띄게 걸려있는 차트의 존재는 '75를 향한 운동'에 따른 학교성적 목표를 달성하기 위하여 2.7과 2.9 수준의 학생들에게 집중하는 것이 중요하게 여겨진다는 점을 보다 가시적으로 보여준다.[38] 이 수준에 속한 학생들을 차트에는 특별히 표시하고 이들이 3.0 수준을 달성할 수 있도록 학교가 집중적으로 개입한다. 성적이 가장 낮은 학생들에 집중하는 게 아니라는 말이다.

교사들은 경계선상 학생들에게 노력을 집중하지 이들보다 높은 성적을 보이는 학생들, 또는 이들만큼 성적을 올려야 할 필요가 있는 학생들에게 노력을 집중적으로 쏟아붓는다거나 별도로 개입하지 않는다. "성적이 낮은 지역의 상황은 이런 식이었다. 결과에 주목해야 했다. 2.7과 2.9에 머물러 있는 아이들에 주목해서 그들이 3.0으로 향상되는지를 챙겨야 했다. 학교가 더욱 부진한 아이들을 수준1에 도달하게 하기 위해 기울인 노력은 인정받기 어려웠다."[39] 또 다른 지역의 교장에 의하면 개별화 수업differentiation of instruction(DI)과 표준화시험 간에는 일종의 긴장이 존재했는데, 이를 좀 더 크게 보면 통합교육과 책무성 사이의 긴장이라고 했다. 한 초등학교 교사는 다음과 같이 그 긴장을 설명했다.

"개별화 수업DI과 EQAO는 전혀 다른 방향이라고 생각한다. 개별화 수업이란 학생들이 답을 생각해내고 이에 대해서 서로 이야기하고 비교할 뿐 아니라 모든 사항에 대하여 비교하고 토론하는 과정으로 이루어지는데, EQAO는 사흘 동안 아무에게도 말을 걸지 않은 채 그저 앉아서 쓰게 한다. 둘은 서로 다른 세계 같은 것이다."[40]

또 다른 교사는 이렇게 지적했다. "학생들은 자신의 수준과 무관하게 이 시험을 치러야 한다. 교장과 교사뿐만 아니라 학생들에게도 이 시험은 압박이다."[41]

교육부의 한 명민한 고위관리가 일선 학교에서 수준3을 달성하기 위해 노력을 들였을 뿐만 아니라 '수준1의 학생들을 수준2로 향상시켰다'는 성과가 있다는 것을 알게 되었다. 그러나 그는 다음과 같이 말을 이었다.

"현재 주州의 기준은 수준3이다. 이것이 변동 없이 표준으로 굳어질 것은 거의 확실하다. 주 차원의 업무라는 관점에서 보면 수준1에서 수준2로 학생들을 향상시키는 것은 사실 공적 영역public domain이 아니다. 향상시킬 대상자를 선택하는 일은 정부가 직접 하지 못하고 누군가에 의해 대신 이뤄지지만, 사실 이 결정은 외부적으로 보면 여전히 해당 정부의 영역이다. 이미 목표가 정해졌고 이것이 현 정부의 주요한 슬로건이 되었다. 정부는 목표의 본질에 변형을 가한다는 인상을 주고 싶지 않을 것이다."[42]

'경계선 상의 학생들에게 온 노력을 집중하는 것이 정부의 원래 취지다'라는 말로 들려 전혀 다른 정책이나 사업에 대한 언급으로 느껴질 수도 있겠지만 그렇지 않다. 실제로 교육부의 다른 고위관료는 단호하게 이런 말을 했다. "우리는 학습동기를 다룸으로써 시험점수를 높이길 원했던 것이 전혀 아니다. 아이들은 현재 그들이 발현하고 있는 수준보다 더 큰 잠재적 역량을 보유하고 있다는 사실 그 자체, 그리고 그것을 이끌어내는 기술에 초점을 맞춘 정책이었다."[43] 그의 말에 의하면 계획상으로는 수준3 바로 아래 머물러 있는 아이들이 특히 더 중요한 목표는 아니었다. 목표달성 수치를 향상시키기 위해 꼭 필요한, 필요악과 같은 존재는 더더욱 아니었다. 그렇다고 그가 몇몇 학교에서 이뤄지고 있는 관행, 즉 경계선에 있는 학생들에게 노력을 과도하게 투입하고 있는 것을 모르는 것은 아니었다.

"내가 애석하게 느끼는 것은 그런 관행이 전혀 불필요한 것이며 우리가 원하던 것도 아니라는 점, 그리고 그런 실제적 현상들에 대해 성공적으로 소통해내지 못했다는 게 분명하다는 점이다. 소위 '2.7 수준의 학생들'은 우리 대화의 주제도 아니었고 핵심도 아니었다. 온타리오 주 문해력 및 산수 사무국the Literacy and Numeracy Secretariat의 직원 80명 중 입을 닫고 있는 사람들이 있다는 말이 아니다. 메시지가 왜곡될 수 있다는 것이다. EQAO와 관련하여 내가 늘 하고 싶은 말은 이것이다. '고등사고기술higher order skills 분야의 성적이 매우 낮다.' 아이들이 이미 알고 있는 기술을 반복적으로 훈련시켜 75%라는 목표를 달성할 생각은 없다. 아이들은 독해력을 신장시켜야 한다. 글을 읽고 쓰는 데 풍부한 자극이 존재하는 문해환경literacy environment이 필요하다. 우리는 그런 방법을 통해 75%를 달성할 것이다. 우리는 시험대비 교육을 제발 하지 말라고 말한다. 하지만 우리가 그렇게 말한다고 시험내비 교육이 사라지는 게 아니라는 걸 안다. 시험대비 교육을 계속 진행하는 학교가 있을 거라고 확신한다."[44]

공식적으로 규정되었던 바와 다소 대조적인 방향으로의 왜곡을 양산하는 프로세스란 어떤 것일까? 게다가 전문적 집단 내부에서 말이다. 시험통계이슈 관련문헌 중에는 다트머스 대학Dartmouth College의 도날드 캠벨Donald T. Campbell 교수의 이름을 딴 캠벨의 법칙Campbell's law이 있다. '정량적 사회지표가 사회적 의사결정에 많이 이용될수록 부패의 압력에 굴할 가능성이 높아지고, 감시과정을 훼손하거나 왜곡시킬 가능성이 더 높아진다'.[45]

다른 곳과 마찬가지로 온타리오 주에도 성적이 낮은 데 대한 징벌은 존재하시 않았다. 그럼에도 불구하고 일단 고부담의 목표수치가 임의의 숫자로 설정이 되면, 체제는 수단과 방법을 가리지 않고 조직을 재정비해 성과의 목표수치를 만들어내고야 만다.[46] 이런 현상은 학교에서만 일어나는 일은 아니다. 범죄통계 분야에서는 범죄의 정의와 범

주를 갑자기 새롭게 규정해버리는 식으로 비슷한 일이 일어난다. 병원의 대기시간을 잴 때 공식적인 대기시간의 시작시점을 늦추기 위해 환자를 대기실 밖, 앰뷸런스 내부나 복도에 방치하는 경우도 있다. 학교의 시험성적을 매길 때에도 이런 일이 개입될 여지가 있다.[47]

이런 현상을 통해 내릴 수 있는 결론은 무엇인가? 온타리오 주에서는 문해력과 산수의 핵심능력의 성취도가 뚜렷하게 향상되었다. 그래서 온타리오 주의 많은 교사들은 이런 성과를 낸 방식에 큰 장점이 있다고 평가했다. 체제가 우선순위가 높은 과제에 집중하면서도 교사의 전문성 신장을 위해 노력했고 지원의 수준 또한 함께 높였기 때문에 이런 성과를 거둘 수 있었다고 보았다. 온타리오 주의 교육전략으로 높은 정확성에 바탕을 둔, 학습자 추적관찰시스템이 만들어졌고 이에 따라 모든 노력을 집중하여 학습어려움을 겪는 학생들에 적시에 개입했다. 그리고 모든 학생의 필요에 맞추어 교사들의 전문적 학습을 공유했고, 공동언어common language 및 집단적 책임감 등을 개발했다. 온타리오 주 개혁의 장점들이 전형적인 제3의 길 방식의 전략을 포함하면서도 어떻게 이를 넘어섰는지에 대해서는 6장에서 자세히 살필 것이다.

그러나 아무리 강력한 개혁이라도 시간이 흐르면 치명적 약점이 불거지기 마련이다. 제3의 길이 일반적으로 지닌 주된 약점, 구체적으로는 온타리오 주에서 진행된 개혁의 주된 약점은 문해력과 산수 시험성적 향상에 초점을 맞췄었다는 사실이 아니라, 이를 너무 과도하게 추진한 데 있었다. EQAO가 시험을 최소 성취목표와 연관지음으로써 교육현장에서는 목표수치를 달성해내기 위해 편법적으로 제도를 악용한 사례가 여럿 있다.

EQAO의 표준화시험보다 좀 더 광범위한 진단평가 방식이 이용될 때에도 정량적인 데이터와 측정에 집중을 계속하여 상호 모순된 부작용들이 초래되었다.

"진단평가는 학생들이 목표에 어느 정도 도달했고 어떤 개입이 필요한지를 추적하는 데 매우 유용하다. 하지만 진단평가 자체가 주요 관심사가 되어버렸다. 우리 지역에서는 정해진 시험관리 일정에 따라 평가를 의무적으로 시행해야 한다. 시험이 가장 유용한 수단이라는 판단을 내린 뒤에 이를 선택적으로 시행할 수 없다. 시험을 치르고 데이터를 표시하고 입력하기 위해 학습의 흐름을 인위적으로 끊어야 한다. 학생의 능력은 짧은 기간에도 변화가 심한 경우가 잦다. 데이터의 타당도가 높다고 보기 어렵다."[48]

공개적으로 측정가능한 성취도평가 결과치를 매년 높일 것을 강조하면 해당 과목인 문해력과 산수 이외의 영역에서는 혁신이 억제된다. 그러나 6장에서 확인하겠지만, 온타리오 주에서는 기초영역의 성적향상을 공개적으로 강조했던 교육혁신과 별도의 혁신적 노력이 존재했다. 그렇게 성공의 조짐이 나타났다.

성취도 향상 없는 혁신
제3의 길 – 플러스

우리는 신기술의 시대Age of Techne에 살고 있다. 새로운 정보통신기술은 우리에게 세계를 더 좋은 방향으로든 나쁜 방향으로든 직접 만들어갈 수 있는 힘을 부여했다.[49] 우리는 이제껏 상상조차 할 수 없던 어마어마한 크기의 힘을 부여받았다. 신기술로 교수학습은 완전히 탈바꿈했다. 과거에는 다양한 교육과정에 접근할 수 없던 학생들이 매력적인 교수학습 과정에 쉽게 접근할 수 있게 되었다. 그러나 다른 분야와 조화를 이루지 못하고 '나 홀로 혁신'에 그쳤던 제1의 길처럼 교육에 도입된 신기술은 도를 넘어서기 십상이다. 학습자의 주의를 방해하여 제 존립의 근거를 스스로 무너뜨릴 수 있다. 교육변혁의 당면 과제들을 해결할 목적으로 기기나 기술에 과도한 자금을 투입하는 것을 보면 고삐 풀린 혁신을 너무 낙관했던 제1의 길이 재연되는 듯하다. 또 제3의 길에서 성취도시험 결과를 높이기 위한 수단으로서 데이터에 대한 맹신과 의존 경향을 보였는데, 이것이 더욱 악화될 가능성이 있다. 데이터와 디지털미디어에 대한 투자의 결합은 정교한 데이터시스템과 기술의 공급과잉을 초래하는데, 이를 '교육변화 제3의 길 플러스'로 볼 수 있다.

교육의 다른 분야와 마찬가지로 기기나 기술도 다양한 변화를 겪었다. 앞에서 언급했던 대로, 제1의 길에서 기술은 수업에 재미를 더하는 추가적 활동으로서 수업진행이나 학생관리의 편의상 가끔 사용되었다. 텔레비전, 환등기 필름, 컬러슬라이드가 대표적으로 이용되었다.[50] 제2의 길을 대표하는 시설은 바로 별도의 컴퓨터실이다. 학생들이 기존의 교육과정에 보충하여 기기를 이용해 학습할 수 있도록 별도의 시간을 배정했다. 컴퓨터 등의 기기는 수업과 별도로 부가된 자원으로 여겨졌다.[51]

이와 달리 제3의 길에서 기술은 교육과정 전반에 스며들었다. 아이팟, 랩탑과 휴대폰 등을 사용해 학생들은 좀 더 유연한 방식으로 교육과정을 접하게 되었다. 유비쿼터스의 속성과 속도가 더해진 제3의 길 플러스는 교육과정과 기술의 통합, 그리고 기기나 기술의 유연성이 제3의 길보다 훨씬 진일보했다. 하지만 여전히 과유불급의 위험은 줄어들지 않았다. 기기나 기술에 대한 학교의 예산부담 문제, 온라인강의 수강의 타율성, 강압성 문제, 교실수업에서의 상호작용이 산만해지고 피상화되어 학습자를 깊은 사고로 인도해내기 어렵다는 문제 등이 있다.

새로운 기술에 대해 교육자들이 지향하는 태도는 다양하다. 우리가 보기에 교사들은 네 가지 전략적 입장을 취한다. 수용적, 비판적, 아동보호적, 조화지향적의 네 가지가 그것이다. 각기 타당성을 지니고 있지만, 미래에 가장 큰 잠재력을 가지고 있는 것은 네 번째 것으로, 다른 관심요소와의 조화를 지향하는 태도다.

1. 수용적 태도

교육혁신을 지지하는 교사들 중에는 학교에서 이용가능한 신기술이나 기기의 잠재력에 반가움을 느끼는 사람들이 있다. 젊은이들은 한 달에 3천 개 이상의 문자메시지를 보내고 하루 내내 쉬지 않고 아이패드, 휴대폰, 노트북 등의 다양한 기기를 이용한다. 학생들이 이런 도구를 이용하는 것이 유용할 뿐 아니라 만족감을 준다면 사회과목 수업의 토론시간에 스마트폰을 꺼내 역사적 사건의 순서를 검색해보게 하는 것이 문제가 될 것이 있는가? 모둠활동 중에 이차방정식을 풀면서 생기는 질문을 SNS로 스마트칠판에 올리지 못하게 할 이유가 있는가? 위키피디아에서 잘못된 부분을 찾아낸 학생에게 그것을 바로잡을 수 있게 하여 추가점수를 부여한다면 그것은 학생들의 학습자율권을 인정하거나 확대하는 것이 아닌가?

크리스텐슨의 '파괴적 혁신' 이론에 따르면 신기술로 학생들은 이미 학교시스템이 제공하지 못하는 다양한 학습기회에 좀 더 유연하게 접근할 수 있게 되었다. 이렇게 제공되는 학습기회는 학교에서 과목으로 개설되지 않는 외국어수업일 수도 있고, 도시가 아닌 지역의 학교에서 인력의 문제로 인해 개설되지 않는 고교 심화학습AP과정일 수도 있다. 또한 텍스트의 글자색과 배경색을 역전시킬 수 있어 시각장애인들에 가독성이 높은 기기 자체일 수도 있다. 주로 학교 밖에서 제공되는 이런 선택지들은 이미 학교 내에서도 유연한 전달매체로 이용되기 시작했다. 크리스텐슨의 이론에 따르면 접근과 전달이 유연해지면서 개인화 학습personalized learning이라고 명명된 좀 더 모듈화된 방식의 학생중심 접근법이 탄생했다. 앨버타 주의 교육부 장관에 의하면 맞춤형 학습이란 언제 어디서든 학습자가 자신에게 알맞게 학습속도를 조절할 수 있으며 학습자가 필요할 때, 적시에 학교 안팎에서 온오프라인을 가리지 않고 실시할 수 있는 학습이다.[52] 신기술의 잠재력을 온전히 수용해내는 것, 그것이 교육변화에 대한 제3의 길 플러스의 입장이다.

그런데 교육에서 신기술을 수용한다는 것은 기존의 교육과정에 좀 더 유연하게 접근할 수 있다는 것 이상의 의미가 있다. 유연한 접근성, 그 자체로 가능해지는 것은 맞춤형 학습이 아니라 '주문형 customization' 학습일 뿐이다. 즉 표준화되어 있는 강의를 개인의 취향이나 수준에 맞게 조금 조정을 가한 것이지 강의 자체를 다른 것으로 바꾸거나 크게 변형하지는 않는다. 뒤에서 살피겠지만 파괴적 혁신의 방식으로 신기술을 이용하면 교육과정은 완전히 바뀔 수 있으며 교수학습의 본질까지도 바뀔 수 있다. 이것이 바로 수용적 태도의 강점이다.

2. 비판적 태도

교육계에 디지털기술을 열정적으로 때론 과도하게 수용하는 사람들은 종종 기기나 기술이 학습자의 주의집중을 방해할 수 있다거나 중독성이 나타날 수 있다는 사실을 과소평가하거나 여기에 무관심한 태도를 보인다. 사실 이런 무감함은 학교뿐 아니라 사회 전반에 만연해있다.

- 매사추세츠 주의 두 젊은이가 함께 차를 타고 가다가 운전 중에 문자메시지를 보내기 시작했고, 결국 중년남성을 치어 사망에 이르게 했다. 두 남성 모두 실형을 면치 못했다.[53]
- 멀티태스킹이란 동시에 여러 일을 처리할 수 있는 능력이 아니라는 것이 밝혀졌다. 멀티태스킹은 결국 이 일을 하다가 저 일을 이어서 하는 셈이라는 것이다. 현대 인간이 상호작용하는 방식을 재정의한 '지속적인 주의력 분산continuous partial attention(CPA)*' 이라는 현상이 이와 관련되어 있다.[54]
- 기업의 조사에 의하면 이메일 확인, 인터넷사이트에 연결되어 있는 다른 사이트 방문, 날씨 등의 정보확인, 스포츠뉴스 확인 또는 SNS 활동 등의 '일시적 디지털 방해'가 일어나면 다시 일에 집중하는 데 적어도 10분이 소요된다고 한다.[55]

디지털기기 사용이 늘어날수록 디지털기기는 삶의 전면에 떠오르고, 삶의 나머지 부분은 배경으로 물러나게 된다. 저녁식사를 하며

* 한 가지 일에 관심을 두면서 재미있거나 중요하다고 느껴지는 무언가가 나올 것을 감안하여 다른 일에도 눈을 돌리는 현상을 가리킨다.

나누던 유쾌한 대화는 쉽게 끊어지기 일쑤고, 테이블 밑에 숨겨둔 스마트기기로 문자를 전송하거나 SNS메시지를 기다리며 유지하는 침묵으로 대체되었다. 학생들이 특정한 대상이나 논거에 대해 자세히 다룬 서적을 끝까지 읽으려 하지 않는 경향이 점점 심해지고 있다. DVD, 비디오게임, 휴대폰 애플리케이션이 보모역할을 하게 되었다. 어른들은 어디서나 이것들을 구동해 아이를 달래고 자신의 일을 본다. 성공적인 양육을 위해 양육자가 필수적으로 제공해주어야 하는 것들에는 직접 대화하기와 풍부한 어휘사용이 있는데 이 두 가지 모두 뒷전으로 밀려나버렸다.[56]

쉐리 터클Sherry Turkle은 MIT 대학의 과학기술사회학과 교수다. 그녀의 동료교수들 중에는 '웹 승리주의자의 이야기구조the triumphalist narrative of the web'라고 그녀가 명명한 개념을 알리는 사람들이 많았다.[57] 『외로워지는 사람들: 테크놀로지가 인간관계를 조정한다*』라는 책에서 터클은 '항상 연결되어 있는 상태'가 어떻게 '단절에 대한 새로운 불안'을 조성하는지를 밝혔다.[58] 터클이 관찰한 바에 따르면 사람들은 인간적으로 친밀하게 연결되어 있는 것이 아니다. 기기에 묶여있다.[59]

기기나 기술이 윤리적 책임감이나 사람들 간의 상호작용에 부정적인 영향을 끼칠 수 있다는 점은 잘 알려져 있다. 그런데 사실은 컴퓨터기술이 학업성취도 향상에 긍정적인 영향을 미친다는 말에도 근거

* 원서명은 『Alone Together: Why We Expect More From Technology and Less From Each Other(2011)』이다.

가 부족하다.[60] 미시간 주, 메인 주 및 텍사스 주에서 일대일 노트북 프로그램을 도입했는데 소수의 학교, 소수의 과목에서만 성적향상이 있었고 대부분은 성적이 정체되거나 하락했다.[61] 투자의 효과가 없었던 셈이다. 기술적 장비보다 학구나 교장, 개별 교사와 같은 실제 인적 중재의 역할이 더욱 중요하다고 결론 내린 연구도 있다.

3. 아동보호적 태도

아동을 기기로부터 보호해야 한다는 태도를 지닌 사람들은 기기사용에 비판적 태도를 지닌 경우보다 더하다. 이들은 젊은이들을 신기술로부터 보호해야 할 책임이 있다고 여긴다. 어린이나 청소년을 온라인 상의 집단괴롭힘은 물론 '포식자'인 인터넷으로부터도 보호하고자 한다. 또한 개인 내부에서 일어날 수 있는 최악의 충동으로부터도 어린이나 청소년을 보호하기를 원한다. 서적 『가상세계의 당신: 전자인격의 위험성Virtually You: The Dangerous Powers of the E-Personality*』에서 충동조절장애 및 강박장애 환자들을 치료하는 스탠포드 대학 정신과 의사 엘리아스 아부자두Elias Aboujaoude는 깨어있는 대부분의 시간을 온라인에 만들어둔 가상자아에 집착하는 사람에 대해 기술했다.[62]

극단적인 경우에 이 '억압된 개인들depressed individuals'은 깨어있는 동안 다른 사람들과 얼굴을 맞대고 소통하는 일이 거의 없으며 이차

* 2015년 10월 현재 국내서 출간 전이다.

원의 모니터 속에 살다시피 한다. 흡인력이 강한 온라인 사이트들이 많다보니, 젊은이들 중 즉각적인 보상이 주어지는 단기활동에 빠져드는 사람들이 생긴다. 아동을 이런 가능성으로부터 보호하기 위해서는 자제, 훈육, 경청, 정중함, 인내, 그리고 보상지연과 같은 습관을 길러주어 향후 성인으로서의 책임감 있는 삶의 방식을 영위할 수 있는 토대를 마련해주어야 하고, 교육을 통해 성공할 수 있는 기반을 닦아주어야 한다는 것이다.

4. 조화지향적 태도

교육계에는 대립적인 이슈가 많다. 직접교수법 대 집단학습, 결과 대 과정, 자유롭게 놀이하며 학습하기 대 구조적으로 문해력 학습하기, 파닉스 대 총체적 언어학습법 등으로 셀 수 없다. 이런 대립적 이분법의 함정에 빠져 신기술을 미친 듯이 신봉하는 쪽에 서거나, 신기술을 두려워하는 쪽에 서서 소통이나 협업하지 못하는 성향에 빠지지 않아야 한다. 기기나 기술의 수용에 대한 다양한 견해들은 모두 나름의 장점이 있고 어떤 것도 단독적인 해답이라 말할 수 없다. 어떻게 하면 기술의 혜택을 수용하면서 기술의 악영향에 대한 비판적 태도를 견지하고 아동들을 기술의 결점이나 위험으로부터 보호할 수 있을까? 이렇게 각 견해의 장점을 통합적으로 바라보는 태도가 사려 깊고 실용적인 태도이며 나아가 교육발전에도 유의미한 태도다.

제목도 특이할 뿐 아니라 저자의 뛰어난 통찰이 담긴 서적 『속도에

서 깊이로: 철학자가 스마트폰을 버리고 월든 숲으로 간 이유*』에서 저자 윌리엄 파우어스William Powers는 삶을 위한 온라인과 오프라인의 최적의 조합에 대해 묻는다.[63] 저자는 삶의 주요 국면들에 대해 고민할 때, 한발 뒤로 물러서서 인간과 기술의 관계를 엮어 곰곰이 생각해볼 것을 권한다. 예를 들어 부모와 자식을 더 자주 연락하도록 돕는 기술 덕택에 삶의 질이 더 향상되었는지를 철학적 관점에서 생각해보라고 한다. 또 우리의 소통과 관계를 약화시키는 부정적 영향력들이 어느 정도인지를 가늠해보라고 한다. 또한 저자는 고대 그리스 사상가들로부터 벤자민 프랭클린에 이르기까지 각 사상가들에게 페이지를 할애해 각 사상가의 철학적 입장이 우리와 기술 간의 관계를 다시 생각해보는 데 어떤 지침이나 혜안을 제공하는지에 대해서도 묻고 설명한다.

책의 말미에서 파우어스는 자기성찰의 명저 『월든Walden』을 쓴 헨리 데이비드 소로우Henry David Thoreau를 소개하면서, 명상할 시간이 많고 자연과 교감할 수 있는 자발적이고 단순한 삶을 살 것을 촉구했다. 소로우는 걷거나 카누를 타면서 메인Maine 주의 오지 숲으로 들어가 내적 자아와 자신을 둘러싼 자연을 포함한 외부세계를 지속적으로 의미 있게 탐험하면서 살았다. 그러나 가장 전설적인 것은 2년 2주 2일간 자신이 태어난 매사추세츠 주 콩코드 시 근처 월든호수Walden Pond의 통나무 오두막집에 기거하면서, 도시인들의 '절박한

* 원서명은 『Hamlet's Blackberry: A Practical Philosophy for Building a Good Life in the Digital Age(2010)』이다.

삶'을 끊고 익어가는 계절과 자연의 고요함과 관계하며 살았다는 점이다.

파우어스는 모든 현대적 기기들을 이용할 수 없는 오두막으로 떠나 은둔자처럼 살아야 한다고 충고하지는 않는다. 소로우 예찬자들이 종종 잊고 있는 것은 소로우가 측량사로 자신의 생계를 유지하면서 콩코드 시의 경제발전에 한 축을 제대로 담당했었다는 점이다. 측량사로 일하며 급여를 가지고 메인 주, 미네소타 주, 케이프코드 곶과 같은 곳으로 기차여행을 떠나 자연을 탐험하면서 엄청난 양의 일기를 적었고 이를 발췌해 책을 냈다. 파우어스가 사람들이 마음속에 새기기를 원했던 것은 소로우가 예찬한 '자연 속에서의 명상'이다. 그리고 이를 위해 내적 단순함과 평화의 장소를 이른바 '월든지역Walden Zone'으로 설정해두라는 것이다.[64]

파우어스처럼 조화를 강조하는 사람들을 보면 신기술이란 사전, 주판, 주기율표나 지도와 같이 아동의 교육의 질을 높이기 위한 교구로 하나의 자원일 뿐이라는 생각이 든다. 교사들은 심사숙고해서 어떤 기술을 어떤 목적으로 어떻게 변용하여 쓸 것인지를 정해야 한다. 디지털자원이 모든 수업에 유용한 것은 아니다. 대사를 외워야 하는 활동이 있는 연극수업 등에는 디지털기기가 어울리지 않을 수도 있다. 유투브로 화학반응을 관찰하는 것은 실험실에서 친구들과 직접 화학반응 실험을 해보는 것에 비해 의미가 떨어진다. 컴퓨터 시뮬레이션을 이용해 삼각법을 이용한 사물의 높이 측정법에 대한 이해도를 높일 수는 있다. 하지만 하키스틱을 이용해 높이를 재는 활동까지 시뮬레이션으로 진행해서는 효과를 거두기 어렵다.

하이테크가 필요할 때가 있다. 현실세계의 실재감이 필요할 때도 있다. 온라인의 의사소통과 시뮬레이션이 필요할 때가 있고, 육체건강과 정신건강을 위해 그리고 월든 식으로 자연에 대한 경외와 경이를 느끼기 위해 대자연 속에서 어떤 기기도 없이 수업을 진행할 필요가 있을 때도 있다.[65] 그렇지만 교육과정이 기기나 기술, 시험에 너무 매몰되어 있을 때 이를 완충시키기 위해서 30분짜리 신체활동을 여기저기에 억지로 끼워 넣는 것은 해결책이라 볼 수 없다. 차라리 틀을 완전히 바꾸어 몇 시간 내지 며칠씩 신체활동에 빠져들게 해야 한다. 캐나다의 메노파교도Mennonite 아이들은 동년배의 다른 아이들보다 훨씬 강한 체력을 갖고 있는데, 그들의 건강은 걷기, 싸이클링, 농사일에 의한 것이지 대도시에서처럼 조직화된 스포츠활동으로 얻어진 것이 아니다.[66] 이들의 방식을 배워야 한다.

모든 기기의 전원을 차단하고 몇 시간 동안 밖으로 나가자. 컴퓨터의 작업 창을 많이 띄워두지 말고 두어 개만 쓰자. 온라인 활동을 하는 시간과 오프라인 활동을 하는 시간을 명확히 설정해보자. 문자를 보내기보다는 목소리를 나누자. 기기나 기술을 신봉할 필요도 없고 두려워할 필요도 없다. 매체의 사용에 비판적인 시선을 거두지 않는 교사가 되어 매체와 편안하고 사색적인 관계를 맺자. 그래서 기기나 기술을 때로는 수용하고 때로는 비판적으로 이용하고 때로는 아예 사용하지 않을 수 있도록 하는 판단기준을 보유한 교사가 되자.[67]

기술의 가능성은 믿자. 하지만 기술에 너무 빠지거나 의존한 자신이 누구보다도 더 '스마트하게' 교육했다는 생각은 하지 말아야 한다. 기술이 승리했다고 생각될 때, 교사가 자기만족으로 안주하려 할 때가 바로 교육실패라는 나락으로 떨어질 수 있는 위험한 순간이다.

개선과 혁신을 동반하며 **제4의 길**로 나아가는 법

이 책의 나머지 부분은 교육변혁에 성공한 여섯 지역을 탐구하는 데 할애했다. 이는 교육을 개선해나가면서도 혁신에 성공하여 교육변혁의 바람직한 새 모델을 제시한 학교나 체제에 대한 사례연구로, 다른 나라들로 하여금 벤치마킹의 영감을 제공할 모델들을 대상으로 골랐다. 이들은 교육문제를 압도하는 유일의 이상적 방편이 아니다. 결점이 없는 것도 아니다. 그렇지만 개선과 혁신이 결합되었기에 선도적이면서도 교훈적인 오늘날의 세계사례들이다. 개선과 혁신 중에서 어느 한쪽에만 치중하지 않고 이 둘을 어떻게 조화시켰는지를 확인해볼 수 있다는 점에서 예시적 가치가 높다. 이제 21세기의 매우 모범적인 교육변혁의 사례들을 살펴보도록 하자. 우선, 10년 이상 교육성공국으로서의 명성을 지켜온 핀란드에서부터 시작한다.

The Global Fourth Way

03

핀란드

전문성 자본
지역 민주주의
끈기 있는 정책 추진

한 나라의 문화를 가늠하는 방법에는 여러 가지가 있다. 여행자들은 그 나라의 문화를 가늠하는 가장 빠르고 효과적인 방법이 'TV를 켜보는 것'이라 말한다. 미국의 경우 소위 '리얼리티 TV프로그램'들이 황금시간대를 점유하고 있는데 특히 젊은 여성들이 체격 좋고 세련된 외모를 지닌 부자나 유명 랩스타를 두고 그의 관심을 얻기 위해 경쟁하는 TV쇼가 많다. 프로그램 제작자들은 미국여성들의 로망이 부와 명성을 지닌 남자와 결혼하는 것이라 생각하는 것으로 보인다.

만약 이와 유사한 프로그램을 북부 유럽의 핀란드에서 제작한다면 아마도 젊은 남성들이 올해 가장 똑똑한 여교사로 뽑힌 여성의 고상한 관심을 얻으려 경쟁하는 장면이 방영될 것이다. 핀란드는 세계 최고 수준의 양성평등 수준을 자랑하는 국가라는 점을 참고하자. 핀란드에서 조사한 장래 배우자 직업선호도 조사에서 교사는 2위를 차지하고 있는데, 의사는 3위이고 교사가 변호사나 회사원보다 순위가 높다.[1] 파티 같은 자리에 가서 자신의 직업이 교사임을 밝히면 사람들은 자녀교육에 대한 판단을 부탁하기 위해 애쓰며 '천직'을 수행하느라 희생하는 직업을 가졌다는 점에 존경을 표할 것이다. 교사는 뛰어난 자질을 보유한 사람이라는 인식이 사회적으로 형성되어 있기 때문이다.

21세기에 들어서면서 세계경제포럼World Economic Forum은 핀란드를 경쟁력 보유국으로 선정해왔다.[2] 핀란드는 10년간 OECD가 시행한 PISA의 읽기, 수학 그리고 과학 분야에서 1위 혹은 최상위권을 차지하고 있을 뿐 아니라 학교 간 격차가 가장 작다. OECD 국가 전체 평균의 1/10 수준이다.[3]

이런 괄목할 만한 성과들로 인해 핀란드는 교육개혁의 국제적 아이콘으로 부상했다. OECD, 맥킨지 사, NCEE와 같은 정책기관 및 교육평론가들은 핀란드 교육을 최고라 평가한다.[4] 거대 출판사나 아이비리그의 학자들이 앞다투어 핀란드의 교육성공에 대한 영상들을 생산하고 있으며[5] 신문이나 잡지에 등장하는 핀란드의 성공스토리는 폭넓은 독자층을 확보하고 있다.[6]

우리는 핀란드의 경이로운 업적이 많이 알려지기 이전에 OECD 전문가인 비아트리즈 폰트Beatriz Pont 그리고 전 헝가리 교육개발원 사무총장인 가버 할라즈Gabor Halasz와 함께 핀란드의 성공이 어떤 모습인지 그리고 그것을 가능하게 한 요인이 무엇인지에 대해 연구했다.[7] 그 후 여러 번 핀란드를 방문하여 핀란드의 학교와 기관들이 서로의 장점을 열성적으로 벤치마킹해 형성한 동반자 관계를 연구하며 지지해왔다. 핀란드의 사례를 통해 연구자들은 개혁에 대한 피로감과 거부감이 점차 심해지고 있는 교사들에게 제2, 제3의 방식으로 변혁을 강요할 것이 아니라 '다른 방식'을 택해야 한다는 것을 다각도로 확인할 수 있었다.

핀란드는 학습, 교육 그리고 삶의 목표설정에 있어서의 제4의 길에 대한 예증이며, 실제로 핀란드에서는 이런 방향성이 더욱 고취되고 있다. 그리고 이런 풍토는 교직으로 훌륭한 인재들이 모여들게 했다. 사회는 교사들이 전문직으로서 자신의 역할을 훌륭히 수행할 수 있도록 지원을 아끼지 않는다. 사회적으로 존경받는 교직의 집단성으로부터 강력한 '전문성 자본professional capital'이 형성된다. 핀란드의 제4의 길 철학은 교사와 사회조직들에 지자체에 대한 책임감을 갖게 한다. 핀란드에서 교사들에게 민주주의, 집단적 책임감 그리고 공인으로서의 생활방식은 간헐적인 선거용 구호나 추상적인 원리가 아니다. 개인이 지역에 참여하고 공헌하는 실제적 삶의 근간이다.

여기 3장에서는 핀란드의 성공을 '이해'와 '참여'라는 관점에서 살펴볼 것이다. 교사라는 '전문성 자본'에 대해 알아보고, 시민들의 지지를 받는 이들 교사들이 집단적 자율성과 책임감을 가지고 시민들과 함께 지자체의 민주주의를 어떻게 발전시켰는지를 살펴볼 것이다.

전문성 자본

모든 국제적 조직의 연구보고서나 언론에서 공통적으로 꼽는 핀란드 교육성공의 요인은 바로 높은 자질을 보유한 교사다. 핀란드 교사가 지닌 탁월성의 원인에 대해서도 그 의견이 대체로 일치한다. 교사의 선발과정이 매우 엄격하다는 점이다. 중고등학교에서 최상위권을 점했던 학생들이 교직에 진출한다.[8] 교사지망생의 감성지능과 도덕적 헌신성을 알아보기 위해 면접과 시험이 철저히 치러지는데, 10명 중 1명 정도가 이를 통과한다.[9] 교사양성과정은 길고 철저하게 진행된다. 학교현장의 실습을 포함하는 대학교육을 기반으로 교사가 양성되며, 교육과정에는 교육분야에 대한 장기프로젝트가 포함되어 있어 이를 마친 모든 졸업생에게는 마땅히 석사학위가 수여된다.

핀란드 교사들은 아동의 뇌가 어떻게 학습하는지에 관한 인지과학을 철저히 학습하며, 반 이상의 교사가 대학에서 수학이나 과학을 선공 또는 부전공 수준으로 이수한다. 현직에 진출한 뒤에 교사들은 많은 일들을 협동하여 처리한다. 교사의 근무지와 무관하게 협동수업을 진행할 수 있도록 돕는 조건과 지원이 구비되어 있다. 요약하자면 핀란드에서 교사는 교수를 위한 기본 자질을 충분히 보유하고 있고 사회에서 존중받는 직업군이며, 교사들의 시도는 방해받지 않고 지지받는다. 또한 이들은 흥미로운 교육적 과제들을 믿을 만한 동료들과 함께 해결해 나갈 수 있는 직업적 환경 속에서 일한다.

우리 연구진 역시 OECD와의 공동연구를 통해 발견할 수 있었으며 다른 후속연구들을 통해 계속 확인되고 있는 점은 핀란드에서 '교사'와 그들의 '교수행위'가 핀란드 교육성공의 핵심요인이라는 것이다. 우리 연구진이 초점을 맞춘 것은, 교직teaching force이 풍부한 전문적 자본을 보유하고 있다는 점이었다.[10]

'전문성 자본*'이란 교사집단 내부와 교수행위 저변에 축적되어 있는 자산으로 새롭게 형성되고, 투자 가능하며, 축적되고 순환되는 성질을 지니며, 교수학습 수준을 크게 향상시킨다. 전문성 자본은 다섯 가지 서로 다른 종류의 자본으로 구성되어 있다. 인적 자본, 사회적 자본, 도덕적 자본, 상징적 자본 그리고 결정 자본의 다섯 가지로 구성되어 있다.

- 인적 자본은 개인의 재능과 관련된 지식, 기술, 능력, 자격 그리고 연수 등이다.
- 사회적 자본은 업무능력과 자신감 제고를 원할 때 받을 수 있는

* 영문 professional capital을 번역한 말이다. 관련 국내서와 논문이 국내에 미미한 편이며, 해당 서지에서 '전문적 자본'이라 번역된 바 있으나 '전문성 자본'이 본 의미에 충실한 번역이라 생각되어 본서에서는 전문성 자본이라 쓴다.

지원의 정도를 말하며, 상호적 학습의 전제인 구성원 간의 협동 패턴 및 신뢰수준으로 확인해볼 수 있다.

- 도덕적 자본이란 타인을 위해 봉사할 때 그들에 대한 소명을 완수하고자 하는 힘과 견인력이다.
- 상징적 자본이란 사회적으로 형성된 위상과 존경의 표지에서 확인되는 자본으로 해당 직업이나 활동으로 사람들을 유인한다.
- 결정 자본은 오랜 기간 지속되는 복잡한 상황에 있어서 좋은 결정이나 판단을 내릴 수 있도록 하는 능력을 말한다.

전문성 자본의 존재는 교사가 상당한 헌신성을 바탕으로 끊임없이 자기계발을 하면서 철저히 준비해야만 모든 학생에게 양질의 교육을 제공할 수 있다는 것을 의미한다. 핀란드 교사들은 사회적으로 인정받고, 낮지 않은 보수를 받고 있으며, 자신의 역량을 최대화할 수 있는 효과적 인적 네트워크를 가지고 있다. 또한 자신의 모든 지식과 역량, 경험을 조합해 교육에 대한 판단을 내리는 일이 사회적으로 허용되어 있다. 그리고 판단을 내릴 수 있는 능력 또한 갖추고 있다. 핀란드는 목재와 신선한 물 이외에는 특별한 천연자원이라고 할 만한 것이 없는 국가다. 하지만 인적 자본, 특히 교직에 있어서 풍부한 전문적 자본을 보유하고 있는 국가다.

1. 인적 자본

핀란드 교사는 학습에 대한 지식을 보유하고 있다. 인지과학과 아동발달에 관해 철저히 교육받는다. 교과목 특히 핵심교과인 읽기소양 reading literacy 및 과학과 수학에 대해 잘 알고 있다. 이들 과목에 대한 지식은 교사가 되기 위한 대학입학 준비과정에서도 필수다. 연구와 조사는 석사학위를 받기 위해서뿐 아니라 교직에 종사하는 기간 내내 전문적으로 해야 할 일로 여겨지기 때문에, 연구방법론에 대한 지식도 보유하고 있다. 핀란드 교사는 대졸자 중 최상위권 출신인데다가 단순한 지적 인텔리가 아니다. 교사가 되기 위해서는 높은 수준의 감성지능도 요구된다.

핀란드 교사들은 국가가 제시하는 큰 방향 안에서 많은 교육과정을 교사 스스로 만들어 내야 하기 때문에 교육과정을 꿰고 있다. 하지만 국가가 설정한 수백 개의 성취기준을 해석하고 통합한다거나 또는 현장과 거리가 먼 정부가 만들어준 세세한 교육과정을 구현하는 데 매달리지 않는다. 핀란드는 세부내용까지 규정된 교육과정, 즉 세세한 계획들을 관료주의적으로 하달하고 교사들로 하여금 이를 마스터하게 하지 않는다. 대신에 모든 지자체municipality는 교사들이 일련의 가치관과 신념을 공유하면서 결속력을 다지도록 힘을 쏟는다.[11] 교사들은 일상적이고 지속적으로 교류하면서 중앙정부가 정한 넓은 방향 안에서 교육과정을 유연하게 해석하여 자신만의 교육과정을 개발한다. 핀란드 교사들의 인적 자본이 풍부한 이유 중의 하나는 자신들이 스스로 교육과정을 개발하기 때문이다. 교사들은 동료들과 공유할 수 있고 학생들이 사용하기 용이한 엄청난 양의 텍스트를 생산한다. 핀란드에서 교육과정과 수업은 별개로 여겨지지 않는다. 교육과정과 수업은 하나다. 교사들 스스로가 자신들이 가르치는 교육내용 개발에 참여하고 이 작업에 자원을 투자하며 잘 알고 있다. 이는 인적 자본과 사회적 자본이 결합되는 지점이다.

2. 사회적 자본

핀란드 교사들에게 협업은 주어진 과제를 완수하는 특별한 수단이 아니다. 습관이다. 그들 모두는 자신이 가르치는 학생들 모두에게 집단적 책임을 느낀다. 자기반 학생뿐 아니라 모든 학년의 학생에게 책임감을 갖고 있다. 이들에게 협업은 일과가 끝난 후에 이어지는 부가적 업무가 아니다. 바쁜 일과를 끝내고 일시적으로 모이거나 학생의 성적자료를 함께 분석하는 것이 아니다. 이들의 협업은 어떻게 교육과정을 개발하고 어떻게 업무를 처리할까에 관한 것이다. 정부관료의 설명에 의하면 교사들에게 재원을 제공하면 그들은 문제해결 방식을 찾아낸다. 비전과 목표는 전략이 인쇄된 기획서를 통해서가 아니라 매일의 일상적 협업을 통해 암묵적으로 공유된다. 협업과 집단적 책임감은 그 범위가 교내에 한정되지 않는다. 학교 밖까지 뻗어 나간다. 교사들은 말한다. "현장의 교사들이 교육부 건물 안 관료들을 미워하지 않습니다." "협동적으로 문제를 해결하는 것이야말로 리더십이 자연스럽게 분산되는 방식입니다."[12] 즉, 협업하는 교사들에게 체제the system는 지배자가 아니다. 또 다른 협력자다.

국가교육위원회의 전직 국장에 의하면 위원회는 상담과 협의를 통해 교사들이 일상적으로 열심히 협업할 것을 권장하는 가이드라인을 보유하고 있다. 한 지자체의 국장은 이렇게 표현했다.

"우리는 체계적인 방식으로 접근하지 않고 그저 단순히 사안을 집어냅니다. 여기에 가치를 두는 것은 전국 어디서나 마찬가지입니다. 우리는 세미나 같은 행사에 많이 참여해 현장의 실무책임자들과 함께 일합니다. 이전과 매우 유사한 과제나 상황을 만나더라도 우리는 어떤 일을 조직할 때 자유로움을 잃지 않습니다."

핀란드에서 교직의 사회적 자본의 풍부함은 협업의 습관이 널리 퍼져있다는 점, 교사 상호 간뿐만 아니라 교사와 행정가 사이에도 신뢰가 형성되어 있다는 점에서 확인된다. 또한 이는 '도덕적 책임감'이라는 집단적 감각이 공유되어 있다는 점에서도 확인된다.

3. 도덕적 자본

핀란드 교사들은 단지 교직을 훌륭히 수행하는 것에 대해서만 집단적 책임감을 느끼는 것이 아니다. 교사들이 돌보는 학생 전체에 대해 특별한 집단적 책임의식을 가지고 있다. 교사들은 모두를 위한 평등,

돌봄 그리고 정의라는 가치를 수호하면서 학생들에게 봉사하고 있다. 전문직이 일반적인 영리회사의 직원과 구별되는 것은 이윤추구가 아니라 고객에 대한 봉사정신을 갖고 있기 때문이다. 핀란드 교사들은 학생을 효과적으로 돌보기 위해 아이들을 제대로 파악하는 일에 노력과 시간을 들인다.

한 학교의 교사들이 말하기를 핀란드의 성적이 우수한 것은 천재들을 키워내서가 아니라 모든 아이를 밑바닥에서부터 끌어올렸기 때문이다. 목표는 '사회적 배제 없이 어느 누구도 소외되지 않게 하는 것'이다. 학교에서 어떤 아이가 남들과 다르게 또는 평소와 다르게 행동하면 교사는 즉시 학생에게 그 이유를 묻고, 부모와 대화한 후 전에 아이를 가르쳤던 교사와 신속하게 대화를 하여 아이에 대한 견해와 문제해결전략을 공유한다. 문제가 있는 아이를 돕기 위해 일주일에 3회씩 모이는 팀도 있다. 공식적인 모임은 아니지만 조기개입을 꾸준히 시도하고 있으며 필요한 경우에는 문제상황을 학생복지팀Student Welfare Group으로 이관한다. 학생복지팀은 교장, 교사, 행정가, 간호사 그리고 상담가로 구성되어 있는데 개별 학생의 문제가 위기상황으로 치닫기 전에 이를 해결하려 한다.[13] 또한 모든 학교에는 특수교육 전반을 담당하는 특수교사가 배치되어 있다.

핀란드에서 모든 아이들은 특별하다. 핀란드에서 특수교육은 특정한 아동들을 대상으로 많은 돈을 들여 교육하는 일이라거나 기타 자원들을 특별히 할당해서 돌보는 일로 여겨지지 않는다. 영구적으로 따라다니는 의학적 병명 같은 꼬리표medical label나 어떤 법적 자격을 의미하는 것도 아니다. 핀란드에서 특수교육이란 많은 학생들이 한 두 번은 겪는 학습문제 상황을 극복하기 위한 교육을 의미한다. 이렇게 특수교육을 폭넓고 유연하게 정의하다 보니 고등학교를 졸업하기 전에 특수한 개인지도 등의 특별한 교육서비스를 경험하는 학생이 전체 학생의 절반 이상이다.

핀란드는 이런 통합교육정책을 통해 특수교육의 낙인문제를 줄인다. 또한 문제가 심화된 뒤에 소요될 예산을 줄이고 의학적 판단에 근거한 법률적 개입을 최소화한다. 학습장애를 지닌 학생들은 24명 이하로 구성된 상대적으로 소규모인 학급에 배정되어 교육받는다. 그러나 특별한 장애로 인하여 적절하게 학습이 이루어질 수 없는 경우에는 통상 8명으로 한 학급을 구성하기도 한다. 초등학교에서는 같은 교사가 아이를 몇 년씩 담당한다. 즉 핀란드는 북아메리카에서처럼 특정한 형태의 여러 단계의 개입을 관료주의적으로 시행하는 것이 아니라 개별학생에 대한 지식personal knowledge을 바탕으로 모든 학생을 개별적으로 살피고, 개입할 때는 정기적인 교사학습공동체의 집중 논의를 거친다.

핀란드 교사들은 아동을 매우 잘 안다. 전교의 학생이 400명에 이르는 경우는 거의 없을 정도로 학교의 규모가 작은 편이라는 사실도 한몫한다. 특히 초등학교에서는 학생들의 공동체의식을 함양하고 교육의 지속성을 유지하기 위해 한 교사가 몇 해에 걸쳐 같은 아이들을 파악해나가기도 한다. 전근 없이 평생을 한 학교에 근무하는 교사들, 그리고 전 교사가 전 학년 모든 학생에 대해 집단적 책임감을 가지고 있는 학교라는 환경이 아이들에게 주어진다. 그렇게 학교는 학생과 지역사회에 안정감을 준다. 교장이나 교사정책가들이 그들을 임의로 재배정할 수 있다는 두려움 없이 일한다.

또한 교사는 학생에게 봉사하는 자신의 전문적 소명에 전념할 수 있게 된다. 이렇게 도덕적 자본이 형성된다. 다른 나라들이 점점 더 중요시하는 시험성적이나 통계와 같은 수치적 데이터에 과도하게 집중하거나 영향을 받지 않는다. 이것들은 학생과 교사 간의 강한 유대감이나 교사들의 집단적 책임의식을 대체하기에 턱없이 빈약한 교육동력이다. 개별 학생에 대해 누적된 지식과 경험, 교사들의 전문적인 지식을 공유함으로써 핀란드의 학교에는 혁신의 에너지가 자연스럽게 지속되며 모든 학생의 교육적 성취 또한 지속적으로 개선된다.

4. 상징적 자본

핀란드에서는 교사의 지위가 높고 학습이라는 행위 자체가 사회적으로 높은 위상을 점하고 있다. 탐페르Tampere 시에 있는 한 학교의 교사는 이렇게 표현했다.

"사회 전체가 교직과 학교를 존중한다. 사람들은 동화를 많이 읽는다. 육아휴직 복지가 좋아 엄마들은 3년간 집에서 아이를 기른다. 도서관시스템도 좋다. 모든 교사는 고등교육 이수자로 대학의 학위를 소지하고 있다."

교원을 엄격하게 선발해 양성하고 모든 교사가 석사학위를 소지하게 하는 것은 교직을 법과 의료 분야와 같은 전통적인 전문직과 동등한 위상을 갖도록 하는 중요 요인이다. 하지만 이것이 훌륭한 인재를 교직으로 유인하는 유일한 요소는 아니다. 훌륭한 자질의 인재들이 교직에 모이는 것은 온 나라가 학교의 경계를 넘어 가족생활이나 공공재정, 사회적 생활 등에 있어서 읽기능력과 학습을 중시하여 국민 1인당 공공도서관 대출권수가 17권에 이르는 학습사회 풍토가 형성되어 있기 때문이다. 대중, 언론 그리고 정치인이 한목소리로 평생교육을 최우선 가치로 여긴다.[14]

실제 핀란드 교사들은 자신이 사회적 지위가 높으며 사회적으로 존경받고 있다고 느낀다. 학교의 훌륭한 업무여건도 이런 자부심에 일조한다. 교직을 자국의 미래사회에 결정적으로 기여하는 직군으로 여기는 사회분위기도 한몫한다. 핀란드에서 교사는 양질의 상징 자본을 보유하고 있다. 언론과 정치인들은 교사를 비판하고 매도하기보다 이들을 칭송하고 존경한다.

5. 결정 자본

핀란드 교사들은 카리스마가 강한 슈퍼스타가 아니다. 그들의 교수학습법pedagogy은 오히려 평범한 편이다. 핀란드에서 교육혁신은 교수방식을 기술적으로 변형한다거나 끊임없이 개정하는 데에서 비롯되지 않는다. 교사들의 협업패턴, 학교가 조직되는 사회적 방식, 그리고 다양한 교과목이 포함된 교육과정 속에서 아이들이 어떻게 창의적인 능력을 개발할 것인지와 같은 문제에 초점을 맞춘다. 흥미롭게도 핀란드 교사들은 교육적으로 보수적이라는 평가를 받는다.[15] 우리가 핀란드교실을 방문했을 때, 학생들은 교사의 강의를 경청하면서 혼자 공부하거나 학급 전체의 질의응답활동에 참여하고 있었다. 협동학습하는 모습을 관찰해보니 기술적으로 복잡하거나 극적이지 않았다. 차분하고 끈기 있는 수업모습이었다. 학생들이 자유로운 형식이지만 차분하게 협동하는 방식으로 서로 다른 핀란드의 도시와 지역에 관한 연구보고서를 작성하는 중학교 모둠수업이었다. 모둠 안에서 학생들에게 명확한 역할을 부여하는 미국식 협동학습에서 그런 것처럼 교사들이 의식적으로 개입해 학생들의 다중지능과 학습스타일을 범주화하거나 기술적으로 복잡한 기술을 조율하는 모습을 핀란드에서는 볼 수 없었다.[16]

핀란드 사람들은 미국 할리우드 영화에 등장하는 것처럼 전통적인 교수법을 고수하는 나이든 교사에 대항하는 이색적이고 대담하면서도 영웅적인 젊은 교사모델을 선호하지 않는다. 유능하고 신뢰할 수 있으면서 차분하면서도 자신감 있게 가르치는 교사를 선호한다. 영화 「죽은 시인의 사회Dead Poet's Society」의 로빈 윌리엄스나 「위험한 아이들Dangerous Mind」의 미셸 파이퍼의 핀란드 버전을 기대했던 외부인들은 실망한다. 실용성에 가치를 두는 핀란드 교육의 풍토는 한 교육가의 말을 빌자면 다음과 같이 표현될 수 있다. "훌륭한 수업이 너무 많다. 모든 수업에 이론적 배경이 갖춰져야 하는 것은 아니다. 좋은 수업을 그저 시행할 뿐이다." 핀란드 사람들은 몇몇 빛나는 영웅이 자신의 학생과 학교를 구할 거라고 믿지 않는다. 그들은 확고부동한 태도의 교사집단이 사회 전체를 진보시킬 것이라는 점을 신뢰한다. 이런 풍토 위에서 교사들은 끈기와 주관을 가지고 자신의 수업을 개선해낸다. 지속적 개선습관과 집단적 책임의식이라는 태도를 바탕으로 전문적인 문제들을 공동으로 해결해나간다. 이것이 결정 자본의 요체다.

훌륭한 판단을 내리는 능력은 많은 수업practice을 통해 축적된다. 하지만 경험만으로는 부족하다. 수업을 반성적, 비판적으로 돌이켜보는 것만으로는 안 된다. 수업을 돌이켜보고 시간을 투입해 문제를 찾아내야만 시간이 흐름에 따라 수업도 개선된다. 수업을 '완성'하기 위해서는 역설적으로 수업으로부터 한발 뒤로 물러서야 한다. 의사는 환자에 대해 생각할 시간을 가져야 한다. 변호사는 사건을 재구성하고 진실이 무엇일지에 대해 생각해보는 시간이 필요하다. 교육도 마찬가지다.

이 점에서 핀란드 교사들은 다른 나라의 교사들에 비해 유리하다. 핀란드 교사들에게는 결정 자본을 행사할 시간이 있다. 핀란드의 핵심 교육전문가이자 국제적인 교육대사인 파시 살베리Pasi Salhlberg는 이 점에 대해 다음과 같이 말했다.

"핀란드 중학교 교사들의 연간수업은 600시간이다. 즉 45분 수업 기준 800시수로 하루에 4시수 꼴이다. 미국의 경우 연간 1080시간으로 하루에 50분 수업 기준 6시수 이상의 수업을 진행한다. 하루에 6시수 이상 수업을 하면 교사들은 매우 지쳐 일과를 끝내고 나면 전문적인 일에 몰두하기가 어렵다. 따라서 교사의 업무는 일차적으로 교실에서의 수업으로 규정된다. 그러나 전형적인 핀란드 중학교에서는 교사들의 평균 시수가 하루 4시수이다. 교사들이 시수를 기준으로 월급을 받기는 하지만, 핀란드 교사들은 매일 시간을 내어 학생들의 성취도와 발전을 평가하고 학교 자체의 교육과정을 설계하고 학생의 건강과 복지와 관련한 활동에 참여하고 추가적인 도움이 필요한 학생의 교정을 지원할 수 있다. 수업을 계획하고 스스로 학습하고 수업에 대하여 동료교사와 협의할 시간도 있다."[17]

살베리는 뛰어난 통찰력을 바탕으로 핀란드와 영미권을 비교했다. 영미권에서는 학생들의 성취도성적을 올리기 위하여 더 많이 더 자주 그리고 더 열심히 가르치느라 수업시간을 늘리고 일찍 출근하여 하루일과를 늘리지만, 핀란드에서는 이와는 정반대로 한다는 것이다. 핀란드 교사는 전진만 하지 않고 잠시 멈춰 서서 진지하게 생각할 시간이 있으며 시간을 내어 별도의 지식이나 전략을 배워 단호하게 실천으로 옮길 수 있다는 것이다.

교사들의 능력부족이나 게으름 탓이 아니라 오히려 교사들이 너무 열심히 너무 많이 가르치려 하기 때문에 학생들의 성취도가 낮은 경우가 있다.[18] 학생들을 수업에 참여시키기 위해 가능한 전략을 모두 이용하는 등 아주 바쁘게 가르치는데, 정작 학생들이 어떻게 배우는지 관찰하고 이해하는 데에는 시간을 내지 않는 경우에 그렇다. 살베리에게는 이 점이 바로 핀란드에서 관찰가능한 절묘한 역설적 상황 중 하나였다. 핀란드 교사들에게는 단기적 성과를 내는 쉬운 수업이 아니라 좋은 수업을 위해 잠시 멈춰 자신을 뒤돌아보고 자신의 교수 방식을 개선하기 위해 지속적으로 노력할 시간이 있다. 그렇게 교사의 판단능력이 향상되고 이는 결국 풍부한 결정 자본이 된다.

결정 자본은 오랜 시간에 걸쳐 축적되는 결과물이다. 핀란드에서 교사가 교직에 남아 있는 비율retention rates, 즉 재직률은 매우 높다. 핀란드의 교사 대부분에게 교직은 스스로 선택한 평생의 전문직이다. 전문성을 높이는 데 필요한 시간을 충분히 투입하고 자신의 수업 자질을 완전히 개발할 수 있을 정도로 오랜 기간 교직에 머무른다. 다른 더욱 중요한 곳으로 이동하기 위한 중간 기착지로 교직을 바라보는 교사는 없다. 교직도 의사나 건축가처럼 전문적 판단인 결정 자본을 개발하기 위해서는 적정시간의 누적이 필요한 평생 전문직이다. 핀란드에서 교직은 일시적 직장이 아니라 평생직업으로 여겨진다.

요약

OECD, 맥킨지 사와 NCEE와 같은 국제기관의 분석과 우리 연구진의 분석은 핀란드의 높은 자질을 지닌 교사들이 교육과 경제적 성공에 결정적으로 기여했다는 점에서 동일하다. 핀란드의 교사선발 및 지원 등의 역량에 대해서도 의견의 일치를 보이는데, 핀란드는 유능한 인재를 교직으로 유인하고 철저히 선발해 준비시키며 적절한 자격을 부여해 알맞은 지원을 제공할 뿐 아니라 상부기관의 세세한 감독이나 규제 없이도 높은 자율성과 집단적 책임감을 갖고 유능하게 활동할 수 있도록 역동적으로 교사들을 묶어내는 역량을 갖추고 있다.

핀란드는 강력한 교사전문성 자본을 개발하고 이 자본에 투자하는 데 있어서 최고 수준의 역량을 보유하고 있다. 이를 통해 능력과 헌신성을 두루 갖춘 개별 인적 자본, 집단적 책임감을 지닌 사회적 자본, 모든 아이를 아우르고 돌보는 도덕적 자본, 사회 전체가 인정하는 교직의 높은 위상에서 나오는 상징적 자본, 그리고 구조적인 경험과 탄탄한 지식기반 및 현장연구 활동을 통해 기민한 판단력을 발휘할 결정 자본 등을 만들어낸다.

핵심적인 자문들을 담당하는 세계적 기관의 분석에 우리의 연구가 무언가를 덧붙이려는 것은 핀란드의 개혁이 다른 나라에 갖는 함의에 좀 더 주목하자는 취지다. 즉, 핀란드의 교사양성 및 연수방식과 핀란드에서 새롭게 시도한 것이 무엇인지 그리고 중단한 것이 무엇인지를 알아본다. 표 3-1에 이를 요약적으로 제시했다.

표 3-1 전문성 자본의 선택

인적 자본	교사는 자격을 갖춘 교육과정 개발자다. 주어지는 교육과정을 그대로 구현하는 전달자가 아니다.
사회적 자본	교사는 서로를 신뢰하는 공동체 내부의 존재다. 업무팀의 일원으로서만 존재하지 않는다.
도덕적 자본	교사는 학생의 일부만을 교육대상으로 삼지 않는다. 교사는 모든 학생에 대한 정보를 파악하며 통합적 교육을 제공한다.
상징적 자본	교사는 납부된 세금을 소모하는 자가 아니다. 교직은 높은 사회적 가치를 지닌 투자처다.
결정 자본	교사는 일시적 직업이 아니다. 교사는 평생 직업이다.

우리 연구진의 다소 새로운 분석이 진지하게 받아들여진다면 세계 각국에서 교사들을 어떻게 대우하고 있으며, 학교에 대해 어떻게 생각하고 있는지와 같은 근본적인 질문이 이어질 것이다. 미국의 공교육 지원 비영리단체인 '티치 포 아메리카Teach For America'와 영국의 사회적 소외아동 교육시설이자 민간기업인 '티치 퍼스트Teach First'를 지지하는 사람들은 '교사란 단기간에 육성될 수 있으며, 교직에 들어온 지 불과 몇 년 만에 교직을 떠나도 별다른 문제는 없다'라는 자신들의 믿음을 정당화할 수 있을까? 어떻게 하면 교사들의 공동작업이 단순 팀워크나 피상적 과업수행을 넘어 기본적인 신뢰와 유대감을 형성하여 강력한 전문적 공동체의 기반을 확실히 마련할 수 있을까? 어떻게 하면 특수교육 수요전략이 특정한 학생들을 특수교육 대상자로 판별해 돕는 의학적, 법적 과정을 강조하지 않고 교육적 관점에서 모든 학생을 돌보는 통합교육이 될 수 있을까? 교직에 대해 사회에 만연한 부정적 생각들을 변화시키기 위해서는 어떻게 해야 할까?

지역사회와 전체사회

/

핀란드가 탁월한 교사를 확보하고 일관성 있게 지원하는 비결은 무엇일까? 핀란드 교사의 급여가 낮은 편은 아니지만, 다른 선진국의 평균 수준에 그친다. 경제적인 이유로 고급인력이 교직에 지원하는 것은 아니라는 것이다. 핀란드 교사들은 업무를 늘려 최대 50%까지 급여를 끌어올릴 수 있지만, 이를 교직선택의 주요 이유로 드는 초임교사는 없다. 18세기 루터교 목사들이 읽기소양literacy을 중시한 이래로 핀란드에는 교사를 존경하는 전통이 형성되었다. 그렇지만 성적이 좋지 않은 다른 북유럽 국가들에서도 읽기소양은 매우 중요하게 여겨진다. 따라서 현대 핀란드 교직을 뒷받침하는 교사들의 엄격함과 사회적 위상을 이해하기 위해서는 1980년대에 시작된 교육개혁에서 그 실마리를 찾아야 한다.

핀란드 교사들의 높은 사회적 지위는 다음 요인들과 관련이 깊다. 교직 특유의 본질적 성취감, 핀란드의 미래를 만들어나가는 데 교사들이 중요한 역할을 하고 있다는 사회적 인식, 그리고 학생 및 일반 시민들과의 보람 있고 강력한 유대감 등이 그것이다. 핀란드 교사들은 교직을 수행하고 이를 개선해나가는 법을 학습하는 데 정부가 일관성 있는 지원을 제공한다는 점을 높게 평가한다. 또한 핀란드 교사들은 재량권을 유연하게 행사할 자유를 누리는데, 이는 교사의 전문성을 인정하는 사회적 풍토의 진정한 징표라고 할 수 있다.

전반적으로 핀란드 교사들은 자신의 일의 가치와 중요성을 이해하고 있다. 집단적인 자율성을 가지고 있으며, 외부로부터 간섭이나 방해를 받지 않고 이를 행사할 권위도 갖고 있다. '젊은 초등학교 교사의 이직을 부추길 수 있는 요인이란 어떤 것일까?' 하는 물음을 교사에게 던졌던 살베리는 다음과 같이 말했다.

"봉급을 이유로 든 교사가 한 명도 없다는 점이 흥미로웠다. 대신 많은 교사들은 '학교나 교실에서 교사로서의 자율성을 잃게 된다면 교직을 선택한 것에 회의가 들 것 같다'고 했다. 예를 들어 자신의 교직을 판단하려는 명분으로 외부의 감사inspection를 도입하려 한다거나 학교 밖의 척도를 기준으로 한 성과급제가 도입된다면 교직을 떠나는 사람들이 많을 것이다.

핀란드 교사들은 미국과 영국의 교사들도 마주하고 있는 시험성적에 대한 책무성이나 외부의 표준화된 기준에 위와 같은 압력이 더해진다면 많은 수가 다른 전문직을 찾아 나설 것이라고 한다. 요컨대 핀란드 교사들은 의사처럼 자신의 일에 대해 전문직으로서의 위엄, 존경 그리고 신뢰를 누릴 것을 기대한다. 따라서 핀란드 젊은이들이 교직을 택할 것이냐 다른 직종을 택할 것이냐를 결정하는 데 있어서 가장 중요한 것은 바로 '근무 여건'과 더불어 '전문직으로서의 윤리적 환경moral professional environment'이 얼마나 갖춰져 있는지다."[19]

핀란드에서는 전문직으로서의 교직의 정의와 역할에 대해 사회적으로 합의되어 있는 바가 교육성과에 매우 결정적인 역할을 한다. 따라서 모든 교사들에게 석사학위를 요구한다든가 특수교육의 통합적 성격을 더 강화한다거나 교사를 교육과정 개발자로 인정한다든가 하는 핀란드 개혁정책의 극히 일부만을 채택해 모방하는 경우 핀란드와 같은 성공은 기대할 수 없을 것이다. 사회에 봉사하는 교사들의 역할이 그리고 교사들의 사회적 위상을 높이는 것이 사회의 유지 발전에 필수적이라고 인정하는 사회적 분위기를 형성하기 위한 노력이 병행되어야만 벤치마킹이 의미 있을 것이다.
교사의 사회적 위상이 높으면 교사에 대한 강력한 지원이 자연스럽게 동반된다. 핀란드는 교사에 대한 외부 지원이 풍부하다. 교사는 능력을 신장시킬 기회가 많고 이를 통해 교직에 더욱 헌신한다. 다음의 4가지 요인이 주효했다.

1. 지방정부의 큰 역할
2. 교사의 책임감과 표본조사 방식의 평가
3. 교사 스스로의 문제해결능력
4. 핀란드 정부 및 사회의 특성과 지향

1. 지방정부의 큰 역할

핀란드는 300개의 이상의 자치 시市로 구성되어 있다. 핀란드의 자치 시는 인구밀도가 낮은 방대한 시골지역도 포함하기 때문에 영어 모국어 사용자에게는 시municipality라는 단어가 오해를 불러일으킬 수도 있다. 다른 나라와 마찬가지로 핀란드의 자치 시는 가장 낮은 단위의 선출정부로서 북아메리카의 학구school district에 상응하며 지역 민주주의의 요체이다. 이 자치 시들이 핀란드의 학교와 공공서비스 성공에 핵심적 역할을 했다.

핀란드 이외의 국가, 예를 들면 영국이나 미국뿐 아니라 심지어는 핀란드와 가까운 스웨덴과 같은 나라에서도 지방정부와 지역사회가 공교육에 참여하는 것을 조직적으로 약화시키고 공격한다.

미국 | RTTT* 법안에 의거하여 독립 차터스쿨 수에 대한 규제를 폐지한 정도에 따라 주에 예산을 배분했다. 그 결과 공익적 차원에서 모든 학생을 수용했던, 지방정부 관리 하의 공립학교들이 폐쇄되었다.

영국 | 영국의 연립정부는 점점 더 많은 수의 잉글랜드 공립학교를 중앙정부로부터 직접 재정지원을 받는 민간위탁 협약학교로 전환시키고 있다. 그 결과 지방 교육당국의 권한이 급속하게 축소되어 특수교육 대상자 확인과 교사연수와 같은 서비스 공급에 차질이 생겼다.

* 34쪽 각주 내용 참조

스웨덴 | 말모Malmo 시와 같이 사회적, 교육적으로 양분된 곳들이 있다. 시의 특정 지역에 거주하는 부유한 백인은 자녀를 자치 시의 관리를 받지 않는 자유학교free school에 보내는 반면, 반대편에 거주하는 가난한 이민자의 자녀는 점점 쇠퇴해가는 공립학교에 다닌다.

이렇게 지역 민주주의가 쇠퇴하자 민주적 가치와 권리보다는 시장주의적 이해market interests가, 공동선보다는 개인의 선택이 우선시되었다. 교육위원회나 자치 시의 기타 조직에 시민들이 참여할 기회가 없어졌다. 지방정부와 지역사회의 참여라는 '불편한' 간섭과 반대가 사라지자 중앙정부는 세금을 인하하고 경비를 줄였으며 표준화시험의 확대와 온라인학습 강화를 주장하는 거대기업들과의 거래를 줄였다. 이윤을 추구하는 기업처럼 운영되는 학교가 늘어나는 반면, 공공의 문제와 지역 민주주의에 관한 관심은 줄어들었다. 자치 시의 통제가 없어진 상황에서 교육은 단기 사업자금을 기다리는 매물로서 시장에 나온다. 참여 민주주의의 미래 전체와 장기적 경제의 건강 모두가 위협받고 있다.

지역 민주주의 쇠퇴와 소멸에 대하여 많은 개혁가들은 개별 학교와 중앙정부 사이에 중간조직이 필요하다고 주장했다.[20] 이들은 또한 상호학습이 가능하고 공동으로 행동할 수 있는 학교 간 네트워크와 연합체cluster의 가치를 강조한다. 그러나 실제 동료학교는 지역사회 내부에서 형성되기보다는 서로 다른 지방, 다른 학구에 있는 학교들 간의 연결인 경우가 훨씬 많다.[21] 또한 그들은 신규 사업가나 오래된 기업들이 소유하고 통제하는 학교체인이나 브랜드의 성장을 뒷받침한다. 학교체인, 브랜드학교는 사람들이 지역사회가 아니라 브랜드와 가맹점franchise에 대해 소속감과 충성심을 갖게 한다.[22] 이는 학교를 하나의 브랜드에 가맹시켜서 운영할 때 맞닥뜨릴 수밖에 없는 위험이다. 일례로 이런 학교들의 교장은 지역사회와의 연대 강화를 목표로 지명되는 것이 아니라 기업의 내부승진 시스템을 통해 타 부서로부터 전임해온다.[23]

자유학교, 차터스쿨 및 민간위탁 협약학교 연합과 체인들이 지역사회에 봉사하기 위해 뭉치는 경우가 있기는 하지만, 그렇대도 여전히 민주적 대표기관 또는 지방정부의 역할과는 다르다. 그러나 핀란드의 민주적 대의기관으로서의 지방자치 시는 공교육, 공공서비스 그리고 시민생활의 굳건한 토대로 제 역할을 하고 있다. 뿐만 아니라 핀란드의 자치 시는 지역아동의 필요에 부응하며, 훌륭한 교사의 자질의 밑천인 전문성 자본을 조성하는 교육과정을 개발 관리한다. 높은 성취도결과를 보이면서도 사회적으로 역동적인 민주주의를 실현해낸 핀란드를 보고 있자면, 각국의 시장주도형 교육개혁의 결과물인 학교체인과 브랜드들이 초라해 보인다. 또한 핀란드의 교육 및 경제분야의 지속적 성장추세를 살펴보자면, 기업식 개혁을 시도해온 경쟁국들의 성적이 더욱 초라해 보인다.

핀란드 자치 시의 리더십은 '모든 학교를 지원해 성공하도록 돕는' 방식이다.[24] 자치 시의 다양한 교사집단은 도시설계자, 지역문화 및 경제 담당자와 의논하며 많은 작업을 함께한다. 무료의료, 무료상담 및 모든 아이들을 대상으로 하는 무상급식 등을 학교에서 제공한다. 국가가 아이들의 취학을 의무화했다면 국가는 모든 아이를 먹일 책임도 있다고 여기는 것이다.

핀란드 학교들은 서로 경쟁하는 것 대신에 활발하게 협동할 것이라는 기대를 받는다. 한 시市에서는 지역 내 모든 종합중등학교의 수백 명의 교사뿐만 아니라 도시 전체가 노력해 공통교육과정을 함께 만들고 이를 함께 사용한다.

핀란드의 자치 시는 교육, 건강 및 사회복지 관련 예산배정을 포함한 막강한 권한을 갖고 있다. 자치 시는 자기 지역과 학교에 고유한 교육과정을 설계하고 배포할 수 있으며, 교장의 임명 자격기준을 정할 수 있다. 자기 평가를 시행할 수 있으며 집단적 비전과 방향을 설정할 수 있다. OECD를 살펴보니 헬싱키는 5년 비전에 대한 안을 새롭게 설정하면서, 모든 학교로 하여금 비전이 무엇이며 원하는 목표가 무엇인지에 대한 논의를 진행하게 하였다. 여기에서도 다시 한 번 핀란드의 고유한 성격이 드러난다. 다른 나라의 관행과는 달리 핀란드에서는 방향성을 결정하거나 벤치마킹을 진행할 때, 협동하면서 자유롭게 결정한다. 관료주의적인 하달방식을 택하지 않는다.

핀란드가 탁월한 성공을 거둘 수 있었던 요인 중 하나는 지방정부가 학교를 민주적으로 관리하는 방식을 시장의 힘, 그리고 경쟁력 추구라는 다소 창의적이고 개혁적인 에너지와 양립불가능한 개념으로 보지 않았다는 것이다. 최고를 추구하는 교육적 실천educational practice과 비즈니스계의 산업적 실천business practice은 완전히 분리되어 운영되는 게 아니다. 단기적 기회주의에 대해 이야기하는 것이 아니다. 자치 시의 교육지도자들은 기업경영에서 유래된 아이디어와 절차를 이용한다. '구매자'와 '공급자'라는 말도 사용한다. 단순한 한 가지 결과보다는 균형성과표Balanced Score Card (BSC)라는 다차원적 평가도구를 활용한다.[25] 핀란드 사회는 시장의 효율성과 경쟁이 교육분야의 협동과 창의력과 결합하면 시너지효과를 낸다는 사실을 이해하고 있다. 미국과 영국 같은 나라에서 학구와 지방정부가 서로를 제거해야 할 불편한 적으로 간주하고 있는 것과는 사뭇 다르다. 핀란드에서 양자는 교육적 성공, 공공선의 확립, 민주적인 삶의 고양을 위한 필수적 파트너 관계다.

2. 교사의 책임감과 표본조사 방식의 평가

핀란드와 다른 영미권 국가들 간에 큰 차이를 낳은 요인 중 하나는 핀란드에서는 외부로부터 부과되는 '책무성accountability'이 아니라 자율적 '책임감responsibility'을 중시한다는 점이다. 핀란드에는 책무성에 해당하는 단어가 없다. 책무성에 가장 가까운 핀란드어는 'vastuullisuus'인데, 이 단어의 정확한 의미는 '책임감'이다. 『학교교육 제4의 길 (1)』에서도 언급했지만, '책무성이란 책임감을 들어내고 남는 나머지'이다.[26]

핀란드는 전체 학생을 대상으로 한 표준화시험을 강요하지 않는다. 대외비 사안들을 모니터링하거나 학교에 피드백을 제공할 목적으로 3, 4년마다 '표본조사'를 시행할 뿐이다. 살베리는 '병원에서 혈액검사를 할 때 우리 몸에서 혈액 모두를 뽑지 않는 것과 같은 것'이라고 해학적으로 표현했다.[27] 핀란드 국민들은 이미 학교의 성공적인 수행능력을 신뢰하고 있기 때문에, 이 신뢰감을 떨어뜨리고 학교나 교육의 본질을 훼손한다는 인상을 줄 수 있는 표준화시험은 필요로 하지 않는다.

전국 단위의 표준화시험이 없으니 책무성을 따지며 간섭하는 역할을 해야 할 층층의 조직이 필요 없다. 동시에 교사들은 자신의 핵심업무에 집중할 수 있다. 일례로, 핀란드 국가교육위원회Finland's National Board of Education의 상근직원은 18명에 불과하다. 다른 나라의 유사조직이 수백 명의 직원을 필요로 하는 것과 대조된다. 이런 소규모 위원회 내부에서 학생평가를 관장하는 평가위원회Finland's Education Evaluation Council는 그 예산규모가 백만 달러를 갓 넘길 뿐이다. 층층의 관료조직을 필요로 하지 않는 이유는 유능한 교사들이 모든 자치시에서 양질의 교육을 진행하고 있기 때문이다.

핀란드의 표본시험은 한때는 핀란드를 비현실적이고 괴팍한 국제적 이단아로 보이게 했다. 하지만 책무성이 아닌 책임감을 우선한다는 자국의 교육원칙을 지켜 전체 학생 대상의 전수시험이 아닌 표본시험을 시행해냈고, 핀란드의 교육이 성공을 보이자 자신의 시험정책 및 책무성 전략을 돌아보기 시작한 나라들이 하나 둘 늘어나기 시작했다. 영국의 연립정부는 16세 이하 전체 학생을 대상으로 한 전국단위의 시험이 학생과 학부모의 관심을 과도하게 불러일으키고 시험대비 수업teaching to the test을 조장하는 등 교육 왜곡의 요인으로 작용하자 이를 대폭 축소했다. 영국의 이런 결정에는 잉글랜드교장협의회England's National Association of Head Teachers(NAHT)의 지지와 실천도 중요했지만, 교육평가에 대한 핀란드의 접근방식이 큰 영향을 미쳤다.[28] NAHT는 핀란드의 교육평가 방식 및 책임감 풍토로부터 제4의 길의 방향성이 옳다는 증거를 발견했던 것이다. 그래서 NAHT는 책무성을 묻기 위한 기초자료 확보에 있어서 핀란드 방식의 표본조사 평가방식을 제안했으며 이와 더불어 교사들이 수업개선에 활용할 수 있는 진단평가의 개발을 제안했다.[29]

한편 20년간 캐나다 표준화시험의 선구자로 불리며 교육적 성공을 거둬온 앨버타 주에서는 새로운 진보적 보수당 수상 앨리선 레드포드Alison Redford의 주도로 새로운 평가전략이 검토되고 있다. 이런 조치는 수년간 앨버타 교사협의회와 다른 교육전문가 단체들이 핀란드의 성공적 평가법에 대한 공개행사를 개최하고, 앨버타 주와 핀란드의 교사집단 상호방문을 꾸준히 추진해온 결과다. 핀란드의 성공적인 평가방식이 국제적으로 반향을 얻으면서 미국을 비롯해 전수시험을 중시해온 나라들의 교육변혁 사례가 시대에 뒤처지고 노쇠한 것으로 비춰지곤 한다.

3. 교사 스스로의 문제해결능력

20년 전 핀란드는 경제적으로 절망상태였다. 1989년의 베를린장벽 붕괴와 그 뒤로 이어진 전 소비에트연방의 글라스노스트(정보공개)* 로 세계는 전율하고 있었다. 핀란드에게는 냉전종식이 경제적 재앙이었다. 그때까지 핀란드 동쪽에 맞닿아 있는 막강한 이웃인 소비에트 연방은 목재와 다른 천연자원의 거대한 선속수출국이었던 탓에, 러시아시장이 다른 나라에도 개방되자 핀란드 경제는 붕괴되고야 말았다. 1992년에는 실업률이 20%에 육박했다.

핀란드가 교육이나 경제면에서 항상 세계 최정상이었던 것은 아니다. 좌절과 역경을 경험해왔다. 핀란드는 1992년의 역경과 경제적 내핍 와중에 교육분야에 어떻게 대처했을까? 보통 이런 상황에 이르면 국가는 강력한 긴축정책을 시행하고 프로그램 및 전문직 연수 관련 예산부터 삭감한다. 수업을 최대한 표준화시키고 책무성과 간섭의 수준을 높여 국민들에게 교육분야가 세금을 투입할 가치가 있는 분야임을 납득시키기 위해 애쓴다. 하지만 핀란드는 이와 다소 대조적인 모습을 보였다. 핀란드의 첫 행보는 학교외부 장학감사직의 실질적 폐지였다.[30] 이미 1980년대에 교사의 연수와 자질개선을 위한 전략들을 개시했고, 젊은이를 미래의 창의적 지식사회에 대비시키기

* 'glasnost(글라스노스트)'는 '공개, 개방'을 뜻하는 의미의 러시아 단어로 고르바초프가 1985년 소련 공산당 서기장에 취임해 실시한 개방정책이다. 연극, 영화, 출판 분야의 검열 완화, 금서 출판 허용, 정치범 석방, 운동의 자유화, 토론의 고취, 서구문화에 대한 개방성 확대 등이 이어졌다. 스탈린주의의 정치적 조직에 대한 반작용이었으며 소련체제의 붕괴와 민주화를 가져온 요인으로 평가받는다.

위하여 이 전략을 계속 추진해왔으므로 핀란드 국민은 훌륭한 교사들이 스스로를 모니터할 역량을 갖추고 있다는 점을 신뢰했고, 그들에게 더 이상 외부 장학감사가 필요하지 않다고 믿었다. 국가교육위원회의 한 위원은 다음과 같이 언급했다.

"우리는 교장과 교사의 전문성을 신뢰합니다. 매일 학교에서 무슨 일이 일어나는지, 해결해야 할 문제가 무엇인지를 이해할 필요가 있을 때에는 그들의 전문성을 우선 존중합니다. 그리고 그것을 전국적 필요, 관심 또는 미래의 이슈와 결합해 생각하려 합니다."

자치 시에서는 한 학교가 어려움에 처하면 교직원을 해고한다든가 제재를 가하는 조치를 취하는 대신 이런 질문을 던진다.

"학교를 어떻게 도와야 하는가? 무엇이 잘못된 것인가? 문제해결 방식의 열쇠는 학교에 있으며 교장들은 유능한 사람들이다. 이들을 믿어야 한다. 우리는 신뢰가 가장 중요한 요소라고 믿는다. 예산을 따지기보다는 우선 돕는다. 문제가 있으면 마주 앉아서 해법을 함께 고안한다. 교장직은 사회적으로 매우 높은 가치를 지닌 직무다. 우리는 실패하고 싶지 않다."[31]

교장의 리더십이 약한 경우 최선의 전략은 해고가 아니다. 어떤 시 직원의 말처럼 "이때 필요한 것은 이들을 실질적으로 성장시키는 일"

이다. 핀란드에서는 학교나 교장, 교사를 우수한 대상 혹은 그렇지 않은 대상으로 집요하게 판별하지 않는다. 다른 어떤 선진국보다 학교 간 격차가 적은 핀란드에 이런 차이가 존재한다고 믿는 사람은 거의 없다. 핀란드의 교장리더십 연수담당자들은 모든 학교가 훌륭해야 한다고 생각한다. 엘리트 학교와 열등한 학교가 있다고 생각하지 않는다. 학교가 어려움을 겪을 때 정부는 징벌을 부과할 목적으로 개입하는 방식을 취하지 않는다. 도움과 지원을 제공하면 학교의 자율조정능력이 발휘될 것을 믿고 맡긴다.

뒤에 등장할 다른 사례들에서도 확인할 수 있겠지만, 교사들이란 자신의 업무에 신념을 가지고 행동하므로 학교에서 문제상황이 벌어졌을 때에는 교사나 교장에게 도움과 지원을 제공하면 문제해결에 효과가 있을 것이라는 믿음을 확고히 함으로써 성공을 거두는 국가들이 점차 늘어나고 있다. 도움과 지원만으로 충분하지 않다는 판단이 섰을 때 비로소 개입을 한다. 문제상황에 대응할 때 이를 우선적 원칙으로 삼아볼 만할 것이다. 핀란드에서는 이 전략에서 한 걸음 더 나간다. 언제나 도움과 지원만이 해결책의 전부라는 것이다. 핀란드의 교육제도 조직방식은 이것을 실제로 가능하게 한다. 게다가 효과적이다.

핀란드 교육체제에는 교사와 학교의 자기수정self-correcting 역량이 뒷받침되어 있다. 자기수정은 교사들의 집단적 책임감을 규범으로 삼으며, 전국단위 평가에 포함돼 있는 학교 자체평가가 가이드 역할을 한다. 이런 방식으로 핀란드의 교육체제는 건강한 협동구조를 구축할 수 있으며, 문제가 실제로 발생되기 이전에 약점신호weak signals를 미리 감지할 수 있다.[32] 약점신호가 감지되면, 자치 시와 다른 학교가 연수와 지원, 도움을 제공한다. 높은 교육역량, 두터운 신뢰감, 집단적 헌신, 지역에 대한 책임감이 어우러져 있는 핀란드의 교육체제는 표준화된 국가들에 비하면 복잡한 모습이지만, 상기한 요인들이 결합되어 '자기수정 능력'이라는 큰 역량을 보유하고 있다. 어려운 문제상황이 발생할 때, 이를 대중에게 '폭로'한 뒤 하향식 개입으로 문제를 잘라내거나 헤집는 방식이 아니라, 구성원들이 폭넓게 참여해 지속적으로 상호작용하는 과정을 통해 스스로 해결해낸다.

4. 핀란드 정부 및 사회의 특성과 지향

핀란드 국민들은 어떻게 경제적 침체에서 벗어나 경쟁력 있는 국가로 변모한 것일까? 어떻게 세계적인 교육성공국가가 될 수 있던 것일까? 핀란드의 기업, 정치가, 학계의 지도자들은 국민 모두가 공감하는 꿈을 구축했다. 이 꿈을 향한 열망을 기반으로 핀란드는 매우 성공적이고 창의적이며 혁신적인 지식경제를 이뤘고 교육으로써 경쟁국들을 능가했다.

핀란드가 경쟁국들을 앞서갈 수 있었던 것은 유산으로 물려받은 전통적인 음악 및 수공예 재주를 기반으로 한 창의적 기술력 덕택이다. 또한 과학과 기술에 막대한 예산을 투입한 덕에 그 창의적 기술이 디지털기술과 같은 현대의 혁신적인 분야로까지 파급력을 발휘했다. 미래의 기술시대를 창의적 과거와 결합해 평등, 통합 그리고 강력한 복지국가라는 오랜 사회적 가치를 유지했다. 'sisu(시수)'는 핀란드인의 생명력, 인내와 끈기, 꾸준함을 의미하는 말로 핀란드인의 저력 있는 정체성의 근간을 이룬다. 어떤 장애가 발생해도 기꺼이 근성 있게 밀고 나가는 정신을 핀란드는 계속 살려나갈 것이다.

핀란드인은 꿈을 꾸되 그들의 혁신은 규율이 있고, 끈질기며, 단호하다. 짐 콜린스와 모텐 한센의 저서 『위대한 기업의 선택*』에서 성공한 조직의 핵심적인 특징 중의 하나로 언급한 '광적인 원칙주의 fanatic discipline'의 전형을 핀란드 국민이 보여준다.[33] 저자들은 대성공을 거둔 조직들은 매우 집요할 뿐 아니라 목표를 탐구하는 집중력이 고집스럽기까지 하다고 표현했다.[34]

핀란드의 철학자 페카 히매넌Pekka Himanen과 마누엘 카스텔Manuel Castells은 공동연구를 통해 핀란드의 역설적 업적의 본질과 다른 나라 조직에 가지는 영향(의미)을 다음과 같이 지적했다.

"핀란드는 기술혁신, 정보사회 개발, 그리고 역동적이고 경쟁적인 신경제와 만개한 복지국가가 양립할 수 없는 것이 아니라는 점을 증명했다. 바로 이 점이 핀란드의 새 경제가 안정적인 성장국면에 접어들 수 있었던 결정적 요인이었다. 핀란드는 실리콘밸리와 현저히 다르다. 실리콘밸리는 전적으로 시장의 메커니즘을 바탕으로 개인의

* 원서명은 『Great by choice(2011)』이다.

기업가정신과 모험정신에 의존해 개발되었고 엄청난 사회적 비용, 극심한 사회적 불평등을 초래했다. 그리고 지역의 인적 자본 및 경제적 하부구조라는 사회기반을 약화시켰다."[35]

역사적, 정치적으로 엄청난 난관에 직면했던 핀란드의 역사적 상황에 비추어 볼 때, 핀란드가 꿈을 유지해낸 것은 이런 난관을 운명적인 것으로 받아들이고 이를 발전의 동력으로 삼았기 때문이다. 핀란드는 스웨덴과 러시아라는 두 강대국 사이에 끼어 700년 가까이 이들의 식민지배를 받았다. 핀란드가 자신의 정체성을 강하게 외치면서 이를 유지해 나가는 데에는 이런 역사적 맥락이 있다. 하지만 이런 과거로 인해 핀란드는 한편으로는 예전 동유럽의 집단적 복지를 실현하면서(물론 소비에트 공산주의의 권위적 요소를 털어내면서), 다른 한편에서는 스웨덴 식의 의회민주주의 전통을 구현할 수 있었다.

핀란드 성공의 핵심요소는 세계를 향해 열린 마음을 갖고 있다는 점이다. 이런 자세는 핀란드의 학교들이 캐나다 앨버타 주의 학교들과 맺은 자매결연에서도 드러난다. 열린 마음에 실용적 자세를 겸비한 핀란드는 다른 나라의 정책이 과연 자국의 상황에 적합할 것인가를 면밀히 검토하고, 그런 뒤에야 비로소 이를 변형해 수용한다.

핀란드의 꿈은 공적이고 사회적이다. 이런 꿈은 경제적으로나 교육적으로 대단한 성과를 낳을 수 있다. 살베리의 말을 빌면 정치적으로 노선이 맞지 않는 정부와 각료들임에도 불구하고 큰 탈 없이 위기를 극복해낸 것은 순전히 그런 꿈을 가지고 있었기 때문에 가능했다.[36] 다른 나라에게는 불편한 진실로 여겨질 것들 중 하나는 핀란드에는 사립학교가 거의 없다는 것이다. 전국에 75여개 사립학교가 있을 뿐인데 이 학교들도 공적 재원을 받는다. 그러니 국민 모두가 '국가의 학교'에서 교육을 받고 있는 것이다. 이를 조금 바꿔 말하자면 국가의 학교, 아이들의 교육 그리고 내 자녀와 이웃의 자녀가 공유할 미래에 모든 국민이 투자하고 있는 셈이다.

자질이 뛰어난 핀란드의 교사들은 외부의 지원이 든든한 학교 안에서 근무하면서, 영감을 주는 공동의 도덕적 목표에 기여하고자 끊임없이 협업한다. 이들은 영미권에서 흔히 볼 수 있는 것처럼 시험성적을 높이거나 성적 차를 줄이는 것을 목표로 수업하지 않는다. 이들의 목표는 통합과 평등, 혁신이라는 사회적 가치에 근거한다. 이 목표들이 핀란드의 괄목할 만한 교육적 성공의 원료였다.

요약

핀란드의 교육적 성공을 실질적인 성공으로 인정하고 높게 평가하는 사람들이 있는 반면, 이를 무시하는 회의론자나 비판가도 있다. 인구가 겨우 5백5십만 명뿐인 핀란드는 그 규모가 너무 작아 어떤 국가와 비교하든 그것이 사실상 무의미하다는 것이 비판의 골자인 경우가 대부분이다. 그러나 핀란드의 규모가 미국의 실질적 교육정책 결정 단위인 주州의 평균 인구보다 아주 조금 작은 수준이라는 점에 주목해야 한다.[37] 혹자는 핀란드가 인종적, 문화적 다양성이 크지 않다는 점을 이유로 꼽는다. 물론 실제로 핀란드의 인종적 다양성을 뒷받침할 증거는 거의 없다. 하지만 미국의 주州 중에서도 1/3이 이상이 인종적 다양성이 높지 않다는 점에 주목해야 한다. 또 핀란드가 교육적 성공을 거뒀으나 자살율이나 남성 알코올중독자 비율이 높다는 점을 지적하는 경우도 있다. 이들이 간과하고 있는 것은 핀란드가 소득 불평등이 낮은 여타 북유럽 국가들과 마찬가지로 사회건강지표들에 있어서 아주 괜찮은 수치를 보이고 있다는 점이다.[38]

세계적으로 유수한 거대 기관들이 진행했던 핀란드 연구와 상대적으로 소규모로 진행된 우리 연구진의 분석결과가 일치하는 지점은 핀란드에서 교사를 중시하며 이들을 임용하고 연수시키는 방식에 관한 것이다. 우리는 기존의 연구동향에 핀란드의 지역공동체 및 지역 민주주의의 강점에 대한 분석을 새롭게 더했다. 앞서 살핀 바와 같이 핀란드 교육의 강점을 형성하는 교육지원은 많은 부분 지역사회에서 이뤄진다. 시와 군 그리고 정부당국이 지역의 진정한 역량을 개발하는 데 힘쓴다. 교사들이 교육과정을 함께 개발하고 전문적 기술과 자질을 향상시키는 중심도 바로 이 자치 시다. 지역 민주주의가 발현되고 지역사회의 참여를 북돋우기 위하여 공공 및 건강서비스를 통합하는 곳도 자치 시다. 중앙정부가 정한 커다란 방향 내에서 지역 민주주의가 큰 힘을 발휘하고 있는 핀란드의 모습은 지방정부를 뿌리째 뽑아버리는 데 혈안이 되어 있는 많은 나라들에 제4의 길이 무엇인지를 보여준다.

결론

핀란드의 성공사례를 통해 최고의 교사를 양성하고 유지할 수 있도록 전문성 자본을 어떻게 개발해야 하는지를 배울 수 있다. 최상위 수준의 지원자들을 유인하고, 이들을 협업하게 하고, 교육과정을 직접 개발하게 하고, 아동의 학습과 지역사회에 대해 집단적 책임감을 공유하게 하며, 그들의 전문적 역량을 최대로 발휘할 수 있도록 풍부하게 지원하여 그들이 교직에 평생 머무르게 하는 것이다. 사실 대부분의 국가에 이는 굉장히 버거운 일이다.

전체 사회 차원에서 보면 핀란드가 다른 사회에 던지는 도전적 과제의 본질은 이렇다. 어떻게 하면 사람들을 자신이 속한 지방 공동체나 국가의 공공영역에 참여하게 할 것인가? 그리고 모든 아이들과 모든 학교를 지원하기 위해 사람들은 어떤 재정적 노력을 함께 해야 하는가?

핀란드가 제일 중요하게 여기는 전략은 아이가 아주 어릴 때 부모와 좋은 양육관계를 형성하게 돕는 것, 모든 시민에게 의료서비스와 주거지를 제공하는 것, 집단적인 책임감과 공익의 가치를 강조하는 것 등이다. 요컨대, 핀란드 국민들은 전문성 자본을 형성하고 지역 민주주의에의 참여를 독려하며 사회적 목표와 인생의 목표를 조화시킬 규율을 갖고 근성 있게 밀고 나간다.

세계 교육을 분석하는 핵심 연구기관 중 하나인 맥킨지 사는 이제 핀란드를 고성과를 이룬 대표적 사례국에서 제외하기 시작했다. 성공한 나라 목록에서 핀란드를 완전히 빼버리거나 다른 나라의 입장에서 볼 때 핀란드 같은 전략이 성공하려면 먼저 중앙정부에서 여타의 문제들을 모두 개선하는 것이 선결과제라는 게 그들의 논리다.

전문성 자본이라든가 지역 민주주의 그리고 규율을 갖고 끈질기게 추진disciplined persistence하는 핀란드의 제4의 길 방식은 다른 나라에서 변용되지 못할 만큼 그림의 떡은 아니다. 핀란드는 재정을 긴축하고 중앙정부가 관료주의적, 전제적 정책을 펴는 제2의 길 방식이나, 데이터에 의존했던 제3의 길 방식을 먼저 사용하고 난 뒤에 제4의 길 방식을 적용한 것이 아니다. 핀란드는 자신의 독특한 역사적 배경과 전통에서 유래된 일련의 변혁전략을 역사적 과제에 알맞게 창의적, 효과적으로 조정하였는데 이런 일련의 과정에 제4의 길의 혁신적 방향성을 결합시킨 것이다. 이런 변혁의 방법은 핀란드만 취한 것이 아니다. 뒤에 이어질 다섯 국가의 예를 보면 핀란드가 너무나 특이한 방식으로 제4의 길 전략을 사용한 것이 아니라는 점을 확인할 수 있을 것이다. 이들 모두가 교육적으로 큰 성공을 이뤄냈다는 점을 잊지 말자.

The Global Fourth Way

04
싱가포르

교수학습기술의 혁신
교사들 간의 상호작용
역설적 상황의 에너지

국제학업성취도평가PISA에서 핀란드가 오랫동안 1위를 유지하며 전 세계의 관심과 찬사가 쏠렸다. PISA가 시행되기 이전의 국제적 평가가 있다. 국제교육성취도평가협회the International Association for the Evaluation of Educational Achievement(IEA)에서 28개국 학생을 대상으로 수학/과학 국제비교시험the Trends in Maths and Science Studies(TIMSS)을 시행했는데, 1995년 13세 학생을 대상으로 한 첫 시험에서 말레이반도 끝에 위치한 영국 식민지였던 작은 나라 싱가포르가 수학, 과학 두 분야 모두에서 1위를 차지했다.

2011년 2월 우리 연구진은 당시 싱가포르 교육부장관이었던 엔응헨Ng Eng Hen의 집무실에서 그를 만났다. 몇 주에 걸쳐 전 세계 언론이 싱가포르의 교육적 성공을 뜨겁게 다루고 있는 중이었다. 우리는 언론과 유수한 국제기구들에서 짚어낸 싱가포르의 성공요인에 대하여 토의했다. 최고위층의 강력하고 안정적인 리더십, 열심히 공부하고 엄격한 국가관리체제를 통해 높은 성취를 이루는 경쟁적인 학교문화, 질 높은 교사 충원, 뛰어난 실적을 낸 교사들에 대한 다양한 보상책, 시스템 차원에서 제공되는 자체역량 강화방안 및 지원, 마지막으로 교장과 교사의 경력개발에 대한 계획 및 과정의 명확성 등이 거론되었다.

교육부장관은 이런 요인들의 타당성을 정중히 인정했다. 그리고 타국에서 수용하기엔 어려울 거라 여겨지지만 싱가포르의 성공을 이해하기 위해서는 꼭 강조되어야 하는 또 다른 요소가 있다고 적극적인 태도로 말했다. 그러면서 전직 외과의사 특유의 명확한 태도로 '문화의 중요성'을 짚어냈다. 즉, 가정과 조직, 그리고 정치제도 내부의 싱가포르 특유의 관습, 신념 그리고 일처리 방식이 성공의 주된 요인이라는 것이었다. 싱가포르의 명문 국립사범대학 학장 이싱공Lee Sing Kong은 특유의 단순명쾌한 어조로 한 나라에서 성공한 아이템을 바로 다른 나라로 이식할 수는 없다는 점을 반복해서 강조했다. 특정 문화 속에서 모든 것이 조화를 이루는 것이 핵심이라는 것이다.

싱가포르의 교육적 성공이 국제적인 수수께끼로 여겨진 데는 그 성공이 사람들이 전혀 예상하지 못한 지역에서 이루어졌다는 점이 주요하게 작용했다. 전 인도네시아 수상의 표현에 따르면, 지도에서 '빨간 작은 점red dot'에 불과한 나라가 이제는 인상적인 경제성장과 매우 놀라운 학업성취도를 달성한 대국이 되었다. 1인당 GDP(국내총생산)이 세계 10위권이고 학업성취도에서 선두권이며 국제공통 대학입학자격시험International Baccalaureate* 만점자 중 절반이 싱가포르 학생이다.[1]

싱가포르의 역사를 감안하면 이는 이례적인 성과다. 불과 반세기 전만 해도 영국의 기록영화감독 데이비드 아텐버러David Attenborough

의 표현에 따르면 '작은 깡통 오두막들만이 줄지어 서있던' 작은 섬나라가 이제는 유리와 철강으로 지어진 고층빌딩들이 우뚝 솟은 국가가 되었다.[2] 1960년에 제3세계 국가였던 나라가 2010년에는 여러 지표상 선진국을 선도하는 국가가 되었다.

이는 건국의 아버지 수상 리콴유Lee Kuan Yew가 예언하고 계획한 대로 한 세대 만에 이룬 변화이다. 그의 자서전을 보면 1978년 중국 등소평Deng Xiaoping이 싱가포르를 방문한 이후에 어떻게 중화인민공화국을 오늘날의 경제대국으로 바꾸기 시작했는지를 알 수 있다.[3] 그로부터 20년이 흐른 후 이제는 서양이 싱가포르의 교육적 성과를 모방하게 되었다.

싱가포르는 불가능에서 성공을 이루어낸 작은 섬나라다. 1965년 영국에서 독립할 때 인구는 100만 명도 되지 않았고 면적은 핀란드의 몇 백 분의 일에 불과하지만 이제 인구는 그와 비슷한 5백만 명으로 성장하였다. 비행기로 싱가포르에 가보면 식민지의 전초기지에 불과했던 항구에 배들이 빽빽이 줄지어 서서 첨단기술을 갖춘 초고속 컨테이너의 하역작업을 기다리고 있는 모습을 멀리에서 볼 수 있다. 비행기를 한번 띄우면 다시 착륙하기 위해선 다른 나라 상공을 거칠 수밖에 없을 정도로 작은 국가인데도 말이다.

* '인터내셔널 바칼로레아'로 통용되며, 영국과 스위스에서 공동 주관하고 있는 국제적인 시험으로 세계적으로 명성이 높은 평가다. 1992년 제네바의 국제학교와 국제학교협회를 중심으로 시작된 것으로 유네스코의 협찬을 받았다. 본부가 인정하는 학교에서 2년간 수업을 받은 후 공통으로 실시하는 입학시험에 합격되면 이 제도를 실시하는 가맹국가의 대학에 입학하거나 시험을 볼 수 있는 자격이 부여된다.

어떻게 이렇게 짧은 시간 안에 이 모든 것이 가능했던 것인가? 연구진은 2009년 2월부터 3월까지 약 한 달간 싱가포르에 체류하면서 현지인들과 교류해 싱가포르의 교육제도를 살펴보고 교육부와 국립사범대학 고위관계자들과 면담을 진행했다. 몇몇 학교를 방문하고 자료를 수집한 결과 다음의 3가지 주요 성공요인을 확인했다.

1. 교수학습기술 혁신
2. 교사들 간의 강도 높은 상호작용
3. 역설과 함께 살아가고 일하는 능력

싱가포르의 디지털기술 혁신의 전형을 보여주면서 동시에 싱가포르 학교체제의 강점을 보여 주는 두 학교를 먼저 살펴보자.

교육과 기술

룰랑Rulang초등학교는 로봇통합 교육과정으로 명성이 높다. 낮에 학교를 가보니 어린 아이들이 바닥에 모여 앉아 있었다. 아이들은 레고Lego로 악어를 조립한 다음, 컴퓨터 기본언어인 0과 1을 사용하여 악어 입을 여닫게 하는 명령을 프로그래밍하고 있는 중이었다. 로봇통합 교육과정을 생각해낸 것은 2005년부터 이 학교에 재직 중인 교장 체릴 림Cheryl Lim이었다. 그녀는 로봇통합 교육과정이 수학, 과학 및 언어와 같은 핵심교과를 통합할 수 있다고 확신했다. 이진법 코드binary code, 언어를 통한 상호작용, 기계/전자 관련 기초지식과 같은 다양한 지식영역에 놀이의 힘까지 더해진 프로그램이 로봇통합 교육과정이었던 것이다. 한 교사의 설명에 의하면 학생들은 로봇 공학 덕택에 학습을 더욱 즐기게 되었고, 수업내용을 더 잘 더 빨리 이해하고 기억하게 되었다.

"나는 로봇공학프로그램을 통해 핵심교과를 통합하려 했다. 단순히 로봇을 만드는 것이 아니라 모든 수준에서 수학, 영어 그리고 과학을 배울 수 있도록 했다. 로봇공학은 수업의 재미를 높여 아이들이 수업을 좋아할 수 있게 하는 좋은 도구다. 그리고 이에 더해 로봇공학은 아이들이 핵심교과에 대한 이해도를 높이는 데 도움을 주었다. 재미있게 공부할 때 학습속도는 빨라진다. 재미를 통해 개념 이해도가 높아졌다고 나는 믿는다."

로봇통합 교육과정의 도입 초기에 롤랑초등학교 교사들은 교육과정 혁신 및 교수학습방법의 변화를 두려워했다. 교장이 기억하기로는 왜 일부러 사서 고생을 하는 것인지 하는 회의적인 태도를 모든 사람들이 가지고 있었다. 뛰어난 성적을 내려면 학교에서 정말 중요하게 다뤄져야 하는 것은 국가학업성취도 시험성적이라고 많은 교사들이 생각했다.

초등학교 6학년 말에 시행되는 졸업시험Primary School Leaving Examination은 그저 또 하나의 표준화시험만은 아니다. 엄청난 고부담시험이다. 시험성적에 따라 중학교가 결정되고 능력별 반편성이 결정된다. 학업성적을 유지하거나 올리는 것에 집중하는 대신 혁신을 한다는 것은 싱가포르 교육관계자들에게는 생각조차 할 수 없는 일이었다.

체릴 림 교장이 이를 고려하지 않은 것은 아니었다. 개혁 초기단계의 얼마간, 즉 적응기간 동안에는 성적이 떨어질 것이라는 마이클 풀란Michael Fullan의 '개혁실행에 따른 성적하락 현상implementation dip'을 잘 알고 있었다.[4] 그 학교의 수석교사teacher leaders들도 개혁 초기에는 일시적으로 문제들이 일어날 수 있다고 예상했다. 그런 상황에서 교장과 교사들은 어떻게 해야 했을까? 그간 어렵게 얻은 학문적 명성을 지닌 학교에서 시험성적에는 관심이 없다는 식의 '대범한' 태도를 보이는 것은 상상할 수 없었다. 그렇다고 혁신 자체를 포기한다는 것은 싱가포르가 지향하는 교육의 미래방향을 거스르는 일이었다. 림 교장과 교사들은 이런 딜레마를 의제로 두고 논의를 지속했다.

혁신의 성과를 지수로 확인하려면 혁신이 정착될 시간이 절대적으로 필요하다는 사실을 모르는 사람은 없었다. 교장은 교사들에게 이렇게 질문했다. "향후 몇 년간 학생들의 성적 하락을 어느 정도까지 용인하겠는가?"[5] 림 교장의 말을 빌자면 당시의 장면은 이랬다. "내가 교사들에게 성적이 몇 퍼센트 이상으로는 떨어지지 않기를 바라는지를 물었을 때 교사들은 어느 누구도 성적이 떨어질 것이라는 점을 받아들이지 않았다. 교사들은 '아닙니다. 아니에요. 성적은 그대로 유지할 겁니다. 오히려 나아지게 할 겁니다. 결코 성적을 떨어뜨리지 않을 겁니다.'라고 말했다." 교장의 설명이 이어졌다.

"나는 변화를 시도할 때 첫 라운드에서는 모든 것이 성공적일 수 없다는 것을 교사들에게 알려야 했다. 첫 한두 해에는 교사들 간의 헌신의 정도도 다르고 실행에 따른 문제들이 있어서 교사들이 바라는 만큼의 결과가 나오지 않을 것이고, 설령 성적이 떨어진다 하더라도 그럴 수 있다는 것을 현실로 인정해야 한다고 했다. 그런데 정말로 성적이 떨어진다면 무엇을 어떻게 해야 하는가? 장기전략을 갖고 있었지만 단기전략도 필요했다. 막연히 5년이 지나면 문제가 해결되고 안정화될 것으로 믿고 기다릴 수는 없었다."

싱가포르에서는 성적이 뛰어난 학교에 근무하는 교사는 초과근무가 불가피하다는 생각이 널리 퍼져있다. "룰랑초등학교를 찾아오는 많은 사람들은 이렇게 성적이 뛰어난 학교의 교사들은 틀림없이 오랜 시간 추가근무를 할 것이고 결국 건강이 안 좋아져 삶을 즐기지 못할 거라고 생각합니다." 림 교장은 교사들이 새로운 방향으로 나아가는 데 아무리 헌신적이라 하더라도 '근무시간을 줄이면서' 목표를 달성할 필요가 있음을 알고 있었다. 이것을 가능하게 하는 건 무엇인가?

교사들은 농담으로 이렇게 말한다. "성적이 떨어지지 않게 해달라고 간절히 기도했다." 교장은 일제고사를 치러야 하기 때문에 낙제의 위험에서 자유롭지 못한 '위험한' 학년에 1~2년차 정도의 최고 교사들을 전략적으로 배치했다. 이들은 학생들이 낑낑대며 풀어야 했던 문제의 양을 크게 줄였다. 세 개의 서로 다른 학급에 쓰일 학습지를 일 년에 45번이나 수정한 교사도 있었다. 모든 효율적인 개혁가들이 그랬던 것처럼 교사들도 새롭게 시도해야 할 것이 무엇인지뿐만 아니라 포기해야 할 것이 무엇인지를 제대로 알고 있었다.

가장 중요했던 것은 학습과 삶의 관계를 변화시켜야 한다는 것이었다. 교사와 학생 모두가 더욱 즐겁게, 더욱 열심히 수업에 참여할 때 성적도 올라간다는 믿음을 유지했다. 특히 혁신의 효과로 성적이 향상되는지에 온 관심을 지속하고 있었기 때문에 더욱 그러했다.

"내 생각에는 그게 바로 주요 목적이다. 교사들은 많은 시간을 들여 일을 하지만 결과가 신통치 않은 상황을 원하지 않는다. 교사들은 즐겁게 일하고, 가족과 즐거운 시간을 보내면서도 좋은 결과를 낳기를 원한다. 이런 말이 모순되게 들릴지 모르겠지만 우리가 관심을 두고 있는 것은 이것을 가능하게 하는 특별한 어떤 틀framework이다."

싱가포르 전반이 그러하듯이 룰랑초등학교도 '역설적'이다. 전통적으로 룰랑초등학교는 경쟁이 치열하면서도 기술 및 교육 혁신의 선구자다. 학교는 개혁적 성향을 갖고 있으면서도 중국적 가치에 기반하고 있다. 싱가포르의 학생들과 그들의 전통적 가정은 매우 세계주의적 성향을 갖고 있어서 다른 나라의 학교와 소통하는 활동에 기꺼이 참여한다. 룰랑초등학교의 경우 언어 몰입프로그램을 갖고 중국을 방문하며 지역봉사활동 차원에서 캄보디아의 두 고아원을 돕는다. 두 활동 모두 국민에게 외국문화를 경험하고 이를 통해 학습할 기회를 제공하는 싱가포르 교육부의 쌍둥이프로그램twinning program* 기금으로 지원을 받는다.

룰랑초등학교는 혁신으로 활기가 넘치지만 동시에 그 뿌리를 전통의 토양에 단단히 심어두고 있다. 학교 정문을 향해 가다보면 제일

* 싱가포르의 학생들이 일정 기간 자국과 타국에서 학습할 수 있도록 자국의 학교와 해외학교를 연계해 교육과정을 제공하는 정책이다.

먼저 눈에 들어오는 것은 개교 당시의 초라한 모습이 그려진 벽화다. 룰랑은 1930년대에 시골의 작은 가게의 한구석에서 시작됐다.[6]당시의 학교는 아텐버러 감독의 작품에 나오는 1950~60년대 싱가포르처럼 진흙길 위에 세워진 작은 헛간들이었다. 학교 안팎에서 활동하는 학교 설립자들이 이 학교의 기원을 기념하고자 사진을 전시하기도 했다. 룰랑은 학교의 과거에 대한 깊은 자부심을 갖고 있다. 초기 지도자들은 아직도 학교와 마을과 꽤 친밀한 관계를 유지하고 있다. 지역주민들이 오고 갈 때마다 학교의 설립정신과 전통을 생각해볼 수 있도록 하기 위해 룰랑초등학교는 계속 힘쓰고 있다.

"림 교장은 우리에게 싱가포르 교육체제의 역사를 보여주었을 뿐 아니라 미래목표를 제시해주었습니다. 과거와 미래를 엮어 막 시작하려는 여행에 목표가 있음을 알려주었습니다. 매년 반복적으로 그렇게 했습니다. 이번에도 틀림없이 우리는 반복해서 비전을 바라보고, 해야 할 일이 무엇인지를 생각할 것입니다. 그렇게 해서 우리는 바른 길을 가고 있다는 확신을 서서히 갖게 됐습니다."

룰랑초등학교는 일종의 '매혹적 수수께끼conundrum'다. 범세계적 성향과 지역적 특성을 함께 갖고 있는 '글로컬glocal'한 학교다. 미래와 과거를 모두 포용하고 있어 유교적 전통을 고수하면서 동시에 역동적으로 세계를 향해 나아간다. 교사들은 혁신의 방식뿐 아니라 종래의 시험성적을 유지하는 방식도 알고 있다. 틀을 깨는 사고를 하면서도 기존의 제도에서 훌륭한 결과를 낼 줄 안다. 열심히 일하면서 행복해 한다.

"교사로서 우리는 학생들이 그들에 대한 기대를 높이면 얼마든지 더 높은 수준으로 발전해나갈 수 있는 존재라는 점을 믿어야 합니다. 그렇기 때문에 우리는 협력해서 아이들을 위한 교육과정을 만듭니다. 림 교장을 위한 교육과정이 아니라 이것이 여기의 문화입니다. 우리는 긴 시간 함께 일하면서 그 속에서 즐거움과 기쁨을 느낍니다."

룰랑초등학교가 성공할 수 있었던 것은 이런 다소 역설적인 상황을 활용할 줄 아는 교사들의 능력 덕택이다. 교사들은 도덕적으로 건강한 목표의식을 가지고 각종 어려운 상황을 감당한다. 아이들이 성공하기를 모두가 열망하면서도 가벼운 마음으로 가르친다. 바로 이런 점 때문에 싱가포르는 활기차고 즐거운 곳이며, 싱가포르 관광청이 내세우는 문구 그대로 매우 놀라운surprising 국가다.

룰랑초등학교에서 차로 30분 거리에 위치한 은지앤Ngee Ann중학교는 싱가포르의 많은 새로운 방향성과 이를 가능케 하는 역설적 문화를 가장 잘 보여 주는 학교다. 아드리안 림Adrian Lim은 젊고 역동적인 교장으로 ICT 활용교육에 열정적인데, 그와 교사들은 교육이 기술을 주도해야 하며 그 반대여서는 안 된다는 것을 잘 알고 있다. 그의 설명은 이렇다. "모든 수업에서 ICT를 사용하지는 않는다. 교사와 학생의 관계를 고려하여 균형 있게 사용해야 한다. 결국 가장 중요한 것은 학생을 수업에 참여하게 하여 수업에 활기를 불어넣어야 한다는 기본원칙이다. 여기에서 벗어나서는 안 되며 더욱이 ICT를 만병통치약처럼 사용해서는 안 된다."

은지앤중학교에서 ICT는 혁신적이고 효율적인 교육의 역동성과 성과를 향상시키는 하나의 방식이다. 많은 학교와 시스템에서 교사와 학생들이 ICT로 혼란스러워 하지만 은지앤중학교는 그렇지 않다. 이전에 근무했던 학교에서는 ICT 활용교육의 목표가 불분명해 ICT 활용교육 자체에 반대했었다는 한 교사는 은지앤중학교로 옮겨온 이후에 어떻게 달라졌는지에 대해 말했다.

"은지앤중학교에서는 ICT 활용교육을 풍부하게 지원합니다. 그것이 제 생각을 180도 바꾸게 했습니다. 제가 회의에서 ICT에 대해서 발표하는 것을 예전 동료교사가 보고는 굉장히 놀라면서 'ICT라니? 정말 뜻밖인데!'라고 할 정도였습니다. 은지앤중학교 덕택에 저는 ICT 활용교육을 수업에 받아들이게 되었지요."

기술과 교육은 때로 긴장관계를 형성한다. 은지앤중학교의 교사들도 이를 부정하지 않는다. 다만 이를 극복할 창의적인 방식을 찾는다. 두 가지 예를 들면, 첫째 MSN 메신저를 수업도구로 활용했다. 아이작 뉴튼, 윌리엄 셰익스피어와 드미트리 멘델레프(주기율표 발명자)의 아이콘을 만들어 올리고 학생들이 메신저를 통해 이들에게 과학 및 문학에 관하여 질문할 수 있게 한다. 사실 질문자는 학생들이 전형적으로 묻는 수백 가지의 질문에 대해 교사들이 답해둔 일종의 데이터베이스로부터 답변을 받는다. 뉴튼의 목소리로 말이다. 이것으로 은지앤중학교는 세계적인 상을 많이 받았다. 한 교사는 다음과 같이 말했다.

"메신저의 '뉴튼'이 이 세상의 모든 질문에 답해줄 수 있는 건 아니다. 그러나 교사인 나는 뉴튼이 답할 수 없는 질문을 한 학생이 누구인지 로그파일을 보고 파악한다. 이를 통해 어떤 아이가 어떤 질문을 했는지, 왜 이런 질문을 했는지를 생각하면서 아이의 생각을 들여다볼 수 있는 기회를 얻는다. 40명의 학생이 뉴튼에게 각기 다른 질문을 던지고 서로 다른 답을 얻는데, 교사가 낼 수 있는 속도와는 비교가 되지 않을 정도의 빠른 속도로 질의응답이 진행된다."

교사들은 기술이 교사와 학생 간의 직접대면 장면에서처럼 탐구적이고 열린 질문까지 주고받게 할 수 있다고는 믿지 않는다. 학교도 아이들이 셰익스피어 아이콘과 상호작용한다고 해서 셰익스피어를 읽지 않아도 된다고 생각하지 않는다. 그럼에도 학생들이 기술을 활용하여 셰익스피어를 다른 방식으로 배우다 보면 『맥베스Macbeth』를 읽고 싶어 한다는 것을 알아냈다. 또한 학생들은 새로운 기술을 이용하여 전통적인 지식에 보다 쉽게 다가갈 수 있으며, 즉각적 메시지를 매개로 심층적 사고가 촉진된다.

두 번째는 휴대폰 활용이다. 미국을 비롯한 많은 나라에서 휴대폰은 아이들에게 있어서는 놀림이나 사이버상의 집단괴롭힘에 이용되는 위험한 장비이기도 하고 수업을 방해하는 요인이기도 하다. 기술로부터 학생(나아가 성인까지)을 보호해야 한다는 철학에 따라 거의 70%의 미국 고등학교에서 휴대폰 사용을 금하려 하고 있다.[7] 그러나 은지앤중학교에서는 휴대폰을 교수학습 도구로 생각했고, 최대 140자를 쓸 수 있는 트위터*를 이용했다. 트위터는 '요약'을 배우는 데 완벽한 도구로 활용됐다. 수줍어하며 교실에서 발표를 하지 않던 학생들도 트위터로는 자신의 학습결과를 실시간으로 드러냈다. 교사들은 이를 통해 학생의 학습상태를 좀 더 잘 파악할 수 있었고 이로써 자신의 수업의 효과에 대해 좀 더 제대로 돌아볼 수 있었다. 학생들은 친숙하게 느껴지고 능숙하게 다룰 수 있는 도구를 갖고 수업에 임할 때 높은 참여도를 보인다. 한 교사는 다음과 같이 말했다.

"10년 전에는 수업에서 학생들에게 종이로 단어장을 만들게 했다. 하지만 요즘에는 기억해야 할 단어가 나오면 교사인 나는 그 단어를 트위터에 올려, 문장 속에서 이 단어가 어떻게 쓰이는지에 대해 알아보게 한다. 그런 식으로 우리는 아이들의 학습상태를 추적한다."

* 세계적인 소셜미디어 서비스 및 마이크로블로그 서비스를 제공하는 www.twitter.com는 미국의 SMS가 160글자로 한정되어 있는데 여기에서 사용자 아이디 입력공간을 빼면 140자가 남는다는 데에 착안하여 모든 메시지를 140자 이하로 제한했다. 트위터의 140자 제한 정책은 정곡을 찌르는 촌철살인 메시지들을 유도하여 매체의 폭발적 흥행을 이끌었다. 다만 글자수 제한으로 인한 이용자의 불편 호소에 응답하여 트위터는 2015년 7월부터 직접메시지Direct Message(DM)에 한해 140자 글자 제한 정책을 폐지했다.

그렇다고 교내 휴대폰 사용의 위험에 무방비 상태인 것은 아니다.

"수업 중에 휴대폰을 사용하면 문제가 생긴다. 나는 요즘 압수규칙을 시행하고 있다. 휴대폰을 수업 외의 용도로 사용하면 1~2주 정도 압수했다가 돌려준다. 특권에는 책임감이 따라야 한다. 휴대폰은 학생들이 가장 아끼는 물건이기에 압수규칙은 효과가 있다."

새로운 기술을 흡수해 일상생활은 상대적으로 쉽게 바꿀 수 있지만, 수업방식을 변화시키는 것은 쉽지 않다. 기술에 부정적이고 기술로부터 청소년을 보호해야 한다는 생각을 지닌 교사들은 기술을 과다하게 사용하면 청소년이 수시로 거기에 집중하느라 집중력 배양, 기초지식 습득, 자연과의 교감, 정情적인 인간관계 형성 등에 어려움을 겪는다고 말한다.[8] 교실은 디지털 과잉사용 문제를 가중시키는 곳이 아니라 오히려 이로부터 보호장소가 되어야 한다는 것이다. 어떤 교사들은 학생들이 인터넷검색을 이용해 교사의 수업내용에 즉각적으로 이의를 제기한다거나 휴대폰이나 태블릿PC로 수업에 집중하지 않는다면 교사가 수업을 통제할 수도 없고 전문가로서의 권위도 상실할 수 있다고 우려한다. 또 래리 쿠반Larry Cuban이 지적했듯이 기술로 인해 교실 내 학생 간 대인관계에 악영향이 있을 수 있다는 이유로 기술 자체에 반대의사를 가지는 교사들도 있다.[9]

그러나 역설적이게도 싱가포르 전체와 은지앤중학교의 경우처럼 기술이 가치 있는 학습목표와 조화를 이뤄 효과적으로 사용되면 그

기술은 교사와 학생의 관계를 악화 혹은 약화시키는 것이 아니라 오히려 강화시킨다. 즉 교사는 기술과 수업을 대척점에 두고 어느 한쪽만을 양자택일할 필요가 없다. 대신, 교육의 질을 높이고 지원하는데 기술을 의식적으로 활용할 수 있는 전문가가 역할을 하면 된다. 기술을 사용하는 일은 전통적 지식을 도외시하는 일이 아니다. 기술을 현명하게 활용하면 전통적 지식을 습득할 기회가 확대된다. 학교교육의 미래에 대한 격론을 들여다보면 사람과 기계를 서로 대립적으로 본다거나 교수자의 자리에 있어서 교사와 컴퓨터를 양자택일적 문제로 전제하는 경우가 있다. 교사와 기술은 공존한다. 그런 면에서 은지앤중학교는 개선과 혁신이 잘 어우러진 사례다.

성공을 가능하게 한 **역설적 상황의 에너지**

싱가포르에서 교사와 기술은 역설적 관계에 있다. 기술혁신으로 전통에 더욱 가까이 다가갈 수 있고, 모바일기기를 통해 면대면 관계가 향상되기도 한다. 싱가포르에는 이런 역설적 상황이 많다. 룰랑 초등학교와 은지앤중학교의 높은 성취도에서 확인할 수 있는 이런 역설은 사실 싱가포르 사회 전반에서 확인되는 현상이다. 리더십과 변혁에 필수적인 역량 중 하나는 역설적 상황이 주어졌을 때 이를 감내하며 최대한 활용할 줄 아는 능력이다.[10] 싱가포르 교육성공의 핵심은 바로 환경으로 전제된 역설적 상황들을 다루는 유연성이었다.

물과 기름이 섞일 수 없다는 것이 서구적 사고방식이지만 중국의 조리법에서는 이 둘을 섞는다. 싱가포르가 성공할 수 있었던 것도 이와 같다. 서로 모순적 관계로 보이는 상황요소들을 창조적 역설로 이끌어 국가의 발전을 도모한 것이다. 교육 및 사회변화의 성공과 깊이 연관된 역설은 최소한 5가지로 다음과 같다.

1. 통제의 역설: 자율성을 높이되 통제를 강화한다.
2. 교육의 역설: 덜 가르치면서 더 많이 배우게 한다.
3. 기술의 역설: 전통적인 교실에서 디지털기술을 이용한다.
4. 혁신의 역설: 반란의 구조화
5. 시공간의 역설: 미래와 과거의 공존, 안과 밖의 공존

1. 통제의 역설: 자율성을 높이되 통제를 강화한다

얼마 전까지 싱가포르 교육은 일본의 교육처럼 중앙집권화, 표준화 그리고 관료주의 획일성이 나타나는 다소 전형적인 국가였다. 우스갯소리로 만약 당신이 교육부 고위관료가 좋아함직한 내용으로 연설을 하면 불과 72시간 안에 온 나라에서 이것이 충실히 시행될 것이라는 말이 나올 정도였다.

싱가포르는 1980년대와 90년대의 20여 년 동안 이른바 효율성 위주efficiency-driven의 교육개혁을 시행했다.[11] 1970년대에 초등학교를 보통교육으로 확립한 이후 싱가포르의 정책입안자들은 모든 학교가 효율성과 능률을 중시할 것을 요구하면서 중등학교 교육개혁에 온 힘을 쏟기 시작했다. 당시 중등학교 교육의 최우선 목표는 모든 학생들을 중학교에 진학시켜 교육기회를 확대하고 중퇴자의 수, 곧 중도탈락률을 낮추자는 것이었다.

1979년에 정부의 보고서 발간을 기점으로 매우 중앙집권적이고 규범적인 교육과정이 확립되었다.[12] 뒤이어 당시에 탁월하지 못했던

교사들의 역량을 지원하고 학생들의 능력 차이를 좁히고자 능력별 반편성streaming/tracking 조치가 시행되었다. 중앙집권적인 교육과정과 경쟁적인 시험을 특징으로 하는 싱가포르의 표준화 교육과정에 힘입어 싱가포르는 1990년대 중반에 수학/과학 과목에서 세계 최고의 성적을 낸다. 당시 싱가포르를 칭송하던 사람들의 눈에는 싱가포르의 하향식 통제와 개인 간 치열한 경쟁이 존재하는 시스템이 다른 나라들이 본받아야 하는 것으로 보였다.

그러나 성공은 오래 가지 못했다. 전자제품생산 위주였던 싱가포르 경제는 1990년대에 아시아 재정위기가 몰아치고 소비추세가 디지털제품으로 옮겨가자 심한 타격을 받았다. 이에 정치지도자들은 추가적 위기를 방지하기 위해서는 특정 전문분야에 의존하는 경제구조를 벗어나야 한다고 생각했다. 그들은 미래에 닥칠 위기에서 살아남기 위해서 싱가포르에 필요한 것이 유연하고 혁신적인 '지식경제'임을 알고 있었다. 그것만이 새로운 길을 개척해 싱가포르를 위기와 어려움으로부터 벗어나게 해줄 것이라고 믿었다. 그래서 아시아의 재정위기 상황 중에도 고촉통Goh Chok Tong 수상은 '생각하는 학교, 학습하는 나라Thinking School, Learning Nation'라는 기치 아래 유연하고 혁신적인 경제개혁 및 교육개혁을 시작했다.[13]

그리고 근본적인 문제들을 설정했다. 가부장적이고 수직적이며 경쟁적인 능력중심 사회인 싱가포르가 어떻게 하면 역동적이고 창의적이며 범세계주의적이면서도 독창적인 나라가 될 수 있을까?[14] 전통적인 시험을 유지하면서도 어떻게 교육을 혁신할 수 있을까? 어떻게 하면 중앙정부의 통제를 유지하면서도 교사와 학교에게 의사결정권과 교육과정 결정권을 줄 수 있을까?

해답의 일부는 구조조정이었다. 싱가포르 정부는 유연성과 혁신을 장려하면서 분권화를 단행했다. 학교는 이제 규제와 간섭에서 벗어나 자율적으로 계획을 수립하고 학교개선에 대한 책임을 지게 되었다. 동시에 정부의 책임이란 첫째, 공급의 중요성을 인식시키고 둘째, 국가의 사회경제적 전략에 맞추어 학교의 자율적 행위를 조율하는 것이 되었다. 교육부는 준수할 전략을 광범위하게 제시하기는 했지만, 학교가 이를 나름의 방식으로 이행할 수 있도록 권한을 부여했다. 이제 학교는 자신만의 목표를 설정하고 SEM*을 활용하여 목표별 성과를 매년 측정한다.[15] 이런 구조조정으로 학교는 독자적인 특색교육을 실시할 수 있었고 동시에 스스로를 통제할 수 있었다. 이 성공요인을 제대로 이해하기 위해서 해소되어야 할 추가의문이 있다. 모두가 이를 실천하도록 어떻게 유도할 수 있었던 것일까?

2. 교육의 역설: 덜 가르치면서 더 많이 배우게 한다

'생각하는 학교, 학습하는 나라Thinking School, Learning Nation'에 이어, 2004년에는 더 대담하지만 직관에는 더욱 어긋나는 정책이 도입됐

* School Excellence Model의 줄임말로 학교의 경영, 교육실행 과정 및 전반적인 학교 교육행위의 평가에 대한 지침이다. 사업계의 개념과 교육계의 학교평가모델을 혼합한 모델로 2000년부터 시행되어 학교의 자기평가 및 교육부의 외부평가에 이용되고 있다.

다. '덜 가르치면서 더 많이 배우게 한다Teach Less, Learn More'라는 정책이 그것으로 알파벳 약자를 줄여 TLLM으로 불린다.[16] 리 흐시엔 룽Lee Hsien Loong 총리가 국경일 집회연설에서 "아이들이 더 배울 수 있도록 하기 위해서 덜 가르쳐야 한다."라고 선언했다.[17] 교사들이 교육과정을 결정할 때, 전체의 20%를 '여백White Space'으로 비워두어 학생들이 '시험을 위한 삶'을 준비하는 것이 아니고 '삶을 시험해볼 수 있도록' 했다.[18] 학교는 교육부를 정점으로 하는 상의하달식 구조를 벗어나 학교 간 네트워크를 조직해 상호소통하며 배울 수 있도록 했다.

많이 가르친다고 해서 더 배우는 것은 아니라는 핀란드인의 생각과 마찬가지로, 싱가포르의 TLLM은 학습을 바라보는 시각을 양에서 질로 변환시켰다. 전직 장관의 말을 빌면 TLLM의 목표는 학습자의 마음을 감동시켜서 집중하게 하고 참여하게 하는 것이며, 왜 가르치고 무엇을 가르치며 어떻게 가르칠 것인가 하는 교육의 핵심에 다가가는 것이었다.[19] TLLM은 교사들로 하여금 자신만의 교육프로그램을 소개하도록 했는데, 이는 교육혁신을 실천하기 위한 방편이었을 뿐 아니라 학생들로 하여금 자신만의 학습경험을 만들어 나갈 수 있도록 돕기 위함이었다.

교사가 가르치는 행위를 줄이는 것은 쉽지 않았다. 가르치는 행위를 줄이려면 수업을 오히려 좀 더 계획적으로 이끌어야 했고, 좀 더 개별화해야 했으며, 끊임없는 수정의 과정이 필요했다.[20] 교사들에게는 힘겨운 일이었다. 싱가포르에서 가르치는 행위를 줄인다는 것은 성취기준을 낮추거나 활동 수를 줄인다는 의미가 아니었다. 교수보다 학습을 '우선시한다'는 의미로 이를 위한 교사들의 학습이 전제되어야 했다. 또한 중앙정부의 지시는 줄되 정치가와 학부모의 기대는 낮아지지 않는다는 것을 의미한다. 성취기준은 여전히 중요했다. 룰랑초등학교의 경우처럼 성적이 낮아져서는 안 됐다. 교수를 줄이되 학습은 늘린다는 것은 전통적으로 사고하면서 동시에 틀을 벗어난 사고를 병행한다는 것을 의미했다. 이를 실천하는 것은 결코 쉽지 않았다. 해답은 싱가포르 문화 특유의 리더십 및 인간관계에 있었다.

3. 기술의 역설: 전통적인 교실에서 디지털기술을 이용한다

전통적인 교수학습법과 혁신적 교수학습법 사이의 긴장이 기술의 역설에서보다 더 극명하게 드러나는 곳도 없다. 전통적인 과밀학급, 전통적인 수업, 연령에 따른 학년 구분, 표준화시험 그리고 20세기 심지어는 19세기의 유물인 일체식 수업을 하는 학교가 어떻게 디지털의 빠른 진보를 수용해낼 수 있을까? 여전히 전통적 시험에서의 성적향상을 추구하고 이를 가속화하려는 교육시스템 안에서 유연한 혁신의 대표적 상징인 교육공학이 제대로 활용될 수 있을까? 반대로 만약 젊은이들과 교사들이 디지털기기 화면을 들여다보는 시간이 점점 늘어간다면 싱가포르의 교육성공에 필수 요소로 여겨지는 인간적 면대면 관계를 어떻게 유지해 나갈 수 있을까?

앞서 소개했던 은지앤중학교의 예를 통해 좋은 교수와 새로운 기술이 어떻게 결합될 수 있는지를 살폈다. 은지앤중학교는 교육혁신과 실제적 개선을 동시에 달성했다. 싱가포르 정부의 정책도 같은 방향으로 움직이고 있다. 싱가포르가 1997년에 '생각하는 학교, 학습하는 나라'의 정책을 발표했을 때 미래 경제와 교육의 중심에는 기술이 있었다. 하드웨어와 적절한 기반시설을 공급하고 나서야 싱가포르 정부가 깨달은 것은 중요한 것은 교사들의 디지털기술 사용 여부가 아니라 기술사용 방식이라는 점이었다. 즉, 전통적인 수업의 방식을 강화시키느냐 아니면 자기주도적 학습과 협동학습으로 수업을 바꾸느냐가 과제였던 것이다. 장관은 이렇게 말했다. "교사는 여전히 예전의 건전한 교수학습 원리를 바탕으로 하면서 ICT를 사용하여 학습 요점을 두드러지게 부각시킴으로써 교육적 성과를 효율적으로 내야 합니다."

4. 혁신의 역설: 반란의 구조화

모든 상황을 한 가지 방식으로 운용할 수는 없다. 변화의 방식은 많다. 창의성이 목표라면 학교는 혁신과 네트워킹을 가능하게 할 자신만의 플랫폼을 갖추고 있어야 한다. 문해력literacy시험의 성적을 최우선으로 하면서 최상부에서 중간 단계의 학구School district를 거쳐 최종적으로 학교로 전달되는 하향식 방식의 개혁은 변화무쌍한 환경에 적응할 수 없다. 세세한 부분까지 통제하는 상황에서는 혁신적 행위가 나올 수 없다.[22]

과거에 싱가포르에서는 교육정책을 정밀공학처럼 다뤘다. 매우 뛰어난 능력을 지닌 중앙의 교육부장관과 관료들이 정확한 절차를 따라 엄격하게 관리했다.[23] 그러나 의도가 아무리 좋다하더라도 전제적專制的인 중앙집권 방식으로는 혁신적인 성과가 나올 수 없다. 또한 열린 마음으로 신기술을 수용해 이를 적극적으로 활용할 필요가 있는 학교가 다수인 경우에는 혁신을 전적으로 학교의 자발성에만 맡기는 것은 최선의 방법이 아니다. 그렇다면 자율성과 통제의 균형은 어떻게 유지해야 하는가? 은지앤중학교의 아드리안 림 교장은 '반란의 구조화'가 해답이라고 했다.

"어느 한 부서의 개혁에 과도하게 집중하는 게 아니라 많은 부서에서 개혁을 시도할 수 있게 하는 것이 해답입니다. 계획을 잘 수립해서 모든 부서에 개혁의 씨앗을 뿌려 놓으면 '반란의 구조화'가 시작됩니다. 어느 순간 변혁의 새싹이 터져나와 무성하게 성장하기 시작할 것입니다. 교사들이 작은 시도들을 통해 성공을 경험하기 시작하면 성공이 성공을 잇달아 낳기 시작할 것입니다."

표현을 바꿔 말하자면, 이 '반란의 구조화' 전략은 계획적으로 변화의 씨앗을 심어놓고 그 변혁사례가 네트워크와 상호작용의 힘을 통해 또 다른 변혁의 씨앗들을 싹트게 하는 것이다. 협동학습이나 다중지능 등의 교수학습 주제 등에 집중하는 학교들이 서로 연합할 수 있도록 지원해 각 곳의 혁신적 시도들이 다른 곳에서 또 다른 혁신을 꽃피우게 했다. 교육자들이 해외를 방문하고 국제회의에 참석하도록 했으며 교사와 리더들은 유급휴직 기간에 해외의 최고의 대학에서 공부하도록 함으로써 전 세계의 선진적 수업과 이론들을 접하게 했다. 이렇게 조성된 '반란의 구조화'는 시스템 전반에 걸친 대규모 변화를 낳았다.

반란의 구조화는 국민의 의지에 반하는 변화를 큰 힘으로 밀어 붙이거나 타인이 결정한 정책을 그대로 실행하게 하는 것이 아니다. 그렇다고 국민들이 완전히 자유롭게 선택할 수 있게 하는 것도 아니다. 사회 정치 분야의 베스트셀러 중 『넛지: 똑똑한 선택을 이끄는 힘*』이 있다. 영어로 'nudge(넛지)'는 팔꿈치로 쿡 찌르거나 슬쩍 민다는 의미다. 저자 리차드 텔러Richard Thaler와 카스 선스테인Cass Sunstein의 주장에 의하면, 우리는 국민들을 스스로에게 유익할 뿐 아니라 공동선에 기여할 수 있는 방향으로 '넛지'하면서도 최종 선택은 국민이 내리게 해야 한다.[24] 반란의 구조화란 '대규모의 넛지'다 .

즉, 싱가포르의 '변혁의 역설'이란 국민을 특정 사고 및 행동으로 계속적으로 유도하여 추진력과 방향성, 실제적 결과와 일관성을 창출해내도록 한 결과다. 상호 교류가 일어나면 계속 의사소통을 이어가고 인간관계의 가치를 높일 것을 꾸준히 격려한다. 교사에 대한 지원책도 좋다. 교사가 새롭게 경험하려 하는 것이 있다든지 새로운 경력을 시도한다든지 또는 유학을 계획하거나 관리직으로 나가려 할 때 그리고 어려운 학교나 학급을 가르치면서 힘든 임무를 떠맡을 때

* 원서명은 『Nudge: Improving Decisions about Health, Wealth, and Happiness(2009)』이다.

이 모두를 교사의 전문적 성취의 일환으로 보거나 국가에 봉사하는 일로 여겨 지원한다. 반란의 구조화란 다양한 환경에 혁신적 관행을 박아넣는 데서 시작한다. 그런 뒤에는 바로 가까이에서 어떤 일이 벌어졌는지 알아보라고 주변에 '넛지'하는 것이다. 그러면 '주변'은 스티브 존슨Steve Johnson이 6백 년 동안의 혁신사례를 분석한 후 명명한 개념인 '인접가능성the adjacent possible'을 발견하게 된다.[25] 네트워크와 학교집단clusters을 통해 서로를 알아가면서 다른 곳의 혁신과 연결된다. 싱가포르의 교육시스템에서는 이런 '넛지'의 사례가 수천에 이른다. 싱가포르 문화의 특징대로 강렬하고 쉼 없이 상호 교류하는 가운데 넛지가 넛지를 낳았고, 점점 많은 교사들이 교육변혁의 흐름에 합류했다.

5. 시공간의 역설: 미래와 과거의 공존, 안과 밖의 공존

로마의 신 야누스Janus는 반대방향을 동시에 볼 수 있다. 문젯거리나 위선에 대해 말하려는 것이 아니다. 야누스의 능력은 시작과 과도기와 끝, 즉 시간의 흐름을 관장하는 신으로서의 독특한 자산이었다. 싱가포르에 대해 생각해보자. 싱가포르는 세계적인 무역, 문화 그리고 학습의 관문이다. 싱가포르는 미래를 내다보면서 과거를 되돌아본다. 또한 시선을 내부로 돌려 자신의 문화를 응시하면서 동시에 세계로 눈길을 돌린다.

야누스적 특성이 싱가포르의 자산이다. 다른 나라에서 교사들은 사실 교사학습공동체 안에서 서로 협력할 수 있는데, 상당수의 교장들은 그렇게 생각하지 않는다. 왜냐하면 많은 교육시스템에서 학교들은 직접적으로 경쟁한다. 다른 학교를 경쟁자로 여긴다. 즉, 협력은 내부자끼리는 하지만 외부자와는 하지 않는다. 학교들은 유치해야 하는 대상들, 즉 가정과 학생 그리고 최고의 교사와 교장을 놓고 이웃 학교와 경쟁한다. 생존 여부가 이에 달려 있다고 여기기 때문이다. 차터스쿨이나 민간위탁 협약학교academies는 인력과 학생과 경제적 재원을 놓고 주변의 모든 공립학교들과 경쟁한다. 이웃 학교가 우리 학교에서 나온 아이디어를 활용해 우리 학교보다 앞서 나갈 수 있다면 이웃 학교와 협력할 이유는 완전히 사라지고 만다.

싱가포르인들은 이럴 필요가 없다는 것을 이해하고 있었다. 싱가포르의 학교와 교장들은 치열하게 경쟁하면서 매우 열심히 협력하는 일, 좀처럼 가능할 것 같지 않은 이 일에 열심이다. '협력'과 '경쟁'을 의미하는 단어를 합성해 만든 비즈니스계 용어인 'co-opetition코피티션', 즉 경쟁자와 협력하면서 자신의 경쟁력과 협동의 장점을 동시에 증가시키는 일을 하고 있다.[26] 싱가포르의 학교들도 다양한 면에서 서로 경쟁한다. 그렇지만 학교 간의 협력이 상당하다. 이런 협력은 공식적으로 권장될 뿐만 아니라 구성원들이 기대하는 바다.

학교를 특성별로 묶어 운영하는 싱가포르의 학교 클러스터cluster는 호평받는 교육시스템이다. 이는 행정부의 중간관리부서가 정책을 효율적으로 실행하기 위해 설정한 조직이 아니다. 학교들을 묶는 것은 개별 학교들이 각자가 성취한 것을 공개해 학교끼리 서로 학습할 수 있는 플랫폼을 제공한다. 예를 들어 은지앤중학교에서는 65개 이상의 학교에 자신의 ICT체제와 자료를 공개하고 있는데,[27] 아드리안 림 교장은 다음과 같이 말했다.

"동부에는 좋은 학교가 많다. 그래서 학생을 유치하려고 경쟁할 수밖에 없다. 그러나 우리는 경쟁을 두려워하지 않는다. 실제로 학생유치 경쟁에서 실패한 적도 없다. 경쟁을 두려워한다면 뒤처질 것이다. 경쟁이란 서로를 향상시키는 과정의 일부라고 생각해야 한다. 배울 것들이 다른 학교에 많다. 서로의 성과를 공유한다면 두 학교 모두 한 단계 올라설 것이다. 우리는 이런 일들에 매우 개방적이다."

국가교육원 원장 싱콩리Sing Kong Lee와 같은 사람들은 자신의 최상의 아이디어를 다른 나라 사람에게 나누어 주거나 공유하게 되면 스스로 방심하지 않을 수 있을 뿐만 아니라, 선두를 유지하고자 혁신을 지속하게 된다고 믿었다. 현 교육부장관 흥 스위 키트Heng Swee Keat는 학교들이 서로 협력하는 파트너십을 갖고 한 팀으로 교육의 수월성을 추구하게 함으로써 더 많은 학교들이 수월성을 달성할 수 있도록 하자고 했다.[28]

싱가포르는 자국을 방문하는 해외의 선구적 이론가나 국가지도자들과 교류하기를 항상 간절히 원한다. 교사들을 해외로 파견하여 회의에 참석하게 하거나 선도적 대학에서 수학하게 하여 다른 학교와 제도로부터 무언가를 배워올 수 있게 한다. 이들은 시스템에 도움이 될 아이디어를 갖고 돌아오면서 국가에 기여하고 있음을 재확인한다. 싱가포르가 성공한 이유는 그들이 지역적local이면서도 세계적global이고, 또 경쟁하면서 협력하기 때문이다. 싱가포르는 자신의 내부와 외부를 동시에 본다.

야누스와 같이 싱가포르의 학교와 교육시스템의 시선은 미래와 과거 양쪽 모두를 향해 있다. 아드리안 림은 세 명의 전임 교장이 학교를 이미 안정적이고 성공적인 토대 위에 올려놨기 때문에 자신의 기술혁신이 가능했다는 점을 인정한다. 최첨단의 혁신을 포용하면서 동시에 엄격한 원칙discipline, 존경심, 양질의 교육, 근면이라는 덕목을 강조하는 유교적 전통을 포기하지 않았다. 여기에 영국식민지 시절의 전통적인 교육시스템의 흔적도 뚜렷이 남아 있어 능력별 학급 편성, 그리고 열여섯 살 학생들이 치러야 하는 중등교육 자격시험이 시행된다. 가족문화, 직장문화 그리고 교육문화에는 근면성, 인내심, 권위에 대한 존경심 및 개인 경쟁력을 최우선시 하는 풍토가 상존한다. OECD도 싱가포르의 이런 문화적 특성의 힘을 인정했다.

"싱가포르에서 학교는 자국의 가치와 특성을 학생에게 심어주는 데 주된 역할을 하고 있다. 학교가 시민교육과 윤리교육에 큰 역할을 하고 있다. 정직, 수월성에 대한 헌신, 팀워크, 규율, 충성, 겸손, 국가적 자존감 그리고 공동선에 대한 강조 등이 학교와 정부, 사회 전체에 스며들어 있다."[29]

싱가포르가 중앙집권화centralization와 지방분권화decentralization 양쪽을 함께 지향한 것처럼 교육개혁 전략도 수직적 방식, 즉 상의하달의 방식과 하의상달 방식이 결합된 형태로 제시된다. 또한 수평적인 상호작용, 즉 네트워크의 통합을 강조한다. 싱가포르에는 이런 방식의 통합이 많다.

싱가포르는 변화의 시공간 연속체에 두 가지 역설을 추가한다. 우선 방사형의 역설이 있다. 싱가포르는 사람과 아이디어를 해외로부터 들여오면서도 해외에 사람과 아이디어를 방출시켜 자국의 특장점인 협력과 경쟁력을 증진시킨다. 또한 시간상의 역설이 있다. 싱가포르는 미래의 혁신을 과거와 연결할 때 이 두 시기가 상반된 개념이 아니라 서로의 맥락에 어울리는 개념이 된다고 여긴다. 이렇게 싱가포르는 4차원의 시공간적 역설을 보인다. 수직적이고 수평적인 역설, 그리고 방사형의 역설과 시간상의 역설이 나타난다.

문화와 의사소통

역설적 양상을 견뎌 이를 저력으로 바꿔준 힘은 문화로부터 나왔다. 교육부장관의 말에 따르면 싱가포르의 문화는 외국사람들에게 어려운 수수께끼처럼 여겨질 것이 분명하다. 역할과 책임감 그리고 서류작성과 계획 등이 사회 '구조'라면 '문화'란 습관과 신념이다. 문화는 겉모습만 보아서는 이해할 수 없으며, 제대로 이해하는 데 꽤 많은 시간이 필요하다. 문화를 '이식'하는 것은 더욱 어렵다. '무엇을 할지'를 결정하는 것이 '구조'라면 '문화'는 '어떻게 존재할 것인지'를 결정한다.

싱가포르의 문화는 매우 촘촘해서compact 외부인에게 밀실공포감을 불러일으킬 정도이다. 학교는 인구밀도가 높은 도심지역에 오밀조밀 붙어 있으며 비 아시아 국가의 기준에서 볼 때에는 거대 학교인 경우가 많다. 학생 수가 1,000명이 넘는 초등학교가 흔하다. 차로 한 시간 거리 안에 360개의 학교가 있다. 교육부장관이 새 정책을 발표할 때 교장들을 한 방에 불러 모아 전달할 수 있을 정도다. 실제로 교육부에서는 연례세미나를 개최함으로써 교육부의 전반적 방향을 전달하고 차기년도 정책을 시작하며 그 정책의 영향 및 파급에 대해 교장들이 토론하게 한다. 싱가포르는 분명 훌륭하게 조직된 하나의 국가이지만 지방정부의 특성도 갖고 있을 정도로 작다.

교장 전체를 교육부가 직접 관리할 수 있을 정도로 교장의 수가 그리 많지 않은 것처럼 싱가포르에는 단 하나의 고등교사양성기관이 있어 교사교육전략의 일관성을 유지하고, 교장연수와 교육연구를 담당한다. 이 기관은 국립교육원National Institute of Education으로 약 천 명의 교수로 싱가포르의 교사교육, 교장연수leadership preparation를 운영하는 유일한 기관이다. 그러니 싱가포르에서는 교사교육에 일관성이 결여된다든지 교장연수가 국가의 정책 우선순위와 동떨어진다든지 정책방향과 무관한 교육연구가 진행될 가능성은 거의 없다. 국립교육원장은 상급기관인 교육부장관과 매주 1회 정례회의를 한다. 서로가 상대방의 업무를 잘 알고 있어 정책공조를 위해 노력한다.

대학졸업자 상위 30%에 이르는 높은 자질을 보유한 교사를 충원하기 위해 엔지니어들의 연봉에 뒤지지 않는 초임을 보장하는 정책을 펼친다거나, 2022년까지 교사의 20%가 석사학위를 취득하게 하는 정책을 펼친다거나, 대학 주최의 리더십 연수프로그램 참여를 교장의 기본 자격요건이 아니라 교장선출의 결정적 요소로 격상시키는 등의 일을 벌일 때 교육부와 국립교육원 두 기관은 공조하여 이를 달성해낸다. 이런 성과는 특별 회의나 정교한 서류상 계획이 아니라 두 기관의 고위관료들의 지속적인 관계를 기반으로 달성된다.

교육부 관료들에게는 매년 일정 수의 학교를 방문해야 하는 목표를 비공식적으로 부여한다. 이는 일선 학교를 평가하거나 검열하기 위한 것이 아니라 학교와 대화하고 학교로부터 정책의 실제를 배우기 위함이다. 싱가포르 교육시스템 안에서 활동한다는 것은 수많은 회의와 지속적인 교류에 참여해야 한다는 것, 좋은 음식을 먹으며 '꽌시guan xi(관계)'를 맺게 되는 많은 회합에 열심히 참석해야 한다는 것을 의미한다. 싱가포르의 목표의식과 절박함은 이 모든 현상을 굉장히 빠르게 진행되게 한다. "먹고 뛰고, 또 먹고 뛴다!"라는 말이 있다.

모든 계층 사이, 학교지구 간 그리고 교육부와 국립교육원 사이에서 일어나는 매우 활발한 교류는 앞서 얘기한 모든 역설적 상황들처럼 상반된 특징을 지닌다. 신뢰하지만 감시한다. 즉 개별 지원도 하지만 조심스럽게 감시도 하는 것이다. 교육관료들은 정기적으로 교사들과 교류하면서 교사들의 교육실행 상황을 관리하고 교사가 어떤 커리어를 선택했는지에 따라 전문적인 장학을 시행한다.* 이런 과정을 통해 잠재적 교장들을 찾고 이들을 오랫동안 훈련시킨 후 국립교육원이 진행하는 6개월간의 교장양성프로그램 이수대상자를 선발해 입교시킨다. 미래의 교장들은 정기적으로 상급자와 일대일로 차를 마시면서 발전 정도 및 가치관 그리고 자신의 열망 등에 관하여 의견

* 싱가포르의 교육부는 교사들을 교습 트랙, 리더십 트랙, 시니어전문가 트랙의 세 가지로 나눠 커리어를 발전시켜준다. 각 학교의 교무위원이 교내 교사들의 자질을 판단하는데 해당 교사가 특화된 수업을 하고 있는지, 교장이나 교감의 역할을 할 수 있는지, 신임교사들의 교육훈련을 담당할 시니어 교사가 될 능력이 있는지를 평가해 어떤 면을 발전시켜줄지를 결정한다. 이후 교육부와의 면접을 통해 커리어가 결정된다. 교사의 능력에 따라 분야를 나눠 양성하기 위한 제도로 커리어에 따라 서로 다른 연수과정이 제공된다.

을 교환한다. 이는 그들이 지닌 교장으로서의 잠재능력을 발휘하는데 도움을 주기 위한 것으로, 그들의 발전 정도는 교직생활 동안 계속 평가되어 수치화된다.

학교 밖에서 이뤄지는 의사소통 중 하나는 인사교류다. 즉 교육부와 국립교육원 간 그리고 교육부와 일선 학교 간에 정기적인 인사교류를 진행한다. 이는 직업적 권태감을 타파하는 방식으로 연구집단과 관리집단을 구분 짓는 문화를 허물며, 기관들끼리의 관계설정에 유익하고, 교육계 고위인사들의 상대기관에 대한 동반자적 이해를 증진시킨다. 지구 내 학교들의 인사교류는 교육장의 장학지도 하에서 수평적으로 이뤄지며 학교 간 아이디어 및 가치관을 공유하는 효과가 있다.

싱가포르에서 다섯 가지의 역설적 상황을 인내한 것은 싱가포르의 문화다. 통제력은 권력이 자국의 국민들에 대한 정보를 얻고, 지속적으로 관찰하고, 국민들의 자력 선택 및 그것의 실행에 국가가 동반자적 관계를 맺는 데에서부터 나온다. 전통적인 대가족이 그런 것처럼 이 과정은 다소 가부장적일 수 있다. 그러나 동시에 구성원의 높은 참여를 보장하는 매우 매력적인 장점을 지닌다. 정기적으로 교류하면서 교사들은 어떻게 교사의 집권적 지도를 줄이면서도 학생들이 학습을 더 많이 할 수 있는지 그리고 훌륭한 전통적 교수학습법을 포기하지 않으면서도 기술의 이용에 수용적일 수 있는지를 알게 된다. 교육자들이 서로 연합하면 수업에 기술사용을 병행하는 난제도 해결할 수 있다. 교사들을 강하게 다그치거나 특정한 방향성을 밀어붙이지 말고 서로 '넛지'하도록 유도하면 된다. 싱가포르는 동시에 양쪽을 보는 법을 안다. 동양의 국가로서 전형적으로 서구화되지도 않았고, 기계에 의존하지도 않았으며, 상의하달식으로 변혁을 추진한 것도 아니다. 그렇지만 큰 성공을 거두었다. 싱가포르의 성공에 있어서 촉매는 의사소통이었고 핵심요인은 문화였다.

결론

국립교육원에서부터 교육부, 교사와 학생 그리고 상점과 거리에 있는 싱가포르인들에 이르기까지 싱가포르의 모든 수준을 통해 살펴본 바, 우리 연구진의 결론은 유수한 국제기관들의 설명과 상당 부분 일치했다. OECD는 싱가포르의 성공요인을 종합적으로 설명하면서, 싱가포르 교육정책의 장점을 다음과 같이 정리해 강조했다.[30]

- 교육과 미래의 경제수요와 연결해 진취적이고 통합적인 계획시스템을 갖춤
- 관리가 가능한 작은 국가시스템 안에서 정책의 빠른 실행이 가능하고 학교 간 격차가 근소하여 정책시스템이 긴밀함
- 정책실행자, 연구자 및 교사들 간에 친밀한 관계가 형성되어 있음
- 교사 및 교장의 선발, 연수 및 유지에 관한 인적자원 관리방법이 효율적임
- 지속가능한 개선에 몰두하며 세계의 성공사례로부터 지속적으

로 학습함

- 형평성과 탁월성을 모두 중시하여 공교육 학교시스템에 거의 모두를 참여시키면서 한편으로는 치열한 경쟁을 유도함

OECD가 강조한 것은 싱가포르의 이 모든 것이 국가를 건설하는 맥락, 즉 국가를 우선하고 그 다음에 조직 그리고 개인을 마지막에 두는 맥락 속에서 이루어졌다는 것이다. 이 요소들의 상호연결 방식에 대한 OECD의 요약은 대체로 우리의 이해 및 해석과 일치했다.

맥킨지 사도 이런 성공요소들에 공감을 표했는데, 특히 교사와 교장의 연수방식에 주목했다.[31] 맥킨지 사의 분석은 싱가포르가 최상의 교육역량을 갖추기 위해 교사학습공동체 내에서 교사들끼리의 협동, 그리고 정책실행의 중간조직으로서의 학교지구라는 강력한 체계를 구축하고 있다는 점에 초점을 맞췄다. 시간이 흐르면서 싱가포르에서 교사에 대한 평가는 체제에 의해 변화된 면이 큰데, 현재 싱가포르에서 교사는 훌륭한 판단력을 보유한 전문가로 인정받는다. 맥킨지 사의 연구에 따르면, 싱가포르는 최고의 성과를 보인 교사들에게 3개월치 급여에 해당하는 금액의 보너스를 지급한다.

NCEE는 맥킨지 사와 마찬가지로 싱가포르가 리더십과 교사연수에 매우 세심하게 신경을 쓴다는 사실에 주목했다. NCEE는 싱가포르에서 시행된 성과급을 높이 평가했다. NCEE는 싱가포르에서는 뛰어난 성과를 보이는 교사에게 두둑한 보너스를 지급한다고 했으나,[32] 우리가 분석한 바에 의하면 싱가포르의 교원성과급 기준은 학

생들의 시험성적 같은 측정가능한 성적과 직접 연관되어 있지 않았다. 따라서 학생의 시험성적에 따른 교사성과급 지급을 장려하는 미국과 싱가포르가 유사한 정책을 펼치고 있다고 하는 것은 큰 오해다.

우리 연구진은 국제기관들이 싱가포르 교육성공을 분석한 것에 더해, 싱가포르의 문화 및 생활 그리고 학교에 대하여 좀 더 자세히 들여다보았다. 그 결과 싱가포르의 뛰어난 성적에 크게 기여하였을 뿐 아니라 싱가포르의 교육부장관이 우리에게 알리고 싶어 했던 요인 두 가지를 발견했다. 하나는 싱가포르의 독특한 문화다. 다른 하나는 여타의 국가라면 그 국가를 분열시킬 수도 있을 만한 역설적 상황들을 활용할 줄 아는 싱가포르 국민 특유의 실용적 수용력이었다.

습지에 탑을 세우고, 물과 기름을 섞고, 전통을 기반으로 한 개선과 혁신을 공존시킬 줄 아는 싱가포르는 다른 국가에 중요한 교훈을 준다. 싱가포르의 교사 경력관리정책이나 보상체계 또는 임용프로그램은 하나하나 따로 떼어내어 이식한다고 다른 곳에서 효과가 보장되는 것이 아니다. 싱가포르의 국가시스템은 싱가포르 외 지역에서 시행하기에 쉽지 않다.

핀란드에서처럼 싱가포르에서 얻을 수 있는 교훈도 역시 무엇을 할 것인가what to do에 관한 것보다는 하나의 문화와 국가로서 어떤 식으로 존재할 것how to be인지에 관한 것이다. 어떻게 하면 위대한 목적을 믿고 이를 충실히 따르도록 할 것인가, 어떻게 하면 국민들이나 교육관련자들로 하여금 역설적 상황을 견디며 이득을 이끌어내게 할 것인가, 어떻게 하면 개인적인 야망뿐만 아니라 공익의 실현을 위해 봉사하도록 할 것인가 등에 대한 교훈을 얻어야 한다는 말이다. 싱가포르는 열심히 일하면서 놀기, 경쟁하며 협동하기, 전통을 고수하면서 변화에 개방적이기와 같이 얼핏 모순된 것들을 결합시키는 것이 가능하며, 사실은 그것이 바람직한 것이라는 점을 보여주었다. 이 작은 도시국가는 훌륭한 교육에 기술을 어떻게 접목시켜야 하는지, 하나의 국가나 학교가 국내외로 어떻게 파트너십을 확대해 나갈 것인지와 같은 면에서 세계를 선도하고 있다.

싱가포르 사람들은 벤치프레싱이 아닌 진정한 벤치마킹과 정책학습에 열심이다. 즉, 싱가포르 특유의 역동적인 생활방식을 정의하는 지속적인 호기심을 바탕으로 절제된 문화적 탐구를 진행해 타국의 정책을 학습하고 국제적 벤치마킹을 진행한다. 싱가포르가 거둔 가장 큰 성공은 다른 나라에 이식가능한 시스템이나 구조를 확보했다는 점이 아니다. 역설적 상황을 견디며 변화를 수용하는 문화, 지속적인 의사소통, '넛지'에 대한 강박에 가까운 관심, 그리고 혁신을 지속하면서도 자신의 토대인 역사와 전통을 버리지 않고 개선해내는 능력이 싱가포르가 거둔 성공의 진짜 결과물이다.

The Global Fourth Way

05

캐나다 앨버타 주

개선을 동반한 혁신

적잖은 영국소설과 영화에서 작가가 비정한 방법을 쓰지 않고 등장인물 하나를 제거하기 위해 쓰는 방법 중 하나가 "그는 캐나다로 가버렸다!"라고 하는 것이다. 그렇게 말하고 나면 더 이상 그에 대한 언급을 하지 않아도 된다. '캐나다로 가버렸다'라는 말은 그를 무시하는 말도 아니고, 그가 위대한 경지에 오르는 과정에 접어들었다는 말은 더더욱 아니다. 단지 세계에서 두 번째로 큰 나라의 대부분을 차지하는 황야 쪽으로 사라졌다는 말이다.

캐나다는 하키를 제외하고는 문학, 음악, 국제적 인권옹호활동 등 어디에서도 그다지 뚜렷하게 내세울 만한 것이 없다. 세계의 대국인 미국이 이웃 나라이다 보니 뉴스의 관심도 빗겨가기 마련이다. 캐나다인들은 표현을 절제하는 성향이 있는데 토론토 시내의 자동차를 살펴보면 이렇게 적힌 스티커가 많은 차의 범퍼에 붙어 있는 걸 볼 수 있다. "캐나다인임에 만족하며". 신에게 캐나다의 축복을 빌거나 캐나다인임에 자부심을 느낀다는 문구가 아니다.

이 간단명료한 문구는 캐나다의 특징을 잘 대변한다. 캐나다는 다양한 국제지표로 보면 아주 뛰어나지는 않지만, 꽤 상위권에 있는 국가다. 예를 들어 인적자원 개발분야에서 8위, 평등지수로 25위, 가장 덜 부패한 나라에서 14위, 아동복지분야에서 UNICEF 지표로는 정확히 중간에 있다.[1] 날씨를 제외하고 캐나다는 어떤 쪽이든 극단을 피한다. 어떤 면에서든 대부분 조용히 중간을 지키고 있는 국가다.

그러나 교육에서만은 예외다. 2010년 PISA 시험결과가 발표되었을 때, 세상의 주된 관심은 상위 10개국 중 8개 나라가 아시아 국가라는 사실에 쏠려 있었다. 캐나다의 성공에 주목하는 사람은 거의 없었다. 그러나 캐나다는 전체 6위, 영어권 국가에서는 1위, 불어권 국가에서는 2위라는 높은 성적을 거뒀다.[2]

캐나다에 대한 무관심은 오래 가지 않았다. 이제 캐나다는 타국에서 교육에 대한 영감이 필요할 때나 교육정책을 벤치마킹하고자 할 때 찾는 국가다. 캐나다 인구의 90%가 미국과의 국경지역 100마일 안에 거주하고 있으며 캐나다와 미국은 문화면에서 유사성이 높은 편이어서, 미국의 교육가와 정책가들은 북쪽으로 조금 떨어진 이 국가에 대한 호기심과 관심을 점점 높이고 있으며 캐나다에서 무슨 일이 일어났는지에 대해 파악하고 싶어 한다.[3] 핀란드나 싱가포르보다 지리적, 문화적으로 가까운 캐나다가 미국을 풍미했던 개혁전략들, 예를 들어 성과급이나 차터스쿨, 학교실패에 대한 징벌조치 등을 이용하지 않고도 어떻게 교육적 성공을 거둘 수 있었던 것인지에 의문을 지닌다. 대답이 간단하지는 않다.

첫째, 캐나다는 10개의 주province와 세 개의 준주準州, territory로 구성된 방대한 나라다. 하지만 연방정부 차원의 교육부는 없다. 모든 주에 적용되는 공통핵심성취기준 및 교육과정common core standards and curricular을 미국과 호주에서 다소 공격적으로 시행하고 있을 때, 캐나다는 K-12 교육을 전적으로 주 정부가 책임지는 정책을 유지했다. 각 주마다 인구통계, 정치적 영향력이 있는 정당 및 교육정책 전략이 다르다. 국제정책기구들이 온타리오 단 한 개 주의 성공을 강조하는 경향이 있지만, 그렇다고 해서 어느 한 개의 주가 캐나다 전체를 대표하거나 동일시 될 수도 없고 되어서도 안 된다. 만약 당신이 그런 의미를 언제 어디에서든 내비친다면, 나머지 9개 주에서는 당신을 당장 추적하려 할지 모른다! 미국의 캘리포니아 주나 텍사스 주가 미국 전체와 같다고 했을 때 벌어질 소동을 생각해 보라! 캐나다도 마찬가지다.

둘째, PISA 결과를 주州별로 살펴보면 한 개의 주가 아니라 네 개 주가 두드러졌다.[4] 흥미롭게도 이 네 개 주 각각에는 엄청난 도시 다양성과 거대한 이민자 규모를 보유하고 있는 도시들이 있는데 바로 토론토, 몬트리올, 밴쿠버와 캘거리다. PISA 문해력시험에서는 앨버타 주가 1등, 온타리오와 브리티시 컬럼비아 주가 그 뒤를 이었다. 산술능력과 수학에서는 퀘백, 앨버타, 온타리오 주, 과학에서는 앨버타, 브리티시 컬럼비아, 온타리오 주의 순서였다.[5]

그러나 정책과 전략, 정치적 영향력을 보유한 정당, 그리고 정부와 교원노조의 관계에 있어서 네 주는 각기 다르다. 그 차이가 상당한 경우도 있다. 예를 들어 지난 25년간 온타리오 주에서 정권을 잡은 정당은 세 개였지만, 앨버타 주는 캐나다 정당 중 미국의 공화당과 가장 유사한 진보적 보수정부Progressive Conservative government가 40년간 집권 중이다. 앨버타 주에서는 교원연맹(교장과 주 정부의 관리도 회원이다)이 단 한 개로, 다른 전문직 조직 및 정부와 긴밀하게 협조하고 있는 반면, 온타리오의 주 정부는 네 개의 교원연맹(1990년대 이후 법으로 교장들은 회원이 될 수 없다)의 의견을 조율해야 한다. 브리티시 컬럼비아 주 정부와 교원연맹은 끝이 안 보이는 갈등관계에서 오랫동안 빠져나오지 못하고 있다.

정책의 차이에도 불구하고 네 개 주의 PISA 결과치는 겨우 2% 내외의 차이에 그쳤다. 국제 수학 · 과학 성취도평가TIMMS에서도 결과는 같았다. 90점 이상을 득점했을 때 1~2점 차이는 PISA와 TIMMS에서 그리 중요하지 않다. 교육은 농구게임과 다르다.

인구구성도 다르고 정책도 매우 다른 주들이 계속해서 성공적인 결과를 공통적으로 내는 이런 경우, 개별 주의 구체적 정책들을 넘어 하나의 국가이자 문화의 단위로 캐나다라는 국가 단위를 살펴봄이 타당하다. OECD는 캐나다를 국제적으로 성공을 거둔 나라로 선정했으며, 캐나다의 성공요인을 다음과 같이 요약적으로 제시했다.[6]

- 지원적 가정: "캐나다에서는 부모들이 자녀의 교육을 지원하는 것이 일반적이다 … 세계 다른 어느 나라 아이들보다도 캐나다 아이들은 매일 재미로 책을 읽을 가능성이 높다."[7]
- 강력한 사회보장국가: "부모와 아이들에게 국가건강보험이 제

공되며, 강력한 사회안전망이 있어 성인들은 부침이 심한 자본 주의 체제로부터 보호를 받는다 … 건강보험 및 여타 사회보장 서비스가 시민의 당연한 권리이지 특권은 아니라는 생각이 교육에도 이어져 있기 때문에 모든 아이들의 교육복지에 사회 전체가 집단적으로 책임을 진다는 인식이 규범으로서 폭넓게 공유된다."

- 양질의 교사: "캐나다 사범대학 지원자들은 동년배 대학생 중 상위 30% 수준이다. 미국은 국가 전역에 교원양성기관이 수백 개에 이르는 반면, 캐나다는 50개 정도에 그친다. 이는 교원양성을 위한 교육의 질 관리가 훨씬 용이함을 의미한다."

인구밀도가 가장 높은 네 개 주의 PISA 시험성적이 매우 비슷하다면, 그들 사이의 정책과 전략의 차별성뿐 아니라 네 주의 정책 및 전략, 교직의 역사professional histories에 있어서 공통점도 있다. 네 개 주에서 거둔 성공은 최근의 이런저런 개혁조치뿐 아니라 오랜 시간 시행된 정책과 전략들의 결과이기 때문이다.

캐나다 사회는 OECD 순위에서 자신보다 앞서는 유일한 비非아시아 국가인 핀란드와 많은 공통점을 가지고 있다. 기후와 위도뿐 아니라 문화적 분위기와 태도에서 그렇다. 캐나다는 싱가포르와도 유사점이 있는데, 세 국가 모두가 교사를 높게 평가하며 모든 공립학교에 대학수준의 전문적 프로그램을 이수한 교사를 공급하기 위하여 통제가 가능한 제한된 수의 교원양성기관을 운영한다는 점이 그렇다.

교원양성기관의 수는 핀란드의 경우 8개, 싱가포르는 단 1개 그리고 캐나다는 50개 내외다. 미국의 '티치 포 아메리카Teach for America'와 영국의 '티치 퍼스트Teach First'와 같은 최소한 단기간의 교육을 받고 교직에 투입되는 속진과정은 이 국가들에 존재하지 않는다.

또한 세 국가 모두 교사의 근무여건이 우수하다. 교육시설이 훌륭하고 급여도 불만의 대상이 아니며, 다양한 교사연수프로그램을 활용할 수 있을 뿐 아니라 교육전문가로서 자체적인 판단을 내릴 수 있는 재량권을 교사가 보유하고 있다. 세 국가 모두 공립학교 교육에 많은 노력을 기울이고 있으며 사립학교 비중이 매우 낮은 편이다.

교육분야의 정규교육시스템 외에도 이들 나라에는 젊은이와 사회적 최약자 계층을 보호하기 위한 사회안전망이 광범위하게 갖춰져 있다. 사회복지제도와 공공보건체계가 건실하다. 핀란드와 캐나다에는 육아휴직 수당제도가 있어서 부모들이 가정에서 아이를 양육하는 데 시간을 쏟으며 자녀의 성장에 매우 중요한 시기를 함께 보내기 좋다. 또한 이 세 국가 모두 협동과 통합의 가치가 국민들의 심층 문화에 자리 잡고 있음을 특징으로 한다.

싱가포르와 캐나다에서는 민족 다양성 영역에까지 사회복지정책을 확장하고 있다. 이민자 비율이 낮은 핀란드와는 달리, 싱가포르는 다양한 민족문화공동체를 통합하기 위하여 세심하게 신경 쓰고 있고, 캐나다는 공식적인 이중언어 및 다문화 사회로 미국처럼 모든 민족적 특성을 녹여 하나로 만드는 '용광로' 사회가 아니라, 각기 다른 민족들이 자신의 특성을 유지하며 살아가는 '모자이크' 사회로 자국을 인식하고 있다. 이런 진보적 시각은 제2언어학습을 장려하고, 표준화시험을 보는 제2언어 학생들에게 각종 편의를 제공할 수 있도록 규정한 캐나다의 정책에 반영되어 있다. 캐나다에서 하프half 캐나다-하프 아이리시 캐나다인이나 중국계 캐나다인 또는 자메이카계 캐나다인이라는 것은 결코 어떤 경우에 있어서도 결격사유가 되지 않는다. 오히려 혼혈인이라는 것이 개인 및 집단 정체성에 긍정적인 요인으로 인정되는 경우가 많다.

캐나다가 거둔 교육적 성공의 주요 요인들은 직업윤리와 사회구조에 기인한다. 교육과 교사를 존중하는 사회문화, 가정과 어린이를 지원하는 풍토, 온갖 이민자를 환영하고 통합할 뿐 아니라 정치가와 국민 모두가 갖고 있는 범세계주의적 세계관이 캐나다에 있으며 이를 바탕으로 캐나다는 타국이 모방하기를 원하는 교육적 성공을 거둘 수 있었다.

변혁의 개척자

앨버타 주가 PISA 시험에서 캐나다에서뿐 아니라 전 세계 영어 및 불어권 지역에서 1등을 한 지 10년이 넘었다. 350만이 넘는 인구로 캐나다 내 4위인 앨버타 주는 동쪽으로는 대초원이 뻗어 있고 서쪽으로는 록키산맥과 연결되어 있다. 앨버타 주는 국내외에서 뛰어난 성적을 냈음에도 불구하고, 거대 국제정책기구들의 주목을 받지 못했다. 이에 우리 연구진이 앨버타 주를 분석했다.

이 장은 국제기구의 주목을 받지 못한 앨버타 주의 탁월성을 밝히고자 한다. 앨버타 주가 타의 모범이 될 정도로 성공한 원인을 광범위한 연구를 토대로 분석적으로 설명할 것이다. 전 교육부장관 데이브 핸콕Dave Hancock의 이력으로부터 앨버타 주에 대한 설명을 시작한다.

핸콕의 아버지는 앨버타 주 북쪽 끝에 자리한 전설적인 허드슨만 회사의 마지막 모피상인이었다. 핸콕의 아내는 초등학교 교장선생이었고 핸콕 자신은 2011년까지 주 교육부장관을 역임했다. 2009년에 모피상인의 아들은 캐나다 전 지역에서 온 학교관계자 및 교장들에게 연설했다. 그들은 정부의 기금으로 학교개혁을 설계한 사람들이었다. 여느 교육부장관처럼 그는 "성공을 자축하시고 지역학습공동체 안에서 이를 공유하시기 바랍니다."라고 말한 뒤, 논조를 갑자기 바꾸었다.

"우리는 학교에서 실행한 모든 사업들이 사실상 완벽히는 성공하지 않았음을 인정해야 합니다. 모든 프로젝트가 성공했다고 주장한다면 스스로를 속이는 것이거나 아니면 제대로 평가하지 못한 것이지요. 실패로부터 교훈을 얻을 수만 있다면 실패해도 좋습니다. 그러니 용기를 내고 창의적으로 과감히 도전하십시오."[8]

수업과 학교를 변화시키지 못하면 그에 대한 책임을 묻겠다는 정책적 기조를 가진 국가의 교육부장관으로부터 이런 발언이 나왔다면 청자는 매우 어색한 느낌을 받았을 것이다. 그러나 이 정부는 변화를 위해 교사들이 진지하게 노력하기를 원하고, 설령 실수를 하더라도 교사들이 이로부터 배우려는 자세를 갖고 있다면 실수를 반기겠다는 태도를 실제로 갖고 있었다. 핸콕이 조직의 개혁과 개선의 원칙으로서 설정한 것이 바로 이렇게 '실수를 인정하는 태도'였다.

이는 40년 동안 집권한 보수정부의 교육부장관에게서 나온 발언이어서 더욱 주목을 끌었다. 더구나 앨버타 주 정부는 온타리오나 미국의 여러 주에 앞서 책무성을 관리할 목적으로 표준화 성취도검사를 선도적으로 도입하였으며, 1990년대에는 처음으로 차터스쿨 제도를 시도했다. 더군다나 제2의 길의 전형적 특징인 관료주의적 책무성과 시장경쟁력을 옹호하는 캐나다의 정치적 수호자 역할을 자처했던 주다. 이런 주의 정부와 교육부장관 핸콕이 주 차원의 교육개혁과 모험risk에 헌신했다.

앨버타의 진보적 보수정당의 이런 다소 생경한 선회는 교육전문가들을 적당히 고무하기 위한 것이 아니었다. 매우 근본적이고 철저한 정책과 전략을 지원하여 배움을 혁신하고 거의 모든 학교의 학생과 교사들이 이런 혁신에 참여할 것을 독려하기 위한 것이었다. 이보다 더 실현 불가능해 보인 개혁도 없었다.

앨버타 학교개선계획 AISI

1999년에 앨버타 주에서는 학교성취도 인센티브프로그램School Performance Incentive Program에 6천6백만 달러의 예산을 배정하여 주州성취도시험Alberta's Provincial Achievement Tests or PATs의 성적향상도에 따라 교사에게 보너스를 지급하려 했다. 그러나 유일 교원단체인 앨버타 교원연맹The Alberta Teachers' Association(ATA)은 성과급제도가 교사를 분열시킬 뿐 아니라 가르치기 가장 어려운 학생들을 자진해서 가르쳐 왔던 교사의 의욕을 꺾는 일이라 주장하면서 이에 저항했다. 이 정치적 싸움에서 승리한 교원연맹은 이후 여러 학교위원회와 교육장들과 연합하여 이 6천6백만 달러를 앨버타 학교개선계획Alberta Initiative for School Improvement(AISI) 사업예산으로 전환했다.

AISI의 목적은 교사, 교장, 학생 및 지역공동체 구성원에게 예산을 지원하여 지역의 요구에 맞춘 상향식 개혁을 전개하며, 교사로 하여금 자신의 수업을 돌아보고 개선할 수 있도록 하는 것이었다. 전체 교육예산의 2%에 해당하는 연간 8천만 달러라는 풍부한 예산을 바탕으로 AISI는 첫 10년 동안 95%의 학교에 예산을 투여해 개혁을 전파하고 교사와 학생들에게 자율권을 부여하여 교실수업, 교육과정, 및 진단평가를 개선하도록 했다. 많은 학교들이 대학과 연계하여 자기 지역과 학교에 필요한 연구를 공동으로 진행했다. 중요한 것은 개혁의 성과를 다른 학교와 공유하지 않으면 예산을 지원받을 수 없도록 해두었기 때문에 네트워킹이 필수였다는 점이다.

핸콕의 충고대로 AISI는 개선과 더불어 '개혁'을 지원했다. 모든 사업이 문해력, 수학과 같은 기존의 기본 영역에 집중할 필요가 없었고 성취도평가와의 연관성을 입증할 필요도 없었다. 사업은 다양하게 전개됐다. 캐나다 원주민 학부모들이 자식들 문해력 교육에 참여하기도 했고 교사학습공동체가 만들어졌으며 진단평가에 대한 집중적 연구도 진행됐다. 지역 역사에 대한 흥미와 지식 제고가 목적인 사업들도 있었고 음악교육에만 사용되었던 균형과 조화를 중시하는 스즈키 방법*이 범교과학습을 고양시키는 데 활용되기도 했다.

2009년에 앨버타 교육부장관은 우리 연구진에 국제연구조사팀을 구성하여 AISI에 대한 광범위한 질적 · 양적 조사, 설계구조 및 수업에의 영향 등에 관한 조사를 의뢰했다.[9] 연구결과 AISI에는 4가지 차원의 혁신시스템이 있음이 밝혀졌다.

* 스즈키 방법(The Suzuki method 또는 Suzuki movement)이란 일본의 바이올리니스트이자 교육자인 신이치 스즈키(1898~1998)가 20세기 중반에 고안했던 음악교육법이다. 언어습득이론에 착안한 그의 음악교육 신념은 모든 사람들이 그들의 환경으로부터 학습할 수 있다는 것이었다. 즉 스즈키 방법의 핵심 요소는 학습에 적절한 환경을 고안하는 일이었다.

1. 수직적 시스템: 하향식 및 상향식 개혁
2. 수평적 시스템: 사업 간 연대, 학교 간 연대
3. 방사형 시스템: 학교 외부에서 내부로, 내부에서 외부로 뻗어 나간 전문적 연구
4. 시간적 시스템: 중기적 관점과 장기적 관점의 연결

1. 수직적 시스템

AISI의 전반적인 조정은 AISI 교육협력자 운영위원회가 담당했고, 실제 운영은 앨버타 주 교육부의 학교개선분과School Improvement Branch(SIB)에서 나눠 담당했다. 주州의 학교개선분과는 AISI 파트너들과 협력하여 사업 우선순위와 3년 단위 사업의 전략방향을 설정했다. 학교개선분과는 3년 단위 사업을 관장하며 사업의 신청과 승인 과정에서 회의를 조직하고 사업 간 연계를 위한 정보센터를 온라인으로 운영하고 관리했다. 학교개선분과의 역할은 변혁을 주도하면서 모든 지역에 변혁안을 일률적으로 분배하는 것이 아니었다. 부드럽지만 단호하게 변혁을 조정하고 추적 관찰하여 그 과정을 보완, 수정해 주는 역할이었다.

상향식 과정으로서 AISI는 교육자들에게 자율권을 부여해 그들이 자기 지역의 요구평가를 바탕으로 한 사업들을 시작할 수 있게 했다. 많은 사업이 교육자 개인적 열정으로부터 시작됐지만, 3년 단위의 교사 및 학교 관리자 대상 연수로부터 시작되는 경우도 많았다. 이 연

수는 AISI 사업의 우선순위를 설명하고 공유하는 연수다. 또한 전체 사업의 40% 정도는 지방자치단체에서 선정하는데 AISI의 우선순위와 연관된 주州 총괄 주제와의 관련성을 기준으로 선정한다. 개별화 수업, 교사학습공동체, 학습을 위한 평가사업 등이 그 예이다.

학교개선 분과는 교사와 교장들을 숙련되고 박식한 실천적 전문가로서 신뢰했다. 이들은 수백 개의 지역사업을 진행해 AISI를 이끌어 나갔다.[10] 교사는 AISI가 제공한 이런 기회를 바탕으로 자신의 교육 리더십을 향상시켰다. 교사는 더 이상 자신들을 정부 전략의 교실 수준 실행자로 한정시키지 않았다. 연수 대상자가 아니라 변화를 주체적으로 만들어 나가고 연구자가 됐다. 주당 며칠씩 지역교육청으로 발탁되어 일하는 교사도 있고, 학급교사로서 열심히 학교에서 수업을 하면서도 하루에 몇 시간씩을 할애받아 자신의 전문성을 발휘하며 동료교사들을 이끄는 교사도 있다.

AISI는 3년을 주기로 변화시스템을 개선하고 수정한다. 첫 3년에 AISI는 다양한 사업을 지원했고 이로 인해 교사들의 에너지, 참여도 그리고 개혁의지가 발현되었지만, 이 시도가 개별 사업들이 각기 따로 존재한 제1의 길 방식의 개혁이었음을 알게 되었다. 두 번째 주기에서 지방정부들은 학교들이 추진하는 사업들에 대해 전방위적으로 집중개입함으로써 중앙의 통제와 관리가 이뤄지도록 했다. 그런 방식으로 지역교육청에 리더교사들을 모아놓다 보니 비상설 외부연수 강사에 대한 의존도가 지나치게 높아졌고 비용문제도 발생했다.[11] 기준이 너무 많다 보니 개혁의 숨통이 막혔다.

따라서 AISI는 세 번째, 네 번째 주기에서 학교들의 자율권을 회복시켰다. 학교들이 자신만의 사업주제를 설정할 수 있도록 했다. AISI는 방향을 제시하고 학교도 이를 염두에 두지만 일률적으로 지휘하고 통제하는 식이 아니었다. 주州의 우선순위사업을 학교에 강요하지는 않고 학교와 사업들이 서로 정보를 교환할 수 있도록 유도했다. 주州 전체에 소식지를 정기적으로 발행해 결속력을 높였다. 이 과정에서 우리 연구팀이 피드백을 제공했다.

AISI가 모든 방식을 수용한 것은 아니다. AISI는 사업 간, 학교 간 연계전략과 원칙을 명확히 보유하고 있었으며 사업들이 개발되고 시행되는 데 있어서 각 학교가 명확한 책무성을 갖도록 하면서 그 조정을 세심히 진행했다. AISI 기금을 지원받은 학교는 연간보고서를 반드시 작성해야 하고 3년의 주기가 끝난 뒤에는 자신들만의 지표를 사용해 결과보고서를 작성해야 했다. 이 지표로는 주 성취도평가 결과, 학교가 스스로 선택한 평가기준, 그리고 교사와 학생을 대상으로 한 만족도 설문조사와 같은 것들이 있었다.

2. 수평적 시스템

AISI는 사업시행학교를 지구district별로 묶었다. 어떤 지구에서는 자축행사를 열어 다수의 교사팀이 포스터로 서로의 연구결과를 발표하면서 논평과 비평을 주고받는 행사가 열렸고, 다른 지구에서는 지구 교사학습공동체를 구성하기도 했다. 주州별, 지구별 회의를 통해 각 학교는 수업을 공개하고 배울 기회를 서로 주고받는다. 이런 기회가 아니면 고립을 피할 길이 없는 작은 시골학교들에게는 이 회의의 의미가 더욱 컸다. 또한 온라인 정보교환센터를 운영하여 AISI 사업의 투명성을 확보했고 비슷한 주제로 연구하는 학교들이 소통할 기회를 제공했다.

학생, 교사 및 교장들이 연구한 바를 통합적으로 그리고 모범적으로 연결한 한 지구가 있었다. 우리 연구팀의 일원이었던 브렌트 데이비스Brent Davis와 데니스 수마라Dennis Sumara는 이를 다음과 같이 기술하였다.

"교사가 300명 정도인 어떤 시골지구에서 개별 학교들이 스스로 AISI 사업을 기획하고 그 성격을 규정하면서 각 사업의 독특한 정체성이 확보됐다. AISI 기금을 이용해 모든 학교의 교사들이 그룹 단위로 만나 정기적으로 회의를 진행하고, 각 학교 대표교사는 지구회의에서 아이디어를 공유했다. 이로써 지구의 결속력이 높아진 것은 학교들을 지휘와 통제 방식으로 묶지 않고, 교사들의 자율적이고 집단적인 학습이 변혁의 핵심과정으로서 중요하다는 신념이 공유된 상태에서 학교에 높은 자율성까지 주어지자 수직적 소통, 수평적 소통의 결합이 강하게 형성된 덕분이다. 이는 매우 역설적인 일이다."

장학관의 설명은 이랬다. "우리 지구는 역동적으로 돌아갑니다. 학습이 곧 일이지요." 한 교사도 장학관의 말에 동의했다. "제가 처음 여기에 부임했을 때, 1~2년 정도만 있을 생각이었습니다. 그런데 제가 이렇게 오랫동안 있는 것은 이곳은 교사들이 학습할 기회들이 매우 많고 특별하기 때문입니다." 교사들은 공동학습이라는 과정의 특성에 기대어 개혁과 모험을 시도해보기 좋다. 또 다른 교사는 이렇게 말했다. "세 명이 학습하기로 결심하면 위험을 줄일 수 있습니다. 개별적으로 공부하는 것보다는 더 우리 자신을 학습하도록 압박하게 되고요. 우리는 지원을 받고 있으니까요." 곁에 있던 교사도 이에 동의했다. "관리자들도 우리가 새로운 시도를 할 것을 권장합니다. 만약 잘 되지 않으면 또 다른 방법을 시도해볼 것을 권하죠."

이 지구의 교사와 관리자들은 학습자 혹은 학습에 관하여 토론할 때 개인을 지칭하는 대명사보다 집단을 지칭하는 '우리가'와 '우리를'이라는 말을 주로 사용한다. 소통의 활성화는 개별 학교의 재량권과 자율성을 높이는 동시에 교사들로 하여금 동료들에 대한 이해와 업무에 대한 이해를 높였다는 다소 역설적인 효과를 냈다. 어떤 교사는 "지구 300명의 교사 중 80%를 알고 있다."고 했으며 교육장도 "어느 학교에 가서도 교사를 이름으로 부를 정도다."라고 했다. 교육자들이 직접적으로 소통할 기회가 크게 증가한 것은 분명하다.

강력한 관계와 잦은 소통은 관계를 확인하는 지원체계뿐 아니라 새로운 아이디어를 전달하는 도관導管 역할을 한다. "아이디어를 언제든 누구에게나 전달할 수 있다."라고 한 교사가 말했다. 다른 교사가 첨언하기를, "부모, 지역사회의 일반 구성원, 교사 등 누구나가 자기 목소리를 낼 수 있으며 지구에서는 이를 모두 수용한다. 어떤 주제로 누구에게 이야기하든 말이다."[12]

학습네트워크를 구성할 때 지구에서는 매우 다양한 사업, 아이디어 및 의견을 모두 수용하는 듯 보인다. 하지만 동시에 변혁의 임무와 비전에 관한 내적 일관성이 강하게 유지되고 있다. 즉, 변혁의 임무와 비전이란 강요되는 것이 아니라 공동체 전역에 걸쳐 이뤄지는 강한 상호작용을 통해 서서히 발전되는 것이다.

3. 방사형 시스템

AISI는 안에서 밖으로 그리고 밖에서 안으로의 양방향 과정을 혼합하여 핵심을 파악하고 이를 다시 뿌리는 방식으로 전개됐다. 과학적 증거와 더불어 개인의 직관과 실천적 지혜가 중요하게 여겨졌다. AISI에서 대학의 연구자들은 간행물 발간만을 목적으로 학교를 부당하게 이용하는 지적知的 포식자가 아니라 학교 또는 지구와 연계된 활동적 파트너다. 지구에서는 종종 설문조사를 구안하거나 성취도 평가자료를 연구하기 위해, 또는 평가방식assessment practices을 수정하기 위해 교수들과 협업한다. 외부의 자극과 지원이 내부의 연구와 성찰과 서로 조화롭게 통합되어 안팎 양쪽 방향의 역동적 방사형의 연구와 지원으로 귀결된다. 교사들은 외부연구에 기반한 지식을 실행에 옮길 뿐 아니라 스스로 새로운 지식을 창출하고 보급하는 역할을 맡고 있음을 인정하고 있다. 한 중견교사는 이렇게 표현했다. "우리는 점점 더 진정한 전문가가 되고 있다." "현장에서 성공가능성이 높은 전략들에 대하여 읽고 토론할 뿐 아니라 이를 실행에 옮기려고 노력하고 있다. 이제까지 교직생활을 하면서 이렇게 진지한 모습들을 본 적이 없었다."

4. 시간적 시스템

AISI는 중장기적 교육개혁 관점에 집중한다. AISI의 사업은 3년 단위여서 다른 많은 주州 차원의 개혁보다 실행과 변화일정에 여유가 있다. 앨버타 주보다 정치환경이 불안한 곳에서는 한 선거주기 안에 측정가능하고 단기적인 성과를 내야 한다는 정치적 요구에 맞추어 개혁전략을 추진하는 것이 보통이다. 그러나 3년 주기로 시행되는 사업에서는 각 사업이 서로를 발판으로 성장하는 모습을 명확하게 보여준다. 한 사업의 결과를 토대로 다른 사업이 시행되는 식으로 일이 벌어진다. 학교와 지구 전체의 문화를 바꾸는 중요한 목표를 달성하는 데에는 더 긴 시간이 필요하다. AISI 고문의 말을 빌리자면, "변혁에 필요한 교육자 수의 최소 임계치, 유의미한 협동의 구조 및 문화, 솔직하고 공개적인 논의풍토, 지구 내에서 의미 있는 연결구조가 형성되는 데 9년이 걸렸습니다. 꼬박 9년이 필요했습니다."

상기한 AISI만의 독특한 변혁구조를 이루고 있는 핵심요소를 정리해 보자면 다음과 같다.

- 학생의 배움에 초점을 맞춘 학교주도의 개혁과 연구
- 주 전체 학교의 95% 이상이 참여하는 통합적 개혁
- 교육 관련 주 운영예산의 2%에 달하는 많은 투자액
- 4회×3년 주기의 장기적 운용계획
- 전원 이해당사자로 구성된 운영주체
- 일관성을 유지해준 의사소통, 지속적인 상호작용, 네트워킹
- 참여와 결과에 대한 투명성
- 학습한 내용을 입증하기 위해 문서화하는 책무성
- 신뢰를 바탕으로 한 환경에서 모험을 시도하는 문화

AISI는 중앙에서 결정된 지시사항을 짧은 시간에 실행하고 배포하는 방식으로 진행된 사업이 아니다. 성취도시험의 일부 영역과 관련한 소수의 핵심 기초과목을 대상으로 진행한 사업도 아니다. AISI는 개선을 동반한 개혁이며, 성과를 낸 참여이고, 교사들이 진정성을 갖고 연구에 참여한 사업이다.

앨버타 주가 PISA 시험에서 성공을 거둘 수 있었던 요인이 AISI라고 적시하는 것에는 오해의 소지가 있다. 통계자료를 광범위하게 분석해 보아도 그 사업이 학생성취도에 특별히 더 기여한 바를 확인할 수 없었기 때문이다. 보다 타당한 이유는 AISI가 주州의 다른 우선순위 교육사업과 밀접하게 통합되어 있었을 뿐 아니라 사업목적 중의 하나가 AISI 자체를 앨버타 주의 교육변혁 문화 속에 온전히 자리잡게 하여 이를 완전히 바꾸는 것이었다는 점이다.[13] 그럼에도 사업의

성과에 대하여 교사들은 이렇게 기술했다.

“교사들끼리의 상호의존이 훨씬 큰 구조를 만드니 서로를 관찰할 기회가 훨씬 많아졌습니다. 적어도 한 달에 한 번, 5~6 시간의 수업에 모두가 들어가서 수업을 관찰합니다. 이렇게 해서 많은 것을 얻을 수 있습니다. 특히 학습을 위한 평가Assessment for Learning는 AISI 팀이 계속 모델링을 해온 것이어서 현장에서 어떻게 작동되는지를 교사가 확인할 수 있었습니다. 그들은 교사들의 피드백을 요구합니다. 자신들도 비슷한 종류의 수업을 설계하고 교사가 가서 관찰을 합니다. 즉 우리는 서로를 전문가로 활용하는 셈입니다. 각자가 잘하는 일이 다르므로 더더욱 서로에게 의존해야 한다는 것을 알아야 합니다. 모두가 서로를 관찰하는 것이 중요합니다. 교실에서 단지 10분을 관찰했을 뿐인데, 이들이 파악하고 얻어낸 통찰을 보면 놀랍습니다.”

“크게 생각하고 작게 시작하라는 말이 있지만, 다른 AISI 사업들도 크게 생각하고 크게 시작하길 바랍니다. 재원이 있고 AISI가 지원하기 때문에 크게 시작할 수 있었습니다. 멋진 사업을 크게 벌이고 실행연구를 훌륭하게 시작할 수 있는 기회를 얻었습니다. 이렇게 해서 심도 깊은 연구를 수행하고 이에 대하여 서로 대화하고 지역공동체와 공유할 수 있었습니다.”

“사람들은 공동연구서를 탐독하고 대화를 나눕니다. 전문적인 대화를 바탕으로 유대감이 형성되는데, 그 힘은 정말 대단합니다. 전문성을 중시하는 태도가 매우 중요한데, "지난 주말에 뭐했어?"가 아니라 "이 연구논문 읽어봤어?" 또는 "이거 교실에서 시도해봤어?"라는 대화 속에서 교사의 전문성이 발현되는 것을 느꼈습니다."

제2, 제3의 길에서 개혁은 명령으로 하달되었고 교사학습공동체는 각종 데이터 수치를 개선해내는 일과 관련 있는 안건이 있을 때에만 형성됐다. AISI는 이런 제2, 제3의 길의 경향과 다르다. 한 교사는 이를 이렇게 표현했다. "내 관심은 데이터를 수집하고 처리하는 것이 아니다. 학생들의 학습이다." AISI는 교육개혁에 관해 다소 자명하게 여겨져온 이치, 즉 강제로라도 수업을 바꾸고 그 후에 신념을 바꾸라는 방식을 완전히 뒤집었다.[14] 개별화 수업에 따른 범교과적 문해력 개발을 목적으로 AISI 기금을 사용한 초등학교 교사 대표는 다음과 같이 말했다.

"그건 거대한 구상이었다. 철학이 우선되어야만 했다. 그래서 특히 교사들이 가져야 할 신념과 가치개발에 공을 들였다. 이를 바탕으로 학생들의 문해력 발달수업을 개별화할 수 있었다고 확신한다."

교사들의 신념이 수업보다 먼저 바뀔 수 있고, 또 실제 바뀌는 경우는 우선 교육개혁 조치가 학생들의 학습을 개선할 수 있는 잠재력을 지녔다고 판단되고, 동시에 교사 자신이 스스로 수행할 개혁조치들을 직접 설계하고 개발할 수 있는 자율권을 가졌을 때다. 신념보다 수업이 먼저 바뀌는 경우란 교사들이 외부에서 결정된 바를 억지로 시행해야 할 때다. 물론 외부에서 결정된 것이 기꺼이 수용할 만한 경우도 없지는 않을 것이다. 그러나 변혁이 교사로 하여금 전문가로서의 책임감을 추동해내면 수업에 앞서 신념이 먼저 변한다.

개선과 혁신의 병행

AISI가 앨버타 주의 유일한 교육개혁 구상은 아니다. 앨버타 주는 캐나다 전국 성취도평가에서도 선도적 역할을 해왔다. 교사주도의 혁신이 핵심인 '개혁'과, 강제로 시행되는 학업성취도 평가성적의 '개선,' 모두를 좇는 앨버타 주의 정책방향은 모순적이거나 혼란스럽게 느껴질 수 있다. 그러나 싱가포르의 사례에서 확인했듯이, 외견상 모순처럼 보이는 것들이 잘 공존하면 긍정적 효과를 발휘해 성공요인으로 작용하는 역설적 상황이 벌어질 수 있다. 앨버타 주의 경우도 이와 같다.

특히 교장도 조합원으로 등록되어 있는 앨버타의 교원노조는 강력한 힘을 발휘하는데, 안정적으로 장기집권 중인 진보적 보수당 정부와 대체적으로 긍정적 관계를 유지하면서 성취도평가 결과와 교사의 전문성 향상에 도움이 되는 변혁을 도모한다. 앨버타 주 정부와 교원연맹이 급여나 근로조건 같은 전통적 단체교섭 이슈를 놓고 다투기는 하지만, 교원연맹은 주 성취도 평가의 존재 자체에는 반대하면서 동시에 시험항목을 설계하는 일에 참여한다.[15] 또한 앨버타 교원연맹이 핀란드 교사들의 도움을 받아 표준화된 성취도시험 폐지를 주장한 덕택에 정부도 기존 시험을 대체할 평가개발의 필요를 크게 인식하게 되었다.

"우리는 교사, 학생, 시스템이 제 역할을 얼마나 잘 하고 있는지를 파악할 수 있도록 해주는 더 나은 방식을 찾을 것이다. 여기서 얻은 정보는 학생들의 성취도 향상을 위한 사업들에 사용할 것이다."[16]

앨버타 교원연맹은 학생들의 심도 있는 학습과 교사의 전문적인 연구를 고취하는 뛰어난 기획자 역할을 한다. 연맹은 앨버타 주의 어린이, 교사 그리고 앨버타 주민의 보다 나은 미래를 설계하고자 꾸준히 노력하고 있다. 차기 선거를 의식한 단기적 성과중심주의와는 거리가 먼 '40년 집권'의 정부와 교원연맹이 역동적인 파트너십을 형성했다. 앨버타 교원연맹은 일관성 있게 최고위급 전문가회의, 협의회 및 학습이벤트 등을 자주 주도한다. 이런 회의나 행사에서 장관, 연맹의 리더, 전문가 단체의 장이 함께 모여 한 장소에서 같은 시간에 희망적이고 고무적인 이야기로 입을 모으는 모습은 이제 앨버타 주에서는 흔한 일이다. 이는 앨버타 주라는 브랜드에 긍정적인 이미지를 더한다. 주의 미래에도 마찬가지다.

앨버타 주민들은 번영을 위해서 개혁이 필요하다는 것을 알고 있다. 그러면서도 좀 전통적인 의미의 개선, 즉 각종 평가에서 그들이 거뒀던 기록이 상향유지되기를 열망한다. 앨버타 주의 경제상황은 변화가 심하다. 오일셰일*로부터 석유를 추출하는 비용이 높으며, 거기에 높은 비용을 더 들여 추출하는 에너지의 비축량이 안정적이지 못한 탓이다. 그래서 앨버타 주 주민들은 자신들의 미래가 좀 더 다양하고 유연한 경제, 그리고 거기서 활동하는 교육받은 시민들에게 달려있다고 생각한다. 북미 최초의 이슬람교도 시장市長이 선출되고 다문화 지표에서 캐나다 3위인 캘거리 시가 있는 앨버타 주의 결속력을 높이는 데 학교와 교사는 절대적으로 필요한 존재다.

* 오일셰일(oil shale)은 석탄층과 함께 나오는 혈암으로, 밀폐공간에서 이를 가열해 휘발성 물질과 비휘발성 물질을 분리하는 과정을 통해 인조석유를 추출한다. 석유혈암, 유혈암이라고도 부른다. 석유를 평균 10% 정도 포함하고 있는 수성암으로 미국, 러시아, 브라질, 콩고, 중국 등이 주된 분포지다.

결론

캐나다가 교육적으로 성공을 거둘 수 있었던 것은 강한 가족문화와 강력한 복지제도와 공익을 위한 공동의 헌신에 그 뿌리가 있다. 주목할 만한 것은 캐나다인들이 이민자와 이들에 대한 일관성 있는 지원정책, 예를 들어 이민자 대상의 제2언어교육 정책과 같은 것을 긍정적으로 받아들인다는 점이다. 또한 연방정부 차원의 교육부가 없음에도 불구하고 높은 수준의 교사전문성을 존중하고 고취하는 정책이 일관성 있게 전국적으로 추진된다. 교사의 충원과 선발 그리고 교사간의 협동 및 지속적인 교사연수에서 교사전문성을 존중하고 이를 높은 수준으로 유지할 것을 장려한다.

캐나다에서 가장 좋은 성적을 거둔 앨버타 주의 사례연구에서 보듯이 캐나다인들은 역설을 수용할 줄 안다. 하나로 용해되는 용광로보다는 모자이크처럼 어떻게 하면 각자의 특성을 지니고 살아갈 수 있을지에 대해 알고 있다. 이 모든 특성을 고려해 보면, 락밴드 U2의 보노Bono*가 훌륭하게 표현했듯 어쩌면 "세상은 캐나다를 더 필요로 하는지도 모른다."

앨버타 주의 개혁과 개선에 대한 연구를 바탕으로 일단은 주의 교육 전반에 대하여 알아보았고, 나아가 교육적으로 성공한 나라의 문화와 체제는 어떤 변혁구조를 갖고 있는지에 대해 광범위하게 파악했다. 앨버타 주민들이 보여 준 변혁의 방법론은 다음과 같다.

- 시험성적에 근거한 책무성관리가 특징인 제2, 제3의 길 접근법 안에서 제4의 길 방식을 개발해내고, 집단적 교사자율성을 발전시킨다.
- 서로에게 희생을 강요하지 않으면서, 절제된 개혁과 지속적 개혁을 결합한다.
- 정부와 교원단체는 가끔은 적일 수 있지만 전반적으로는 교육동지로서의 관계를 유지한다.
- 교사가 연구와 학습을 병행할 수 있도록 하여 영속적 개선의 조건을 갖춘다. 교사의 일이 일시적 교수의 수행과 같은 것에 머물러 있지 않게 한다.
- 학교와 지역을 네트워크화하여 학습이 지속적으로 일어나게 한다.
- 안정된 정치적 기반 위에서 '장기적' 비전을 도출한다.
- 시험성적 향상에만 얽매이지 않고 모험을 즐기면서 신뢰를 바탕

* U2는 1976년 결성된 아일랜드 더블린 출신의 락밴드로, 그래미상을 22번 수상한 세계적 음악가이며, 정치적 · 이념적 · 종교적 내용을 담은 곡을 내기도 하며 인권 등의 공익캠페인에도 목소리를 낸다. 구성원으로 보노Bono(보컬, 기타), 디 에지The Edge(기타, 키보드, 보컬), 애덤 클레이턴Adam Clayton(베이스), 래리 멀린 주니어Larry Mullen Jr.(드럼, 퍼쿠션)가 있다.

으로 하는 교육문화를 만들어 나간다.

앨버타의 교육가들이 변혁에 대해 가졌던 문제의식은 에드몬톤 오일러스Edmonton Oilers 소속이었던 전설의 하키스타 웨인 그레츠키 Wayne Gretsky의 다음과 같은 말에도 공통적으로 담겨 있다. "모든 사물을 통계적으로만 보는 사람들은 이렇게 말할 것이다. '슛이라는 게 성공확률이 100%일 수가 없다. 슛을 하지 말아라'." 그레츠키와 앨버타는 미래를 위한 골대, 즉 목표가 어디에 있는지 정확히 알고 슛을 날리는 데 주저하지 않았다. 그렇게 득점이 늘어갔다. 앨버타는 대담하고 용감하게 슛을 던져온 결과, 교육적으로 성공한 국가의 실증적 사례를 찾아다니는 우리 연구진과 같은 사람이라면 누구도 간과할 수 없는 자리에 올랐다. 앨버타 주의 사례는 전 세계 어디에든 시사점을 제공할 것이다. 지적인 국제적 벤치마킹의 좋은 대상이다.

The Global Fourth Way

06
캐나다 온타리오 주

통합형 교수학습
유사 프로젝트 간 상호교류
학구별 요구에 맞춘 사업 추진

캐나다 온타리오 주는 뛰어난 학업 성취도 시험성적을 낸 지역들 중에서 독보적으로 주목받는다. 온타리오 주는 PISA 성적에 있어서 세계 상위권을 기록한 캐나다 안에서도 최고 수준의 성적을 낸 주 중 하나다. 국내외에서 온타리오 주가 큰 주목을 받는 데에는 PISA 평가의 점수 외에도 다음과 같은 다양한 이유가 있다.

- 높은 이민자 비율: 이민자 비율이 27%인 온타리오 주에서 이민자와 캐나다 본토 출신 아이들의 PISA 성적에 차이가 거의 없다. 이래서 인종적, 민족적 다양성이 높은 국가들에서는 온타리오 주의 변혁모델을 핀란드의 것보다 더 현실적인 벤치마킹 대상으로 여긴다.[1]
- 많은 인구: 국가 단위의 연구나 정책을 수행하는 타국의 리더들은 1천3백만 명이 넘는 인구와 5천 개에 달하는 학교가 있는 온타리오 주를 핀란드, 싱가포르, 앨버타 주, 홍콩과 같은 작은 규모의 국가나 지역의 예보다 좀 더 타당한 비교대상으로 여긴다.

- 서구식 정치/행정체제: 영미와 유럽의 학교지도자들에게는 아시아 국가의 제도와 정치보다는 북미 캐나다 온타리오 주의 학교·지구체제와 서구식 민주주의 사회구조가 더 익숙하다.
- 정책의 초점: 온타리오 주에서는 최근 성취도평가 성적 향상, 문해력과 계산능력 시험성적 격차 감소 및 고교생 졸업률 격차 감소 등에 초점을 맞춘 정책을 시행했는데, 이것 자체로는 같은 방향의 정책을 추진하는 국가들뿐 아니라 목표중심target-driven 제도를 갖고 있는 영국, 미국, 호주와 같은 나라들이 벤치마킹할 만큼 새로운 내용이 아니다. 온타리오 주 정책전략과 이들 국가들의 차이점은 목표를 달성해 나가는 방식, 특히 교사연수에 대한 막대한 투자 등에 있다. 그 결과 타국에서는 온타리오 주의 발전상에 관심을 보인다.
- 기록적인 성과: 온타리오 주는 PISA에서 최상위 성적을 거두었을 뿐 아니라 2004년 이후 4~5년 사이에 아동의 읽기능력에서 14%의 향상을, 고교생 졸업률에서는 13%의 향상을 보였다. 이런 이유로 온타리오 주의 개혁방식에 대한 신뢰가 높아졌다.
- 명료한 전략: 온타리오 주가 최상위 성적을 거둘 수 있었던 힘은 교육개혁을 자신의 주요한 정책으로 설정했던 주 정부의 총리 달톤 맥귄티Dalton McGuinty의 정치적 지도력으로부터 나왔다. 여기에 총리의 교육자문이었던 마이클 풀란Michael Fullan의 교육개혁에 관한 풍부한 경험과 전직 차관 벤 레빈Ben Levin의 행정력이 더해져 진일보된 교육개혁을 추진할 수 있었다. 이들은 다양한

서적을 펴내 온타리오 주의 교육정책에 세간의 이목을 주목시켰고, OECD와 맥킨지 사와 같이 유수한 국제정책기구의 지도자들과 밀접하게 교류하면서 온타리오 주의 개혁전략들을 분명히 밝히는 데 힘썼다.[2]

온타리오 주 **교육변화의 개괄**

온타리오 주의 변화는 전반적으로 제3의 길 전략에 바탕을 두고 있다. 2장에서 언급했듯 온타리오 주는 문해력, 산수 그리고 고교생 졸업률에 교육개혁의 에너지를 집중했다. 성취도평가에 있어서 목표성적을 설정한 뒤 이를 달성하고자 했다. 정부와 평화적이고 안정적 관계를 유지했던 교원노조도 이에 참여했다. 교육부는 간섭은 하되 징벌보다는 폭넓은 지원으로 교사와 학교가 제 할 일을 할 수 있도록 도왔다. 데이터를 통한 추적관찰시스템을 만들어 실시간으로 학교의 진척사항을 확인하였고 학교나 학생이 뒤처지는 것 같으면 즉각적으로 개입했다.

그러나 OECD가 인정했듯이 지방, 주, 그리고 국가 단위의 복잡한 교육정책들 중에 특정 정책이 성취도성적 향상에 기여했다고 적시하는 것은 전혀 불가능한 일은 아니겠지만 꽤나 난해한 일이다.[3] 실제로는 정부에서 강조하고 선호하는 정책만이 아니라 여러 정책들이 서로 어우러져 성공을 만들어내기 때문이다. 이는 서로 다른 정책을 펴는 캐나다의 주들이 여전히 비슷한 성적을 보인 이유이기도 하다.

온타리오 주 교육부의 한 고위관리도 특정한 정책이 성취도평가의 성적향상에 기여했다고 말하기는 어렵다고 다음과 같이 힘주어 말했다. “어떤 정책이 구체적으로 어떤 성공에 기여했는가를 파악하는 일은 굉장히 어렵습니다.” 다른 이가 덧붙였다. “변수들을 분리해내는 일은 거의 불가능에 가깝습니다. 학교효과, 기획과정 등의 맥락에서 다양한 변수들을 다 함께 고려해야 합니다.”

따라서 정책의 효과성에 대해 분석, 판단할 때에는 국제적으로 별로 주목을 받지 못한 정책들과 주 정부가 공개적으로는 선전하지 않았던 정책들을 포함하여 다양한 정책들이 서로 어우러져 성취도평가 결과의 향상에 기여했음을 늘 염두에 두어야 한다.

이 장은 그중 특수교육대상 학생을 위해 학교 전체를 바꾼 야심찬 통합전략을 중점적으로 다룰 것이다. 이 정책은 정책 그 자체로도 의미가 크지만, 문해력에 초점을 맞춰 그 평가점수를 향상시키고자 했던 주州 단위의 여타 전략들과 의도적으로 통합된 정책이기에 그 중요성이 더하다.

온타리오 주 **교육정책**

2005년 온타리오 주 교육부는 비전을 담은 새로운 정책문서로서 「모두를 위한 교육Education for All(EFA)」을 발표했다. 이 정책은 능력부족으로 자기 학년 수준의 기대치를 달성할 수 없는 학생들을 포함해 '모든' 학생의 배움을 돕는 교사를 지원하기 위한 것이었다.[4] EFA에는 다음과 같은 신념이 명시적으로 드러나 있다.

- 모든 학생은 성공할 수 있다.
- 보편적 설계Universal Design와 개별화 수업differentiated instruction은 모든 학생집단의 학습요구나 최종 결과물 생산요구를 충족시키는 효과적, 상호연계적 수단이다.
- 성공적인 학습지도는 증거기반 연구결과에 바탕을 두되 교사의 경험에 의하여 보완될 때 가능하다.
- 학생의 문해력과 산수능력을 개발하는 결정적인 조력자는 담임교사다.
- 모든 아동은 자신만의 독특한 학습패턴을 가지고 있다.

• 담임교사가 특수교육 대상 학생을 지원하는 학습환경을 조성하는 데에는 지역사회의 지원이 필요하다.
• '공정'이란 동일함을 의미하는 것이 아니다.

온타리오 교육국장 위원회Council of Ontario Directors of Education(CODE)는 2천5백만 달러가량의 다소 소박한 주 정부 예산을 바탕으로 EFA의 권고사항 지원계획을 마련해 실행했다. 온타리오 주의 국장은 미국의 학구 교육감district superintendent에 상응한다고 볼 수 있다. 2005~2006년도 CODE 특수교육사업의 목적은 온타리오의 전체 학구에서 독자적인 특수교육계획이 수립되도록 지원하는 것이었다. 학구에서 수립한 계획에 따라 학교는 특수교육 대상 학생들의 성취도 성적 향상을 위해 노력하고, 성취도 향상을 담보할 교사의 수업의 질을 제고하며 학교 간 네트워크를 형성해야 했다. 이윽고 이 사업은 ESGA로 명명되어 사업기간이 3년으로 연장되었다. ESGA란 영문 'Essential for Some, Good for All'의 줄임말로 일부 특수교육 대상 학생에게는 필수적이며 모두에게도 유익한 교육을 의미한다. 이 대담한 구상의 목적은 특수교육 대상 학생에게는 필수적이면서 동시에 모든 학생에게도 유익한 전략을 각 학구별로 적합하게 짜면서도 동시에 통일성이 있게 하는 것이었다.

CODE 리더십팀이 전체 사업project을 설계했다. 사업의 시스템에는 주 전체 사업을 공정하고 투명하게 그리고 일관되게 적용하는 과정, 그리고 선택, 분배, 추적관찰 및 보고의 과정이 들어가야 했다.

일단 사업이 시작되면 ESGA 리더십팀을 구축해 각 학구에서 계획을 구안하고 실행, 평가할 때 이를 조언하고 지원하도록 했다. 이 사업의 또 다른 특징은 학구의 크기에 관계없이 모든 학구에 동일한 액수를 배정할 것을 CODE가 결정했다는 점이다. 주된 초점은 단 한 번의 결정적인 변화로 모든 학구의 특수교육 및 교육과정 담당교사들이 개별학교 및 학구 차원에서 서로 소통하게 하는 구조를 만들어 이들 간에 효율적, 집중적, 통합적 소통문화를 정착시키는 데 있었다. 나아가 특수교육 책임자와 다른 학생을 책임지는 교사 사이의 벽을 허물고 모든 교사가 모든 학생에 대한 집단적 책임감을 갖게 하려는 목적도 있었다. 그 후 2개 학년도에 걸쳐 교육부는 사업재원을 추가로 제공했다.[5]

2009년부터 우리 연구원 중 한 명과 이 장의 공동저자인 보스톤 대학의 헨리 브라운Henry Braun이 온타리오 주 72개 학구 중 10개 학구와 공동으로 특수교육 개혁과 실행에 관한 대규모 연구를 진행했다.[6] 학구는 주 전역에 넓게 분포되어 있었고 크기도 서로 달랐으며 도시, 시골, 교외지역에 분포되어 있었고 각 학구들은 영어로 수업하는 공립학교, 가톨릭학교, 그리고 불어로 수업하는 공립학교인 서로 다른 학교 세 종류 모두를 포괄했다. 정책수행을 위한 공적 자금은 세 학교 모두에 제공됐다. 연구진은 10개 지구 각각의 학교를 사흘씩 방문했고, 주 전체 특수교육을 책임지고 있는 담당자뿐 아니라 전직 차관 및 차관보 등의 고위관료와 인터뷰하는 방식으로 연구를 진행했다. 사업의 진행과 효과에 대한 인식을 알아보기 위해 10개 지구 중

9개 지구에서 교사를 대상으로 설문조사를 실시했다.

학구 대부분에서 ESGA 사업은 특정 표본학교와 특정 학년을 대상으로 진행되어 특수교육이 필요한 모든 학생을 대상으로 하지 못했다. 그럼에도 불구하고 특수교육 대상 학생을 대상으로 한 읽기 평가에서 성적의 전체적인 향상이 관찰되었다. 2004~2005년 및 2010~2011년에 실시된 EQAO* 시험에서 영어로 수업하는 공립학교들은 13%, 가톨릭학교들은 11%, 불어로 수업하는 학교들은 21%의 향상을 보였다.[7] 같은 해의 쓰기영역 점수는 세 곳 모두 약 20% 올랐다. 이는 학생 전체의 성적향상도를 훨씬 상회하는 결과치였다. 같은 시기에 읽기숙달도 레벨 3을 달성한 학생의 비율에서 일반학생과 특수교육 대상 학생 간 격차가 현격히 감소했다. 영어권 공립학교는 8.4%, 가톨릭학교는 11%, 불어권 학교는 8.2%씩 줄었다. 쓰기영역 평균 격차는 공립학교가 18.74%, 가톨릭학교는 22.6%, 불어권 학교는 15.2%씩 감소했다. 결론적으로 개혁 전후에 읽기 및 쓰기영역에서 일반학생과 특수교육 대상 학생 간 점수 차에 상당한 감소가 있었다.

* EQAO는 'Education Quality and Accountability Office'의 준말로 온타리오 주에서 3, 6, 9학년을 대상으로 시행하는 읽기, 쓰기, 산수의 세 가지 영역의 시험이다.

변화의 내용

대부분의 변화이론에서는 내용변화와 과정변화를 구분한다. 변화의 내용substance은 변화의 대상이 되는 조직의 운영에서 핵심적으로 변화한 것이 무엇인지를 의미한다.[8] 예를 들어 학령아동을 위한 건강식단 도입, 또는 문해력 성적향상 등이 변화의 내용이 된다. 과정변화란 변화를 달성하는 데 필요한 동인動因, 메카니즘과 레버리지 포인트*등을 일컫는다. 영감을 주는 리더십, 반대세력과의 싸움, 새로운 시도에 대한 압력 및 지원, 예산지원 인센티브, 교사협동을 유도하는 장치들이 변화과정의 예다.

가끔은 변화내용과 변화과정의 구분이 간단하지 않다. 예를 들어 교사학습공동체가 활성화되면 교실수업이 바뀌고, 교실수업이 개선되면 교사들의 협동방식이 근본적으로 바뀔 수 있다. 그 결과 학교교육schooling의 핵심과정이 변화된다. 이런 의미에서 교사학습공동체는

* 레버리지leverage란 지렛대를 말하는데 이를 사용하는 이유는 들이는 힘에 비해 나오는 효과가 더 크게 하기 위해서다. 레버리지는 '입력에 따른 변화'에 대한 '출력에 따른 변화'의 비율을 말한다. 레버리지 포인트leverage point란 힘이 가해질 수 있는 시스템 내의 한 장소를 말하는데 공략할 때 유리해질 수 있는 지점을 말한다.

변화내용이면서 변화과정이기도 하다.

EFA의 핵심원칙은 전문가들이 교육과정, 평가 및 수업을 통합해 모든 학생이 성공적으로 학습할 수 있게 하는 것이었다. EFA는 목표를 정하지 않고 다원적인 방식으로 진행된 정책으로 하향식과 어울리지 않는다. 전직 차관 벤 레빈Ben Levin과 그의 동료들의 소신에 의하면 EFA의 철학을 실천할 때 가장 중요한 점은 교사들이 자신은 다양한 학생들을 효과적으로 가르칠 수 있다고 느끼는 것이다.[9] 레빈은 이렇게 말했다. "우리의 결론은 '어떻게 하면 교사들이 더 다양한 학생들을 가르치면서 더 자신감을 갖고, 자신은 이를 감당할 능력이 있다고 느끼게 할 것인가'가 핵심과제라는 것이었다."[10]

실제로 ESGA의 계획에 따라 발전을 거듭한 주요 사업은 통합형 교수학습법, 보조공학, 교사학습공동체의 세 가지였다. 변혁과정의 병렬적 요인parallel factor이기도 했던 교사학습공동체에 대한 자세한 설명은 조금 뒤에 제시하기로 하고 앞의 두 가지에 대한 집중설명을 이어간다.

1. 통합형 교수학습법 inclusive pedagogy

EFA의 원본 문서 중 한 부분은 전적으로 보편적 학습설계universal design for learning(UDL)를 다룬다. UDL이란 건축분야의 보편적 설계에 근거한 말인데, 건축분야에서 보편적 설계란 건물을 우선 지은 뒤에 어린이, 노인, 장애인 등을 배려해야 한다는 사실이 확인될 때마다 이에 맞춰 개보수하는 것보다 처음부터 최대한 다양한 성격의 사람들이 사용할 수 있는 방향으로 건물을 설계하는 게 최선의 방법이라는 것을 골자로 한다. 교육과정에서도 마찬가지다. 처음부터 표준적인 '보통의' 학습자를 전제로 교육과정을 만들고, 후에 이런저런 식으로 끝없이 수정 · 보완해야 하는 것보다는 처음부터 최대한 다양한 학습자들을 위한 교육과정을 만들어야 한다.[11]

개별화 수업은 교육의 내용, 과정 그리고 결과물을 학생의 관심, 준비도 및 학습이력learning profile에 따라 달리해야 한다는 점에서 UDL의 기본 원칙과 맞아떨어진다. 사업에 참가한 10개 학구 중 7개 학구에서 개별화 수업을 중점사업 중 하나로 선정했다. 이 사업이 성공적으로 진행된 경우 교사들은 교육과정에 충실하면서도 어떤 학생도 소외시키지 않는 '학습자를 배려한 과제물respectful tasks'을 학생들에게 부여할 수 있었다. 과제는 학생의 수준에 따라 조정되었고, 그럼으로써 학생들은 그들이 가진 능력에 상관없이 아무도 교육과정과 과제로부터 소외감을 느끼지 않아도 되었다.[12] 이렇게 온타리오 주의 교사들은 교실에서 학생과의 관계를 통해 그리고 평가자료를 꼼꼼하게 검토함으로써 핀란드 교사들과 마찬가지로 학생들에 대한 개별적인 이해를 크게 높였다.[13] 조사자료에 의하면 ESGA로 인해 온타리오 주의 교사들은 개별화 수업을 점점 확대 시행하고 있다. 조사 대상자 중 한 명은 다음과 같이 답했다.

"개별화 수업으로 학생들의 참여도가 높아졌다. 교실에서 문제행동은 거의 일어나지 않는다. 개별화 수업, 소집단 수업이 학급 전체를 대상으로 한 수업보다 훨씬 효율적이었다. 그리고 큰 재정적 지원이 있었다. 이 모든 것이 어우러졌기 때문에 학생들의 성취도가 향상될 수 있었다."[14]

2. 보조공학 assistive technology

개별화 지도를 할 때 보조공학 기기는 교수학습에 큰 도움을 준다. 보조공학은 노트북 컴퓨터나 소프트웨어와 같은 단순한 기기를 의미하는 게 아니다. 보조공학은 교사의 자질 향상과 지원을 상호 연결하는 시스템을 가리킨다. 보조공학이란 특수교육 학생의 기능적 역량 functional capabilities을 향상시키고 유지하며 개선하는 데 도움을 주는 모든 기기와 기술을 가리킨다.[15] 보조공학은 특수교육 대상 학생들이 자신의 장점을 발판으로 성장하도록 돕는다. 또한 수업참여의 용이성을 높이고 학습동기를 향상시키며 독립성을 증진시킨다. 성취도를 향상시킬 수 있고 정규수업에서의 이탈을 줄일 수 있다.

여러 종류의 보조공학이 ESGA를 기점으로 많은 학구에 도입되었다. 교실의 최신 공학적 음향시설은 귓병을 앓은 후 청각을 완전히 또는 부분적으로 상실한 학생들에게 큰 도움을 제공했다. 빈곤국에는 이런 아동 청소년이 적지 않다. 마치 모든 학생이 교실 맨 앞줄에 앉아 수업을 듣는 듯한 효과가 있었기 때문에, 이 시설은 특수교육 대상 학생들뿐만 아니라 모든 학생들에게 유용했다.[16] 이외에도 아이팟, 노트북 컴퓨터, 모바일 기기를 바탕으로 한 음성인식프로그램 그리고 학습자의 인지과정을 도와주는 연어連語프로그램 등이 개별화 수업에 도입되어 유용하게 사용되었다.

한 학구는 두 개의 학습센터를 설립했는데 이 센터들은 처음에는 학습장애를 지닌 5학년 남학생 한 모둠을 지원했지만, 이후에는 그 대상을 4학년에서 7학년에 걸친 학습장애 남녀아이들 모두로 확대했다.[17] 각 15명 정도의 아이들로 구성된 두 모둠이 읽기와 쓰기기술의 발달을 지원하는 다양한 보조공학기술의 사용법을 익혔다.[18] 이를 통해 학습장애 학생들은 과학자 앨버트 아인슈타인Albert Einstein과 영화배우 톰 크루즈Tom Cruise, 키이라 나이틀리Keira Knightley와 같은 유명인사들도 자신들과 마찬가지로 학습장애를 겪었다는 것을 알게 되었고, 자신의 학습장애를 자각하고 이를 바탕으로 자신감을 쌓았다. 또한 학생들은 자기 주장, 자기 변호의 기술을 익혔고, 정규 통합학급으로 돌아가 자신이 겪은 변화를 몸소 보여주었다. 이에 교사들은 학습장애 학생들에게 적합한 학습법이 무엇인지 깨닫고 이에 맞춰 교수법을 조정하기 시작했다.[19]

담임교사는 정기적으로 학습센터를 방문해 보조공학 실습을 포함한 구조화된 교사연수를 받았다. 연수를 받더라도 실제 교사가 새로운 기술이나 장비를 거의 사용하지 않으면, 특수기기를 사용하는 학습장애 학생들은 자신만 특이하다고 느끼거나 때로는 수치심을 갖게 되어 보조공학의 도움을 거부하게 된다.[20] 그러나 전 학급이 보조공학의 도구들을 일상적으로 이용한다면 센터의 도움을 받는 학생들도 편안하게 기기를 사용할 것이다. 나아가 특수교육 대상 학생들은 매일의 수업에 자신감을 가지고 충실히 임하게 될 것이다.[21]

온타리오도 싱가포르처럼 매일의 수업에 기술을 통합적으로 사용할 때에만 비로소 기술이 그 효능을 발휘할 수 있다는 점을 강조했다. 그래서 학구에서는 모든 학급에 기술이 녹아들 수 있도록 지원했다. 센터를 다니든 다니지 않든 상관없이 모든 학생이 집이나 학교에서 이용가능한 소프트웨어 패키지를 개발해 보급했다. 어떤 경우에는 학습장애 학생들이 일반 급우학생들에게 기술을 가르치는 주도적 역할을 맡기도 했다. 긍정적인 의미로 그들이 주목을 받을 기회가 생긴 것이다.[22]

청각장애 학생을 가르쳤던 교사 출신의 학구 교육감은 통합교육에 대한 자신의 생각을 이렇게 말했다. "그런 기술을 사용하는 것이 숨쉬기처럼 자연스럽게 보이는 환경을 조성할 수 있다면, 낙인효과를 없애고 기술사용을 방해하는 모든 장애물을 없앨 수 있다. 이것이 바람직한 방향이라는 건 분명하다."[23]

온타리오 주에 보조공학이 도입되면서 주 단위 표준화 성취도시험 성적이 향상되었고 2007년에는 주의 쓰기성적이 급등하는 양상을 보였다. 특수교육 대상 학생의 수보다 훨씬 많은 학생들이 시험에 참여했는데, 특수교육 대상 학생들의 성적 향상도는 거의 20%에 육박했다. 2007년은 이들에게 보조공학 사용이 처음으로 허용된 해였다. 이는 많은 학생과 교사에게 뜻밖의 결과였다. 한 교사는 "기술을 사용했더니 정말로 학생들의 점수가 올랐다."라고 하면서 그 이유로 기술이 특수교육 대상 학생들로 하여금 그들이 알고 있는 바를 지필고사 형식 외의 방법으로 발표할 수 있게 했기 때문이라고 말했다.[24] 다른 학생들에도 영향이 있었다. 이전의 시험방식을 싫어했던 학생들이 쓰기과제를 할 때 기기를 이용해 글을 편집하고 일부 내용의 위치를 편하게 변경할 수 있게 되자 매우 기뻐했다. 온타리오 주 교육부의 한 리더는 이렇게 주장했다. "보조공학 기기 덕에 많은 학습장애 학생들이 이전보다 공정한 환경에서 학습할 수 있게 됐다. EQAO 시험을 볼 수 있게 됐다는 것 자체가 그들에게는 전에 없이 공평한 일이다."[25] 그의 동료가 뒤이어 설명한 대로 이것은 마치 시각장애 학생들에게 안경을 맞추어준 것과 다를 바 없는 일이었다.

싱가포르에서처럼 온타리오 주도 모든 학생의 배움을 향상시키기 위해서 기술을 정규 교육과정에 통합하고자 했다. EFA에 참여하는 온타리오 주 교육가들은 EFA를 이용해 교실수업에 혁신을 불러일으키면서, 동시에 전통적인 성취도평가의 성적을 올리고자 한다. 모든 학구에서 이 정책사업의 성과는 이런 기술들을 얼마나 성공적으로 학교문화에 스며들게 하는지에 달려있었다.

변화의 프로세스

체계적인 개혁전략은 무엇을 바꿀 것인지의 문제뿐만 아니라 시스템이 실현해내고자 하는 변화들을 이들 간의 상호 연계를 고려해 어떻게 달성해낼 수 있을지 하는 문제까지 다룬다. 또한 개혁전략은 변화의 목적과 변화의 실행자인 교육자들 사이에 변화의 바람을 어떻게 불어넣을 것인지에 대한 방법론을 포괄한다. 또 다양하게 실행되는 변혁이 자신들끼리 그리고 사회 전반의 다른 개혁과 어떻게 긴밀히 연계될 수 있을까에 관한 전략도 개혁전략에 포함된다. 이 부분에서는 온타리오 주 특수교육 개혁전략의 7가지 상호의존적 특성을 제4의 길에 비추어 집중조명하고자 한다. 그런 뒤에는 2장에서 언급한 바, 제3의 길 방식에 기초한 온타리오 주의 광범위한 교육개혁 전략의 특징, 즉 문해력과 산술능력 시험을 강조했던 것과 이것이 어떻게 대비되고 상호보완적이며 조화를 이루는지를 보이려 한다. 7가지의 특징은 다음과 같다.[26]

1. 감동적인 신념

2. 윤리적 경제

3. 중간간부의 가교역할 리더십

4. 지방정부와 유연성

5. 통합전략

6. 집단적 책임감

7. 강력한 상호작용

1. 감동적인 신념

많은 수의 변화주창자들은 어떤 실행practices을 우선 강제하여mandated 교사들이 이를 경험하고 난 뒤에야, 그들의 신념이 바뀔 수 있다고 가정한다. 많은 제3의 길 전략이 그런 가정에 입각해있다. 즉 변화와 변화의 방향은 협상의 여지가 없는 필연적인 것이니 목표치를 정함으로써 동기를 부여한다. 그리고 실행에 착수할 수 있도록 지원한다. 교사가 지닌 신념의 바람직한 변화는 새롭게 지정된 형태의 수업을 성공적으로 실천하고 나서야 비로소 시작된다고 믿는 것이다.

ESGA는 앨버타 주의 AISI, 핀란드의 교육제도처럼 위와는 반대되는 생각에 근거했다. 즉 어떤 신념에 설득된 뒤에야 비로소 사람들은 제대로 변화를 실천하는 일에 돌입한다는 것이다. 신뢰구축, 공동목표 설정, 책임감 공유, 기대치 상승, 인간관계 개발 그리고 협업을 독려하는 지원책 등으로 학교의 문화를 재구축reculturing하려는 전략이 바로 ESGA의 기반이다. 온타리오 주에서는 '사람들의 생각을 바꾸면 그들의 행동은 바뀐다.' '학습력이 누군가에겐 있고 누군가에겐 없다는 생각, 특수교육 담당교사만이 특수교육 대상 학생을 가르쳐야 한다는 생각을 바꾸면 일반 교사들의 행동이 변화할 것이다.'라고 믿는다.

ESGA가 시작된 직후 온타리오 특수교육정책 담당부서의 국장은 공유할 공동의 신념과 가치의 개념을 명확하게 정립하는 일에 전념했다. 그런 뒤에는 사람들이 자율적으로 행동하도록 풀어주고 독려하는 것이 분명한 핵심이라 여겼다. 이는 그가 혁신고등학교에 교장으로 재직할 때부터 갖고 있던 소신이었다. 그는 학생에게 학습통제권을 돌려주어 그들이 소유하게 해야 한다고 했다. 수업의 본질이란 교사가 통제할 수 있는 대상이 아니라 수업이라는 장면에 관련된 모든 사람에게 열려 있는 것과 마찬가지로, 교육계에 종사하는 성인도 자신에게 영향을 미치는 결정이라면 그것에 응당 관여해야 한다는 것이 그의 신념이었다. 나아가 이렇게 말했다. "헌신적인 전문가들인 경우에는 당신이 옳다고 생각하는 것에 그들도 기본적으로 동의한다면 자율성을 주어보라. 그러면 그들은 그것을 해낼 것이다."[27]

실제로 이 지도자에 의해 정책입안자와 사회지도자들이 EFA의 테두리 안에서 여러 위원회에 예산을 배정해 아동교육을 개선해냈다. 그들은 "사업의 유일한 조건은 「모두를 위한 교육EFA」 지침을 준수하는 것뿐이었다."라고 했다. ESGA 사업의 리더들은 교사들이 항상 이런저런 요구에 시달리기는 하지만 보통의 교사들도 ESGA 철학을 받아들일 것이라 생각했다. 온타리오 주 교사들은 EFA에 명시된 영감을 주는 신념을 받아들였다. 예를 들어 많은 가톨릭학교에서는 종교 강령에 모든 학생이 특별하고 고유한 존재uniqueness임을 명기했다. 한 교장의 말을 빌리자면 "모든 아이들은 신의 선물이다."[28] 이런 철학은 통합과 다양성이라는 캐나다의 핵심적인 문화와 자연스럽게 조화를 이룬다. 공식적인 이중언어사회이면서 다문화 정체성을 인정하고 있는 국가인 캐나다에 내재된 문화적 특성이 바로 통합과 다양성이다. 이래서 온타리오의 교사들은 정책을 충실히 이행했다.

온타리오 주의 문해력과 산술능력 향상전략도 '모든 학생의 성취도 평가 성적을 올리면서 그 격차를 줄여야 한다'라는 명확한 윤리적 목적으로 뒷받침되고 있었다. 이런 목적과 이에 수반되는 시험전략은 최고위급 이해당사자들에 힘입어 정부가 규정한 제3의 길 방식으로 작동됐다. 이와는 대조적으로 EFA의 신념은 자발적 참여와 영감이 특징인 제4의 길 원칙에 기반했다. 온타리오 주에서 제3의 길 방식으로 이뤄진 문해력 및 산술능력 향상전략은 주로 수업방식의 변화를 주된 것으로 여겼다. 제4의 길 방식으로 이뤄진 ESGA에서는 교사들에게 영감을 주는 신념을 제시하는 일이 우선됐다.

2. 윤리적 경제

재정 면에서는 제2의 길이 어떻게 해서든지 공교육 경비를 줄이는 일에 초점을 맞췄고, 제3의 길은 정책목표를 달성하기 위해 사람의 능력개발에 추가적인 재원을 투입했다면, 제4의 길 정책의 재정전략은 교수학습의 핵심과정을 보호하고 개선하려는 데 초점을 둔다. 필요한 곳에 재원을 추가 투입하기 위해, 줄여도 되는 다른 예산항목을 골라내어 줄인다. 제4의 길에서는 책무성 관련 예산을 늘리지 않으며 교수학습과 직접적 관련이 없는 장학제도나 표준화시험 경비를 줄여 긴축재정에 대응한다.

교수학습분야 외에 교육계의 윤리적 사명으로서 재원을 요하는 분야 중 하나는 특수교육 대상 자격부여 및 재정지원과 관련한 의료와 법률비용이 있다. 2003년 진보적 보수당에 이어 집권한 민주당은 전임자로부터 특수교육 요구에 대한 대응전략들을 물려받았는데, 법리에 얽매여 있고 미로처럼 복잡할 뿐 아니라 지속할 수 없을 정도로 비용이 많이 들어가는 일이었다. 전임 정부는 공교육 예산은 삭감하면서 예산에 대한 중앙정부의 통제는 확대하는 제2의 길 방식의 교육개혁을 도입했다. 제2의 길 방식의 교육재정 체계에서 특수교육 대상자로 확인된 개개의 학생들을 위한 재원은 추가배정 방식으로 확보해야 했다. 전직 차관 벤 레빈이 기억하는 바에 의하면 '학교가 돈을 추가로 배정받을 수 있는 방법은 이것을 이용하는 것뿐'이었다. "학생을 특수교육 대상자처럼 보이게 하면 추가로 예산을 배정받을 수 있었지만 엄청나게 많은 서류를 작성해야 했다. 이후 일 년마다 특수교육 대상 학생이 10%씩 꾸준히 증가하면서 전체 예산에 큰 압박이 될 정도였다. 그런 식으로 교육예산이 계속 빠져나갔다."

레빈의 동료들 말에 의하면 특수교육 대상 학생 확인시스템의 중심이 재정지원 신청을 위한 서류작성 및 확인으로 변질되었다.[29] 이는 교사들이 어떻게 수업보다 재정신청 서류작성에 더 공을 쏟게 되었는지를 이해하게 해준다.[30] 레빈의 또 다른 동료들은 학구들이 확인절차 체계를 악용해 예산을 확보한다고 하면서 그 절차를 바꿔야 한다고 했다.[31]

당시 교육부의 특수교육프로그램 담당국장이었던 브루스 드루윗Bruce Drewett은 신체장애인으로 학창시절에 장애로 인한 따돌림을 수없이 겪었다. 레빈과 함께 드루윗은 개별 학생의 장애 여부를 확인하는 데 집중하는 특수교육 지원절차는 단순한 재정문제가 아니라 윤리적 문제를 지니고 있다고 생각했다. 자금분배에 초점을 맞춘 이런 확인절차는 지원승인 비율의 상승을 제대로 관리하지 못하며, 이는 또한 '아이들의 가능성이나 장래의 기대수준에 대한 것이 아니라 아이들의 결핍에 초점을 둔 문서작업'을 부추긴다는 것이다. 드루윗이 첨언한 대로 기존의 절차는 '특수교육 대상 학생이 어떤 수준의 수업을 필요로 하는지에 중점을 두는 것이 아니라 정규직 보조교사의 필요 여부에만 초점을 맞춘다'.

수업의 방법이나 질보다는 특수교육 대상 학생 여부 확인을 우선시하는 낡은 시스템은 학생을 위한 최선의 방식이 아니었다. 교육부의 한 고위관리가 언급한 대로 "한 교실에 다섯 명의 보조교사가 있는 경우도 있었지만, 그중 어느 누구도 전체 수업의 조화를 신경 쓰면서 아이들을 보조하고 있지 않았다. 그저 아이들에게 매달려 있을 따름이었다." 레빈은 보다 많은 특수교육 대상 학생들이 정규학급에 통합되도록 했다. 레빈과 동료들은 협동학습 및 통합수업을 지향하여 특수교육 대상 학생 개인 단위로 재원을 투자하기보다는 학급이나 수업 자체에 재원을 투여했다.

이렇게 바뀐 특수교육 지원방식은 예전보다 더 신중하고 효율적이며 공정했다. 이는 학생의 마음을 다치지 않게 하면서도 비용을 절감한 '윤리적 경제moral economy'의 예다. '윤리적 경제'란 영국 역사학자 톰슨E. P. Thomson이 처음 사용한 개념이다. 18세기 영국의 자유시장 정치경제 체제 아래에서 이익을 보는 개인들이 증가하면서 기아가 만연했고 그 결과 여러 차례의 식량폭동이 발생했다. 식량폭동의 목적은 경제발전과 사회적 필요 사이에서 공정하고 적절한 균형점을 회복하는 데 있었다. 이보다는 덜 극적이지만 특수교육 분야에서는 ESGA의 시작이 윤리적 경제를 촉구하는 신호탄과 같았다.[32]

3. 중간간부의 가교역할 리더십

대규모의 교육개혁은 정치적 지지를 받지 못하고 많은 교사들이 적극적으로 이를 실천 및 전파하지 않으면 이렇다 할 진전으로 이어지지 못한다. 제3의 길에서는 교사 지원의 기능을 겸비한 일종의 추진연합체를 고위급 핵심지도자들로 구성했는데, 이는 하향식으로 사실상 교사들에게 압박을 가했다. 그러나 제4의 길에서는 교사를 단지 개혁의 전달자가 아니라 개혁의 동력으로 여긴다.

온타리오 주의 특수교육 개혁구조에는 제3의 길과 제4의 길 방식이 모두 나타났다. 특히 중간지도자들의 역할이 주효했는데, 중간급의 지도자들이란 '학구의 교육감, 국장 그리고 의원 등'이다. 온타리오 주 특수교육 개혁의 집행에 있어서 이들 중간지도자들의 리더십은 다음 세 가지 형태로 나타났다.

첫째, 제3의 길 방식으로 상위 주체들을 대표함
둘째, 학구지도자들의 집단적 헌신과 참여를 촉구함
셋째, 팀을 이뤄 학구의 정책개발과 운영을 도움

첫째로, 제3의 길 원칙에 따라 학구의 주요 지도자들은 학구 교육개혁 고위책임자 모임에 참석한다.[33] 한때 그들은 교원노조나 교장연합회 같은 거대 조직과 비교했을 때 조연 수준에 그쳤지만 세 명의 특수교육 교육장이 차관에게 편지를 써서 EFA를 실행하는 데 교육장과 국장들의 지도력을 좀 더 효율적으로 활용할 수 있다고 한 뒤에는 상황이 급변했다. 장관이 CODE 지도자 회의에서 EFA 관련 교사연수에 2천5백만 달러를 투여하겠다고 발표하면서[34] 학구의 지도자는 공식적으로 주州 단위 교육개혁 전략의 주요 책임자가 되었다.

둘째, 상황이 이렇게 변화됨에 따라 국장과 교육장들은 변화의 필요조건인 참여인원 최소 임계치를 채우는 역할에서 벗어나, 장관의 지지를 바탕으로 하는 제4의 길 리더십을 EFA에 대해 확보하게 됐다. EFA, 즉「모두를 위한 교육」정책은 실행하기가 쉽지 않았는데 이는「모두를 위한 교육」정책이 단순한 전략적 계획물이 아니라 철학적 지향점을 담고 있는 것이었기 때문이다. 주州에서는 변화의 필요를 알고 있었지만 어떻게 해야 하는지는 제대로 알지 못했다. 주에서 알고 있는 것이란 제3의 길 방식의 개혁프로그램에서 경험한 것처럼 해내기로 되어 있는 수많은 과제들 중에서 해낼 수 없는 것들이 무엇인지에 관한 것뿐이었다.[35]

ESGA을 주도한 중간지도자들은 만약 학구의 교육장이 교사들에게 권한을 부여하는 것을 경시한다면 변화는 일어날 수 없음을 알고 있었다.[36] 문제는 주의 모든 교육장과 국장들을 이런 변화의 흐름에 참여시키는 방법이었고, 재정지원으로 해답을 찾았다. 예전에는 자금을 학생 수를 기준으로 계산했기 때문에 토론토 시는 엄청난 액수의 지원금을 받은 반면, 인구가 적은 마을은 매우 적은 금액을 지원받을 수밖에 없었다.[37] 인구비율로 예산을 지원한다면 작은 학구에는 예산이 거의 투입되지 못한다.[38] 그런데 온타리오 주의 전체 학구 중 3/4는 소학구 내지는 중간 크기였다.[39]

그래서 ESGA 사업운영팀은 학구의 크기에 관계없이 동일한 액수를 지원할 것을 결정했다.[40] 이렇게 하면 전통적으로 막강한 학구들이 소외될 수 있다는 위험이 있었지만, 이미 특수교육 재원의 부족을 겪어온 상당수의 작은 학구들에 충분한 자금을 투입해 이들이 이전에 소홀할 수밖에 없었던 영역을 보완할 필요가 높았다.[41] 상부의 이런 지원으로 학구의 ESGA 사업이 실제 움직이기 시작했다. 운영팀에서 일했던 관계자는 이렇게 회고했다. "그들에게는 큰 규모의 재원이 부여되었다는 사실 자체, 그리고 무언가를 직접 수행할 수 있다는 것 자체가 전에 없이 엄청난 권한을 부여받은 일이었으며, 모든 수단을 동원해 정책을 수행하고자 했다."

실제로 이 정책에 72개 학구가 모두 참여했다. 목표는 '모두가 「모두를 위한 교육」에 대해 토론하고 이에 참여하는 것'이었다.[42] 모든 교육장과 국장이 사업을 옹호했으며 사업에 관한 모든 정보를 수집하여 주에 올렸다.[43] 학구의 리더들이 여러 대의 발전기가 모인 것처럼 사업동력의 지속성을 확보하기 위해 노력했다.

셋째로, 중간지도자들의 리더십은 은퇴한 국장과 교육장들로 구성된 작은 운영팀의 형태를 기반으로 했다. 이들은 CODE 지도자가 ESGA 계획을 설계하고 개발할 주체로 선정한 사람들로 영어권 공립학교, 가톨릭계 학교, 불어권 공립학교에서 은퇴한 사람들이었다. 이 운영팀은 자신들이 차관의 전폭적인 지원 아래, 정책사업의 실행방안 자체에 대한 교사들의 사고방식을 바꾸는 역할을 맡고 있다는 점을 잘 알고 있었다.[44] 교육부 관리는 그들에게 이런 점을 당부했다. "우리가 궁극적으로 바라는 것은 문화를 바꾸는 것이다. 운동을 주도하는 것은 결국 학구 수준의 리더들이기 때문에 그들이 우리처럼 ESGA 사업을 자기 것으로 인식하기를 바란다."[45]

은퇴자로 구성된 운영팀은 선출직이 아니었으므로 공식적인 통제권은 가지고 있지 않았다. 따라서 교육장에게 위협적인 존재는 아니었다.[46] 그런 이유 덕분에 운영팀이 교육부로부터 재정지원을 받아 운영됨에도 불구하고 교육장들이 운영팀을 동료로 여길 수 있었다.[47] 운영팀은 교육부를 대변하는 것도 아니었고 학구를 대변하는 위치도 아니었다. 운영팀원으로 일했던 사람의 회고에 따르면 이렇다. "우리는 교육부에 완전히 묶인 조직이 아니었기 때문에 좀 더 유연하고 민첩하게 활동할 수 있었다."

이 변화는 교육장과 국장에 의해 주도되는 제3의 길 방식이 아니었다. 운영팀은 교육장들과 협동하여 그들이 이미 알고 있는 지식을 끌어냈고 이에 힘을 실어주었다.[48] 운영팀은 변화를 밀어붙이지 않았고 사람들로부터 변화를 이끌어냈다.[49] 학구의 교육장 및 관계자들이 운영팀과 소통하며 사업재원을 신청하는 과정 속에서 변화가 자연스럽게 생겨났다.

행정부가 변화를 주도하고 교사가 이를 단순히 교실에 전달하는 방식은 제4의 길 방식이 아니다. 제4의 길에서 교사는 변화의 주체다. 교사가 개발한 변혁안이 온타리오 주에서는 많은 지역에서 많은 집단과 함께 시작되었다. ESGA의 성공에 결정적 영향력을 발휘한 집단은 존경받는 중간리더들이었다. 이들은 영향력을 발휘해 중앙정부 차원의 회의에 대표로 참석했고, 72개 전체 학구 지도자들의 헌신과 참여를 독려했으며, 동료들 간에 사업의 방향을 제시하고 안내하는 데에도 영향력을 행사했다.

4. 지방정부와 유연성

앞서 살펴본 바에 의하면 영국, 미국, 스웨덴 같은 국가에서는 지방의 민주주의나 학구 단위의 책임감 그리고 지역사회의 공교육 참여도가 약화되는 추세다. 그러나 제4의 길 전반에서 특히 온타리오의 ESGA에서는 교육변화의 효율성을 책임지는 주체가 지방정부와 학구다. 온타리오 주에서는 EFA를 해석하고 실행에 옮기는 일에 학구가 상당한 재량권과 유연성을 갖는다. 모든 학구가 계획을 제안하고, 운영팀이 승인하면 나름의 방식대로 계획을 개발한다. 이런 사업전개 방식 덕택에 인구구성과 문화의 다양성이 높은 지역에서는 지구 특성에 맞는 사업들, 예를 들어 조기 문해력 개발, 보편적 학습설계 UDL, 보조공학, 원주민학생 기대치 제고사업 등이 다양하게 진행됐다. 운영팀은 각 지구마다 독특한 상황적 특성이 있고, 이에 따라 요구에 차이가 발생하며, 한 학구에서 효과적인 사업일지라도 다른 학구에 그대로 적용하는 것은 어렵다는 것을 사실로 받아들여야했다.[50]

"교사들은 모두가 같은 일을 하는 것으로부터 벗어났습니다. 프로젝트가 진행되는 건 보통 이런 식이었어요. '좋네요. 올해는 이 사업을 해보세요. 나중에 보고해주시고요.' 우리는 더 개방적인 방식으로 일을 진행했습니다. '당신이 가장 잘 하는 방식으로 일을 진행해보세요. 우리는 지켜볼게요.'라고 말하는 식이었죠. 그리고 사업 대부분은 승인되었습니다."[51]

교육부는 절대로 세세한 부분까지 관여하지 않았다. 프로젝트에 대한 질문을 많이 던지되, 그것은 결코 '그 일은 이렇게 처리해야 한다' 하는 식이 아니었다.[52] 주에서 시행된 제3의 길 방식의 교육개혁 전략들이 지닌 진짜 약점은 공통교육과정을 만들어 공동의 목표를 달성하는 일에 자원을 과도하게 투입했다는 것에 있었다. 상황에 맞는 유연한 변화에 대한 고려가 희박했다.[53] ESGA 운영팀이 상당한 여유를 갖고 지구의 특성과 문화에 맞춰 다양하게 정책적 변화를 준 것은 이와 대조적이었다.

- 불어권 학구에서는 학생들이 다양한 매체에서의 문해력을 개발할 수 있도록 예술과 놀이와 같은 분야를 적극적으로 보호했다. 사라질 위기에 놓인 예술과 놀이가 고유의 정체성을 보호받고 표현될 수 있도록 했다. 이런 문화적 정체성을 보존하는 일에 성취도성적 격차를 줄이는 것만큼의 중요성이 있다고 보았다.[54]
- 올드 오더 메노나이트Old Order Mennonite 교도들이 거주하는 학구에서는 많은 젊은이들이 법정연령 이전에 학교를 자퇴했다. 이들에게 출석을 강제하면 미국이나 그 너머의 타교구로 이동해버렸다. 따라서 학교에서는 메노나이트 교도의 교육관을 바꾸기 위하여 그들과 신뢰를 쌓고 관계를 맺는 데 초점을 맞췄다. 교도들이 생산한 농산물로 학교식단을 구성하고, 학부모의 귀가길에 동행하기도 했으며, 농산물 운반을 돕기도 했다. 공감대를 형성하고 소통하려는 신뢰구축 과정이 진행되자 메노나이트 교도들

은 학구에 계속 거주했고 자녀들을 학교에 출석시켰다. 표준화 전략으로 그들에게 접근했다면 그들은 분명 지역을 이탈해 떠돌았을 것이다.

- 등록학생의 40%가 캐나다 원주민 학생인 학구에서는 많은 원주민들이 선조들의 언어heritage language를 잘 알지 못할 뿐만 아니라 공용어인 영어도 정확히 구사하지 못한다는 점에 주목했다. 그래서 미래학습의 기초가 될 기본적인 구어능력 개발을 첫 사업으로 선정했다.
- 이민자 비율이 높은 학구에서는 학생들이 4학년에 이르면 영어 성적 급락을 보인다는 점에 초점을 맞췄다. 이에 따라 구조화된 문해력 교육을 주장하는 측과 구조화시키지 않은 놀이교육을 주장하는 측 사이에 열띤 논쟁이 벌어졌으며, 조기 문해력 개발 사업에 착수했다. 이에 따라 모래, 물, 그리고 물에 뜨는 오리장난감과 같은 조작적 교구를 언어 및 단어와 연결하는 매우 매력적인 문해력프로그램이 탄생했다.

제4의 길 방식의 ESGA는 정책구조를 갖춰 다양한 지역과 문화에 따라 정책을 달리할 수 있도록 했다. ESGA에서 지방정부는 자신만의 변혁해법을 설계할 수 있을 정도의 자율성을 지녔다. 이들은 표준화를 강요하는 대신 다양한 사업을 승인해 전개했다.

그러나 주의 중점사업과 접근법을 지역실정에 맞게 고치는 일이 전체 정책 방향성의 일관성 유지나 결과의 질을 담보하는 것은 아니었다. 지역별 차이와 반응은 복잡했다. 그렇다면 전체적인 일관성을 어떻게 유지할 수 있었을까? 앞서 중간지도자로 언급했던 전직 교육장 그룹이 다른 지방정부의 사업 담당자들과 서로 소통하게 했다. 이들은 사업주체들의 결속력을 다지고 추진력을 높이는 데 핵심적 역할을 수행했다.

5. 통합전략

ESGA는 처음부터 조정역할을 담당할 사람과 운영팀을 지명하여 이들이 다른 주州의 개혁사업의 고위지도자 및 관련 정부부처 고위관료까지 접촉의 범위를 넓히게 했다. ESGA가 처음부터 다른 지도자들을 기꺼이 포함시키려 한 점은 익숙한 일이 아니었지만, 이 조치로 인해 결과적으로 여러 정부부처, 사무국 및 사업관련자들의 저력을 사업에 집중시킬 수 있었다. 이들은 다양성과 차별성이 특징인 제4의 길 방식과 세간의 주목을 끄는 우선순위사업 위주의 제3의 길 전략을 연결해낼 수 있었다. 행정의 최고 수준인 정부 차원의 노력과 책임성을 학구의 사업에 통합시키려 시도했다. 이런 시도의 목적은 첫째, 사업과 목적의 위상을 높이기 위한 것이었고 둘째, 상치되는 목적을 갖고 있는 정부부처와 프로그램들로부터 일어날 수 있는 위협과 갈등을 차단하려는 것이었으며 셋째, 인간과 재원의 집단적 역량collective capacity을 향상시키기 위한 것이었다.

또한 온타리오 주는 주의 다른 우선 개혁과제들과 특수교육의 개혁을 조화시켰다. 전직 교육부차관인 벤 레빈은 특수교육 대상 학생들의 문해력과 산술능력이 일반 학생에 비해 뒤질 뿐 아니라, 두 집단 학생들의 EQAO 시험성적 차이가 크다는 것을 알고 있었다. 따라서 주 학생들의 성적 격차를 줄이려면 특수교육 대상 학생들의 학습을 개선해 그들의 성적을 높여야 한다고 했다. 앞서 보았듯이 결과는 성공적이었다. 2004년과 2009년 EQAO 시험의 읽기, 쓰기영역에서 두 집단 간의 성적 격차는 현격히 감소했다.

6. 집단적 책임감

핀란드, 싱가포르, 앨버타 주에 공히 나타나는 특징이면서 제4의 길에서 반복적으로 등장하는 주제는 학교공동체가 갖는 모든 학생에 대한 집단적 책임감이다. ESGA 사업은 처음에는 1년 기한으로 시작됐다. 새로운 방식의 특수교육 관련 사업을 실험하는 조건으로 학구에 재원을 투입한 1회성 사업이었던 것이다.[55] 이 사업계획은 단기간의 변화로 장기적 효과를 거두려는 목적이 있었다. 교사들이 모든 학생들에 대한 집단적 책임감, 그리고 모든 학생들에게 제공할 개별화된 교수의 품질에 대한 집단적 책임감을 지닐 수 있도록 하는 내부 구조와 문화를 창출하고자 했다.

ESGA 사업은 학구 내의 교육과정, 특수교육부서 그리고 교육장 사이에 존재했던 각종 장벽을 허무는 데에서부터 시작됐다.[56] 그런 다음 학교에서는 담임교사와 특수학급 담당교사가 모든 학생에 대한 집단적 책임감을 공유했다.[57] 그러면서 담임교사들은 특수학급 담당교사의 역할과 책임영역을 더 잘 선용할 수 있게 되었다. 예산 지원을 받기 위해서는 개별 학구의 교육과정 담당국장과 특수교육 담당국장 둘 다 지원서류에 서명해야 했다.[58] 학구 간 관계와 문화를 바꾸기 위해 구조를 바꿨다. 서로 다른 학구의 사람들이 신념을 공유하는 과정에서 상호 간에 문화적 견인이 일어났고, 재구조화가 불러일으킨 이른바 '넛지nudge' 효과가 사람들의 대화와 관계에서 전문성을 높였다.

사업에 참여한 한 초등학교 교장은 자기 학교의 성적이 바뀐 첫 번째 이유로 집단적 책임감을 꼽았다.[59] 이 학교는 8주 단위의 교수학습 주기를 도입해, 8주마다 학생들의 문해력과 산술능력을 평가하고 그 결과에 따라 학생들의 학급을 배정하는 전략을 시도했다. 과정 중에는 학생을 정기적으로 평가해 그들의 진도를 푸른색, 노란색, 빨간색 등으로 벽에 표시하는 방식을 이용함으로써 뒤처지는 학생들을 실시간으로 확인했다. 이 전략들은 학구 내외의 다른 학교들과 아이디어를 공유한 결과물이었다.

제3의 길 방식인 자료data를 중심으로 한 과정에 교장은 제4의 길 방식을 가미했다. 즉, 교사들을 설득하여 모든 교사가 모든 개별 학생을 집단적으로 책임지게 했다. 시간이 흐르면서 교사들은 자기 반, 자기 학년 학생 뿐 아니라 모든 학생에 대해 관심과 정보를 갖게 되었다. 1학년 담당교사들은 6학년 학생들을 과거에 지도했으므로 6학년 학생들의 학업에 대한 문제의식을 공유했다. 특수교육 담당교사는 공식적으로 특수교육 대상자로 지정된 학생뿐만 아니라 일반 학급에서 특수교육이 필요한 학생 모두를 도왔다. 교사들 사이의 열띤 대화가 잦아졌으며, 학생들 개개인의 성장을 우선적으로 생각하고 학생들의 배움을 독려하고 이를 개선할 수 있는 방안에 대해 학교 전체가 공동의 노력을 기울였다.

집단적 책임감은 EFA에 내재된 신념체계의 힘으로 그리고 학구 내부의 여러 교육주체 간에 있던 벽이 허물어지면서 조성되었다. 교사들은 학생 관련 정보를 게시하는 벽이나 차트와 같은 공동의 도구와 언어를 사려 깊게 사용하면서 열성적으로 소통했다. 그중 하나인 앵커차트anchor chart란 전 학년에 걸쳐 사용할 수 있는 도구로 공동의 목표와 개념을 교사들이 공유할 수 있도록 손으로 작성하는 포스터다. 학생들도 자신이 원하는 수업의 형태를 교사들에게 알리기 위해 앵커차트를 이용할 수 있다. 이 도구는 ESGA 도입 이전에도 널리 쓰였지만, 그 이후 사용빈도가 더욱 늘었다.

집단적 책임감은 온타리오 주 전체에 걸쳐 의도적, 정책적으로 조성되었다. 이렇게 조성된 집단적 책임감이 빛을 발한 곳은 교실이다. 교사들이 팀을 구성해 함께 계획을 수립하는 일에 예산이 지원되었다.[60] 5점 만점의 설문조사에서 교사들은 특수교육 대상 학생에 대해 실제로 집단적 책임감을 느꼈는지에 대한 질문에 4.13점, 그리고 특수교육 대상 학생에 대한 교육에 교사 간의 협동이 향상되었는지에 대한 질문에 4.21점이라는 높은 점수를 부여했다.[61] ESGA가 자신의 수업에 어떤 영향을 끼쳤는지를 묻는 서술형 문항에는 "나의 학생이 우리의 학생이 되었다."라는 식의 반응들이 많았다. 특수교육 담당 보조교사들의 일반 학급 통합이 진행되면서는 "특수교육 담당교사들도 결코 자신들이 특수교육 대상 학생만을 책임지고 있다고 생각하지 않는다."라는 응답들이 나왔다.[62]

제2의 길은 교사들을 고립화, 개별화시켜 동료와 분리시키거나 가끔은 성과급과 같은 외부적 인센티브를 놓고 경쟁을 하게 만들었다. 제3의 길은 교사들을 학습공동체로 엮어냈지만, 교사들을 성취도평가 데이터와 같은 숫자에 매달리게 하는 방식으로 시험성적 향상이라는 목적의 달성을 촉구했다. 제4의 길은 이와 다소 대조적이다. 교사의 일에 있어서 데이터의 중요성을 인정하지만 데이터에 '인격face'을 부여했다. 즉 데이터는 학생의 실제를 대변해야 하고 이런 데이터는 교사로 하여금 집단적 책임감을 갖게 해야 한다. 데이터는 교사들의 요구에 반응할 줄 알아야 한다.[63] 결과적으로 ESGA는 담임교사, 특수교육 담당교사 그리고 학구의 해당 관계자들이 한데 모여 모든 학생들에 대한 책임감을 공유하고 모든 학생을 위해 교사 모두가 공동체의식을 가지고 매우 열심히 활동하도록 했다. 온타리오 주의 사례에서, 제3의 길에서 제4의 길로의 이양이 잘 드러난 지점이 바로 이 집단적 책임감 형성과 관련된 부분이다.

7. 강력한 상호작용

사업들이 지역별 요구에 맞추어 제각기 추진되면서도 온타리오 주 전체 차원의 일관성이 유지될 수 있었던 요인은 무엇인가? 지역별 사업을 하나로 묶을 수 있던 몇 가지 주요 요인으로는, 먼저 존경받는 중간지도자들로 구성된 운영팀이 있었다. 둘째, 다른 개혁조치들과 실용적으로 통합하거나 이에 편승하면서 일관성을 유지했다. 또한 싱가포르나 앨버타 주와 마찬가지로 여러 사업들이 서로 연계되어 있었고 지속적으로 소통했다.

주어진 몇 주의 기간 내에 각 학구에서 사업을 신청하면, 10개 학구의 소통을 책임지는 ESGA 운영팀 요원이 이 사업들을 사업책임자인 교육장이나 관계자들과 연결시켜 관계를 형성해주었다.[64] 가교역할을 한 교육장 그룹은 학구를 빈번히 왕래하면서 모든 학구의 사업이 전체 사업의 큰 틀 속에 묶일 수 있도록 코칭과 멘토링을 제공했다. 이런 과정을 통해 모든 지역별 사업은 하나의 큰 사업으로 견인되었고, 각 사업주체들은 서로가 좀 더 정확한 방향성을 확보하고 좀 더 나은 성과를 낼 수 있도록 서로를 '넛지nudge'했다.

승인과정이 꽤 까다로운 경우들도 없지 않았다.[65] 어떤 사업들은 처음부터 거절당했다. 운영팀으로부터 "안 됩니다. 이렇게 하면 우리는 지원할 수가 없습니다. 이런저런 것은 고쳐야 합니다."라는 말을 듣는 사업들도 있었다.[66] 학생을 중심에 놓지 않은 사업이나 특수교육 담당교사와 담임교사의 협력을 크게 염두에 두지 않은 사업들이 그랬다.

2005년 10월 사업들이 개시되고 한 달 후쯤, 운영팀이 지정한 30~35명씩으로 구성된 모니터팀들이 사업 첫 해에 방문 예정이던

두 개의 학구 및 한 개의 학교를 방문했다. 학구 고위직원이었던 모니터 요원은 학구의 사정을 잘 알고 있었으며 방문시 자신의 자리에서 어떤 역할을 해야 하는지에 대한 연수를 이미 이수한 상태였다.[67] 모니터팀의 역할은 학구와 학교가 자신들의 프로젝트 진행상황을 스스로 돌아볼 수 있도록 하는 것이었다.[68] CODE 책임자의 말대로 모니터팀은 '전혀 위협적이지 않을' 뿐 아니라 간섭하지 않는다. 대신 ESGA프로그램에 대하여 생각해볼 만한 질문들을 던지는 '막역한 친구'로서의 역할을 수행했다.

그럼에도 불구하고 "모니터팀이 방문한답니다."라는 공지가 전해진 뒤에는 프로젝트 전반에 시동이 걸렸다.[69] 두 사람으로 꾸려진 모니터팀이 하루 내내 프로젝트 계획에 대해 질문을 하고 이제까지의 진행상황도 확인하기 때문이다. 실제로 모든 사람들은 모니터팀에게 자신이 잘 하고 있다는 것을 보여주려 했다. 모니터팀들이 프로젝트 진행상황을 평소에도 주시하고 있다는 소문도 퍼져 나갔다.

ESGA 리더십팀과 모니터팀 핵심간부는 제2의 길의 특별감사 책임자들과는 달랐다. 이들은 단지 주어진 프로그램 및 일련의 전략을 얼마나 충실히 이행하고 있는가를 확인하기 위해 학구를 방문한 것이 아니다. 지역의 요건을 제대로 판단하고 이에 대한 프로젝트의 적응 정도를 보고자 했다. 상호학습을 더욱 북돋우기 위한 방안을 고민했고 곱씹어 볼 만한 피드백을 제공했다.

프로젝트를 변경할 필요가 있을 때에는 코칭과 멘토링을 결합해, 지속적으로 내용에 대해 합의하고 아이디어를 교환하는 과정을 거쳤다. 그런 중에도 네트워크화된 소통구조 덕에 다양한 프로젝트 간 일관성이 유지됐다. 예를 들어 처음에는 학생성취도 향상 측정방식을 제대로 활용하지 못했던 학구가 있었는데, 코치와 모니터팀이 특정 도구를 효과적으로 사용하고 있는 다른 학구와 이들을 연결해주었다.[70] ESGA 팀원이 회고한 바에 의하면 "우리가 하는 일은 벤치마킹을 알선하는 일이었어요. 운동팀의 코치가 하는 일과 비슷한 것이었죠." 지침을 제공하고 그것의 준수 여부를 확인하는 것이 아니라, 사업 주체 간의 지속적 소통과 벤치마킹을 촉구한 것. 그것이 바로 ESGA의 일관성 유지전략이었다.

결론

캐나다 온타리오 주는 교육분야에서 세계적으로 뛰어난 성공을 거둔 지역으로 손꼽힌다. 유수한 국제적 연구조직 및 온타리오 주 지지자들은 온타리오 주의 성공요인으로 많은 요소들을 언급했다. 우리 연구진이 연구한 바에 의하면 온타리오 주가 거둔 성공, 즉 전체적 학업성취도 향상 및 성취도차이 급감에는 기존에 언급된 요인 외에도 다른 요인들이 있었다. 이미 널리 인정받은 요인인 중앙정부의 강력한 지원에 더해 문해력과 산술능력 시험에 집중한 제3의 길 방식의 개혁과 특수교육을 강조한 제4의 길 방식의 ESGA가 서로 조화를 이뤘다는 점이 그것이다. ESGA 계획은 특수교육의 하위계획에 머물지 않고, 문해력을 우선시하는 큰 개혁흐름의 일환이라는 점을 강조하여 ESGA의 전략기획에 기존 문해력 및 산술능력 담당 사무국의 주요 핵심인사들이 함께 참여했는데 이 점이 사업의 성공에 주효했다.

제3의 길, 제4의 길 방식의 개혁 양쪽 모두에서 모든 학생에 대한 교사들의 집단적 책임감을 공히 강조한 점도 성공의 주요 요인으로 작용했다. 두 개혁 모두 1980년대 이후 온타리오 주에서 성장한 교사들의 뿌리 깊은 협력문화를 바탕으로 성장했다. 물론 2003년 이전에 진보적 보수정부가 집권하여 예산을 삭감한 시기에는 그런 문화가 잠잠했다. 하지만 최근의 개혁으로 교사들의 관계와 성향이 회복되었고, 데이터 중심의 연구는 이런 문화를 더욱 공고히했다. 그러면서 ESGA 사업은 학교의 담임교사와 특수교육 자료전문가 그리고 학구의 담당자 사이에 있던 장벽을 없앴고 협동의 문화를 확장시켰다. 또한 EFA의 사업목표이기도 했던 저변의 고무적 신념 및 가치체계 확립은 집단적 책임감을 높여 윤리적, 철학적 토대를 형성했다.

2장에서 본 것처럼 가끔은 문해력과 산술능력에 초점을 맞춘 제3의 길 방식과 ESGA를 지향하는 제4의 길이 서로 상보적이지 못하고 갈등을 일으키는 경우도 있었다. 표준화 평가결과를 중시하는 제3의 길에서는 최소 목표수준threshold targets을 설정하기 때문에 그 수준 바로 아래에 위치한 학생들에게 과도한 집중교육을 통해 성과를 내려는 편법이 등장하기도 했다. 특수교육 대상 학생들의 성적이 실질적인 향상을 거뒀지만 레벨 3에 도달하지 못했다는 이유로 그 성과를 제대로 인정받지 못한 교사들은 매우 실망했다.

온타리오 주가 성취도평가 성적을 향상시키면서도 혁신을 추구하려 할 때 이미 ESGA에서는 많은 성과를 냈고 이로부터 풍부한 시사점이 도출됐다. ESGA는 주요 전략을 하향식으로 전달하여 층층이 이를 시행하게 하는 방식으로 진행되지 않았다. 학구에 많은 재량권과 자율권을 부여한 뒤, 정책 간 연계성을 높이고 신념을 공유하고, 지속적으로 모니터링했으며, 열띤 상호작용을 유도했고 기존의 우선적 사업들과 통합해 변혁의 안정성을 높였다. 의도적이고 조직적으로 실행 주체 간의 거리를 좁혔고 집단적 책임감을 조성했다. 제3의 길에서 중시한 성취도 평가결과 향상에서 초점을 거두지 않으면서도 제4의 길 방식으로 교육전문가들 간 상호소통을 활성화했다.

온타리오 주는 국제적 벤치마킹의 장에서 교육개혁 성공사례로서의 상징적 지위를 보유하고 있다. 온타리오 주가 지금까지 세계 유수 연구기관들이 별로 주목하지 않았던 변혁의 다른 요소들, 예를 들어 ESGA에서 보인 요소들을 지속적으로 유지한다면 이런 지위는 더욱 높아질 것으로 보인다.[71] 제3의 길과 제4의 길 중 어디에 속하는지의 관점에서 본다면 온타리오 주는 '3.5의 길'이라고 볼 수 있다. 그렇다고 해서 제4의 길 방식이 항상 제3의 길 정책과 공존가능한 것이라 여기는 것은 오해다. 제3의 길 정책 중에는 받아들여야 할 것보다는 우회하거나 반대해야 할 것들이 있다. 이런 것이 무엇인지 알아보려면, 영국의 사례를 알아볼 필요가 있다. 넓은 스펙트럼의 학습자를 대상으로 한 정책을 시행하면서도 소수 이민자 문화권 학생들을 교육하면서 엄청난 발전을 거둔 전도유망한 학교들의 사례를 살펴볼 필요가 있다.

The Global Fourth Way

07
영국

교사들에 영감을 주는 리더십
지역문화에 반응하는 리더십
조직에 안정감을 주는 리더십

앞서 성공한 네 지역을 살폈다. 그들의 성공에 제4의 길의 변화원칙들은 상당한 역할을 했다. 물론 제2, 제3의 길의 변화원칙들도 함께 기여한 면이 일부 있을 것이다. 그런데 PISA 시험에서 좋은 성적을 내지 못하는 지역, 구체적으로는 상위 20위권에 들지 못하는 국가들에서 교직에 몸담고 있다면 어떻게 할 것인가?

이번 장과 다음 장에서는 국가 전체의 성적은 낮지만, 때로는 제4의 길과는 정반대의 상황이 벌어지는 와중에도 제4의 길 변혁원칙들을 적용해 성공한 예들을 살펴본다. 먼저 낮은 PISA 시험성적을 기록하고 있는 영국, 특히 주목받지 못했던 영국 북부지역을 살핀다. 영국 자체의 성적은 매우 낮지만, 가난하고 문화적 소수자 비율이 높은 지역에서 온전한 성공을 일궈내 상황을 반전시킨 학교들이 있다. 악조건 속에서 이들이 뛰어난 성과를 만들어낼 수 있게 한 요인은 무엇인가?

영국은 기껏해야 중간 정도의 성적을 거뒀음에도 교육 성공사례로서 여타의 교육성공국들과 어깨를 나란히 한 것을 자랑스럽게 여겨야 한다. 전 세계에 셰익스피어의 언어를 공급했고, 아주 오래 전에 옥스퍼드와 캠브리지 대학을 설립했으며, 지금은 근사한 BBC 발음을 전 세계에 전송하는 국가가 영국이다. 높은 수준, 세련된 학식 그리고 예절 면에서 국제적 본보기가 되는 나라이기도 하다. 그러나 교육적 성공이라는 국제지표 상으로 보면 평범한 국가다. PISA 시험에서는 미국보다 한참 뒤진 24위로 하위권에 머물고 있으며, 선진국 중 빈부차이에 따른 성취도 격차가 가장 큰 국가다. UNICEF의 아동복지 지수에서도 21개 국가 중 맨 꼴찌다.[1]

영국의 고전문학, 근대영화, 텔레비전의 시대극에서 엘리트들이 활동하는 무대는 남부의 전원지역이다. 그러다 보니 남부의 전원이 곧 영국이라는 인상이 형성돼 있다. 사극에 등장하는 제인 오스틴Jane Austen, 토마스 하디Thomas Hardy, 그리고 다운튼 애비Downton Abbey가 보여주는 영국의 모습도, 현대영화에서 휴 그랜트Hugh Grant나 헬레나 본햄 카터Helena Bonham Carter가 보여주는 우아한 상류층 발음도 바로 남부 전원지역의 것이다.

그러나 외국인들의 눈에 거의 비춰진 적이 없는 '다른 영국'이 있다. 산업혁명의 발상지이며 최근에는 아시아 이민자 사회가 형성된 북부의 옛 공장지대가 그중 하나다. 이 장에서 다룰 곳은 바로 그레이터 맨체스터Greater Manchester 주州의 올덤Oldham 시市다.

영국 자체의 성적도 좋은 편이 아니지만, 북부지역에는 성적이 더욱 좋지 않은 학교와 학구가 많다. 그런 중에 상당한 성적향상을 보인 학교와 학구, 그리고 지방정부가 있다. 2007년에서 2009년까지 우리 연구진 중 한 명이 앨마 해리스Alma Harris와 함께 이런 학교 일곱 곳과 두 곳의 지방정부에 대한 대규모 연구를 실시했다. 연구는 비즈니스, 스포츠, 및 교육분야에서 나타난 예상 밖의 성공사례들에 대한 것이었다.[2] 교육분야의 사례 중 올뎀 시에만 세 학교가 있었고, 그랜지중등학교Grange Secondary School는 그중 하나였다.

쇠락과 회복

올뎀 시는 2001년 영국 역사상 최악의 인종폭동이 일어났던 곳이다. 이 시의 어떤 지역은 빈곤지수 하위 1%에 속한다.[3] 그랜지중등학교는 바로 그런 곳의 중심부에 위치해 있다. 1968년 개교할 때 그랜지중등학교는 올뎀 시를 대표하는 학교로서 도시 전역에서 학생들을 받았다. 그러나 파키스탄과 방글라데시 이주민들이 면직공장에 취직하고 곧이어 직물사업이 붕괴되면서, 수업이 힘들어지기 시작했다. 마침내 학교는 침체에 빠졌다.[4] 1971년부터 성년시절 거의 모두를 그랜지학교에서 보낸 그레임 홀린스헤드Graeme Hollinshead는 학생들이 바뀌면서 적응하기가 너무 힘들었던 것을 생생히 기억한다.

“지금이야 그랜지학교 교사들도 이슬람교 학생들을 어떻게 다루어야 하는지 잘 알고 있지만, 80년대에는 이슬람 문화를 몰랐기 때문에 체육시간에 여학생이 맨다리로 운동하도록 했을 정도다. 더 큰 문제도 있었다. 교육과정도 영국의 것 그대로 아이들을 가르쳤다. 좋게 표현해서 몰랐다는 핑계를 대지 사실 이슬람교 학생들의 요구를 수용하려는 노력을 하지 않았다. 교육과정을 개발할 생각도 하지 않았다. 개별 학생의 요구를 수용하려는 모습을 찾아볼 수 없는 전통적인 교육과정이었다. 혁신을 하려 하지도 않았고 사물을 다르게 보려는 노력도 없었다. 학교는 낙후되어 있었다."

영어를 모국어로 쓰지 않는 소수인종에 대하여 잘 알지도 못했고, 공장이 문을 닫으면서 실업이 증가하고 빈곤이 가속화되자 그랜지중등학교는 문제학교가 되어버렸다.[5] 기술 및 직업교육을 도입하여 변화를 꾀하고 진단평가와 수행평가로 평가를 개혁했음에도 불구하고, 1990년대에 들어서 학교의 학업수준은 현격히 낮아졌다. 경험 많은 교사들은 이를 모른 척 외면했다. 심지어 어떤 수석교사는 거의 하루 내내 뜨개질만 했다. 전체적으로 긴장감이라곤 찾아보기 어려운 분위기였다.[6]

한 교사는 원로교사들이 자신의 수업을 참관한 적이 한 번도 없다고 했다. 학부모 면담모임에 나오는 학부모는 매우 적었고, 16세에 치르는 중등교육 자격시험General Certificate of Secondary Education(GCSE)의 합격기준인 5개 과목에서 C 이상의 성적을 받은 학생은 겨우 15%였다. GCSE를 통과해야 대학입학 준비과정을 수강할 수 있었다. 영어를 사용할 줄 모르는 부모도 있었고, 영어를 읽지 못하는 사람도 있었다. 대부분은 자기 나라말도 제대로 읽지 못했다.[7]

1976년부터 그랜지학교에 근무한 교감선생님의 말에 의하면, 교사들이 문제의 해결책으로 학교 무료급식을 언급할 정도로 학생과 지역이 너무 가난했다는 점, 학생과 학부모가 영어를 제대로 구사하지 못한다는 사실 그리고 계층이동이 막혀있다는 사실을 들었다. 한 원로교사는 "시설은 지저분했고 언론에서는 우리를 쓰레기로 묘사했다. 학생들도 스스로에 대한 기대치가 높지 않았고 교사들의 이직률도 꽤 높았다."라고 회고했다.[8]

그러나 다음 10년 동안 그랜지학교는 지역적 특성 변화 없이, 구성원 변화 없이 완전히 탈바꿈했다. 그랜지학교는 완전히 탈바꿈해서 혁신과 개선이라는 두 마리 토끼를 모두 잡았다. 그랜지학교는 전국의 비슷한 조건의 다른 학교보다 월등히 뛰어난 성적향상을 보였다. 성과의 진행과정을 들여다보면, 2008년에 방글라데시인 학생이 84%, 파키스탄인 학생이 8%이면서 24개의 언어를 사용하는 학교의 학생들이 낸 성적이라는 것을 의심할 여지가 없다. 여러 지표가 이를 증명한다.

- GCSE 시험 통과기준인 5개 이상의 과목에서 C 이상의 성적을 받은 학생의 비율이 1999년 15%에서 2008년 71%로 증가했다.
- 2000년에서 2008년 사이에 추가교육*이나 직업훈련을 받지 않거나 미취업 상태에 있는 학생 비율이 12%에서 전국 평균 7%보다 낮은 3%로 떨어졌다.

* 추가교육은 'further education' 또는 줄임말로 'FE'로 불린다. 영국 성인교육의 일환으로 중등교육을 마친 사람에게 대학 외에서 제공하는 교육으로 계속교육이라고도 이르지만 타국의 계속교육continuing education과는 다른 특성을 지닌다. 지방교육 당국 산하에 다수의 계속교육 기관이 설치되어 있으며, 5세에서 16세까지 의무교육을 마치고 난 이후에도 18세까지의 추가교육이 제도화되어 있다.

- 10년간 출석률이 84%에서 전국 평균 92.7%에 가까운 92.5%로 향상되었다.
- 11살에서 16살의 학생의 성적향상에 학교가 끼친 공헌도 면에서(조건 가중치 점수 contextual value added score*라고 알려져 있음.), 2008년 그랜지학교는 전국 상위 2%에 속하고, 지역의 16개 학교 중에서는 1등을 했다.
- 포상 실적으로는 2002년에 시각예술 전문가학교 지정, 2005년에는 전국 30개 학교 중 최우수학교로 선정(연구가 진행될 때까지 전국 2위 유지), 그리고 2004년도의 지역 '예술과 정신' 상과 같은 다수의 시각예술 관련 상을 수상하였다.

영국 교육기준청Ofsted의 장학보고서를 보면 그랜지학교의 계속된 향상을 확인할 수 있다. 교육기준청의 2002년 보고서에 의하면 그랜지학교는 학교성과 측면에서 '우수' 등급으로 평가받았으며, 전체적으로는 두 번째 등급인 '우優'로 올라섰다. 1996년에 교육기준청이 장학을 실시한 이후 학생 출석률이 크게 개선되었고, 10학년과 11학년 교육과정의 질이 우수한 수준으로 높아졌다. 교수의 질이 대단히 개선되었으며 학습수준도 전국 평균보다 빠르게 높아졌다.

2006년의 보고서를 보면, 그랜지학교는 학생지원 및 돌봄 영역 그

* 'Contextual value added(CVA)'는 영국에서 학교의 성과를 평가하기 위해 사용하는 통계자료다. 아이가 특정 학교에 출석하면서 만들어낸 향상도를 측정하려는 목적의 통계치들로 이뤄져 있다. 시험성적과 달리 이 통계치들은 학교의 통제가 아니라 아이가 처해있는 환경을 고려해 지표화한다.

리고 타학교와의 파트너십 형성 영역 등에서 '매우 우수' 등급으로 판정받아 우수한 학교 수준을 유지했다. 이는 열악한 지역 여건과 학교 사정으로 오랜 기간 평균 이하였던 학교에서 낸 매우 인상적인 성과였다. 비슷한 여건에 처해있는 다른 학교들의 정체와 비교해 볼 때 그랜지학교의 성장은 더욱 괄목할 만한 것이었다.

변화를 위한 리더십

그랜지학교는 많은 제4의 길의 핵심원칙들의 전형을 보여준다. 특히 기존 상황의 개선에 기반한 혁신이 리더십과 결합될 때, 얼마나 효율적인지를 보여 주는 곳이 바로 그랜지학교다.

콜린 벨Collin Bell은 1994년에 교감으로 부임해 1997년에 교장이 되었다. 1971년부터 그랜지학교에서 근무한 그레임 홀린스헤드Graeme Hollinshead가 1997년에 교감이 되어 2004년에 교장이 됐다. 이때부터 그랜지학교의 반전이 시작됐다. 국가 전체의 성적이 안 좋은 상황에서 사람들을 묶어내고 이들의 기대치를 높이기 위해서는 리더십이 절대적으로 중요했다.

그랜지학교의 리더십은 교육계나 비즈니스계에서 리더십을 다루는 방식으로는 설명하기 어렵다. 다양한 성격의 리더십이 일관성 있게 결합된 독특한 리더십이었다. 때로는 용감했고 창의적이었으며, 영감을 불러일으키고 광범위하고 통합적이었다. 이는 지속가능한 리더십이었다. 한 지역에서 오랜 시간에 걸쳐 다른 많은 방식들이 융합해 발전한 결과물이었다.

1. 용기 있는 리더십

그랜지학교가 가장 안 좋았을 때는 1996년 외부 장학감사를 받을 때였다. 솔직히 그레임 홀린스헤드는 자기 학교가 합격할 자격이 없다고 생각했다. 장학감사 주간에 실력이 부족한 교사는 병가를 냈고, 능력이 뛰어난 교사들로 대체되었다. 감사기간은 고되었는데 감사가 끝나자 홀린스헤드가 교직생활 중 처음으로 병가를 냈을 정도다.

많은 헌신적인 동료처럼 그도 교직생활 전부를 그랜지학교에서 보냈다. 그러나 장학감사 과정은 끔찍했다. 자신과 학교 모두 어떻게 할 수 없는 지경이었다. 낙담하고 좌절해서 괴로운 심경을 토로하고자 의사를 찾아갔다. 의사는 참을성 있게 다 듣고 나서 전문가다운 충고를 해주었다. 남부 캘리포니아가 아닌 영국 북부지역답게 그의 충고는 신선하고 잔인할 만큼 직설적이었다. '학교로 돌아가 일을 재개하고 해결하라'는 것이었다. 그레임은 그렇게 했다.

홀린스헤드는 부교장으로 승진했고 벨이 와서 곧 교장이 되었다. 리더의 솔선수범이 리더십의 본질이라고 파악한 두 사람은 함께 실천을 시작했다. 먼저 학생들의 품행을 바로잡을 훈육전략을 수립했다. 이는 성적을 향상시킬 확고한 토대였다. "학생들의 행실은 엉망이었고 의욕도 형편없었다. 출석률은 고작 84% 정도였다. 모든 것을 바꿔야 했다."[9]

먼저 벨과 홀린스헤드는 전면에 서서 과감하고 확고한 리더십으로 용기와 의연함을 보여주었다. 교사들이 미쳤다고 생각했지만 둘은 학교에서 품행이 가장 안 좋은 학생들이 좋은 행실을 보이면 일종의 상으로 놀이공원으로 데려가줬다. "공원으로 차를 가지고 가 아이들을 태워 오곤 했지요. 우리가 하지 못할 일은 없었어요. 집집마다 문을 직접 두드리면서 '왜 학교에 안 오는 거야!'라고 외치면서 아이들을 학교로 데리고 오기도 했죠."[10]

리더들이 솔선수범하자 교사들이 리더를 존경하게 되었다. 또한 교사들도 리더들처럼 행동할 수 있겠다는 생각을 갖게 되었다. 그 결과 학교에는 새로운 행동전략들이 만들어졌고, 복도가 조용해지기 시작했다.[11] 교사들은 집단적 책임감을 갖고 아이들을 돌보게 되었으며, 아이들의 이야기에 귀를 기울이기 시작했다. 교사들이 아이들의 상황이나 능력에 대한 이해도를 높이기 시작한 것이다.[12]

그랜지학교 리더들은 교사와 학생뿐 아니라 감독기관에게 용감했다. 도전적인 환경에 처한 많은 리더들처럼 그들도 상급기관 사람들과 어떻게 관계를 맺어야 하는지 알고 있었다. 예를 들어 2009년에 홀린스헤드에 이어 교장이 된 길란 맥멀런Gillan McMullen은 불공정한 장학감사에 맞서서 지역교육청 관리들이 학교상황을 잘 모르거나 이해가 부족한 조치를 취하려 하면 이에 반기를 들었다. 비딱한 심사로 그러는 것이 아니라 학교가 처한 문제에 대하여 자신의 학생들에게 알맞도록 교사들이 고안한 해결책을 옹호하기 위함이었다.

"입증할 서류는 많았습니다. 그래서 장학감사팀에 맞설 수 있었습니다. 지방정부 관리들과 맞서서 그들이 제시하는 전략을 받아들이

지 않을 생각이었습니다. 이런 식이었습니다. '아니요. 우리는 일을 이렇게 처리할 것입니다. 우리는 이 문제에 대해 충분히 생각해서 내부적으로 전략을 마련해두었기 때문에 당신들의 전문적 조언이 지금은 필요하지 않습니다.' 우리는 정말로 문제를 잘 알고 있었습니다."

2. 감명을 불러일으키는 리더십

과감하고 용감한 리더십만으로는 부족하다. 솔선수범해도 아무도 따라와주지 않는다면 소용이 없다. 탁월한 리더십은 사람들에게 활기를 불어넣을 수 있어야 한다. 사람들의 가슴을 뛰게 할 수 있어야 한다. 예상보다 뛰어난 성과를 낸 리더들 대부분은 사람들의 사기를 북돋우고 희망을 불어넣는다. 그랜지학교의 과거 운영자들도 훌륭한 사람들이었지만 바람직한 변화를 확실하게 주도하지는 못했다. 그런데 갑자기 강한 비전을 보유한 교감 콜린 벨이 등장했다.[13] 새로운 교감은 학교의 과거모습에 얽매이지 않는 청량제와 같은 사람이었다.[14] 콜린 벨은 교장이 되자 학교이사회를 만나 자신의 비전을 제시했다.

"그는 자신의 계획안을 이사회에 들고 왔습니다. 그때는 GCSE 시험에서 A~C 등급의 비율이 최악일 때였습니다. 그는 미래에 대해 말했습니다. 이렇게 말했죠. '이 안이 바로 내가 2~3년 안에 이루려 하는 것입니다. 그리고 나는 모두가 이런 비전을 공유하고 함께 노력하도록 하려 합니다'."[15]

교사들은 그가 상당한 비전을 갖고 있는 리더라는 것을 알 수 있었다. 그는 학교가 성공할 수 있다는 믿음을 전파하기 시작했다.[16] 그는 학교건물이 다 쓰러져가던 시절에 교사들을 이웃의 한 호텔로 초청했다.[17] 격식을 갖춰 교사들을 대접하면서 그는 미래에 대한 자신의 비전을 매우 감명 깊게 제시했다.[18]

벨 교장은 4~5년의 기간에 기적을 일으켰다.[19] 그는 매우 역동적이고 외향적 성향을 지닌 사람이었다.[20] 한 교사의 말에 따르면 벨로 인해 사람들이 "우리는 확실히 성공하고 있어. 뭔가를 할 수 있어. 나도 그 일원이 되고 싶어."라는 느낌을 갖게 될 때가 있었다고 한다. 그리고 이때가 전환점이었다고 했다. 그들은 자신들이 할 수 있는 일이 많다는 것을 깨달았다. 홀린스헤드는 선임자인 벨이 카리스마가 매우 강한 사람이었음을 인정한다. 그는 벨을 영감을 주는 사람이고 사람들의 실천을 이끌어낸 교장이라 평가했다.

"벨은 사람을 따듯하게 맞아주는 이였다. 아이들을 이해하였을 뿐 아니라 시간을 내어 사람들을 만났다.[21] 교사들에 대해 알고자 했으며, 자신을 낮추어 교사들로 하여금 스스로가 필요한 존재이며 가치 있는 존재임을 느끼게 했다. 벨이 임시교사들의 관리를 담당했을 때가 있었는데, 한 임시교사는 그가 처음 만나본 학교관계자가 바로 벨이었다고 했다. 그는 생생하게 회고했다.

"벨은 내게 이것저것 많은 것을 물었다. 원로교사팀을 구성해서 임시교사팀 구성을 돕고 있는데, 내게 이 팀에 합류해서 일을 해보겠냐는 등등의 질문을 했다. 나는 그러겠다고는 대답하면서도 '아니, 난 단지 하루의 임시교사일 뿐인데 이렇게 많은 것을 물어볼까' 하고 의아했다. 어쨌든 하루가 지나갔다. 그런데 환영받았다는 느낌을 지울 수 없었다. 교장선생님이 시간을 내서 나에게 대화를 청했다는 사실 때문이었던 것 같다. 그 학교는 임시직으로 오는 사람들 모두를 반긴다는 느낌을 받았다. 일일 임시교사이든 청소인력이든 급식도우미이든 학생이든 모든 사람을 소중하게 여겼다. 사실 이들은 학교에 기여하는 바가 매우 큰 사람들이다. 이들 모두가 학교에 기분 좋은 소속감을 느꼈다."

리더십을 판단하는 진정한 척도 중의 하나는 리더가 조직 내의 가장 낮은 직급에 가장 적은 봉급을 받는 사람들을 얼마나 알고 어떻게 대우하느냐를 살펴보는 것이다. 리더십이란 단지 희망을 불어넣어 주는 것이 아니다. 현실화될 가능성이 보일 때 희망은 제 힘을 발휘한다. 구체적인 성과가 조금씩 가시화되어 가면서 상황이 더욱 개선될 것이 분명해지면, 희망과 자신감은 서로 상승작용을 일으켜 개선의 여지는 더욱 커진다.

"여러분은 가장 실패한 학교의 교사라는 오명으로부터 벗어났습니다. 시설과 근무환경이 좋을 뿐 아니라 학생의 성적도 계속 향상되는 학교의 교사로 거듭났다는 점을 분명히 인정받게 되었습니다. 나는 이 모든 상황이 여러분에게 매우 긍정적인 영향을 미칠 것이라고 생각합니다. 그리고 이 경험이 여러분으로 하여금 이 좋은 기운을 계속 가져나갈 수 있도록 독려해줄 거라고 생각합니다."[22]

이렇게 형성된 자신감과 성취감은 계속적으로 상승곡선을 그려나갔다. 그 에너지는 어느 한 교장의 재임에 국한되지 않았다. 물론 여기엔 여러 교장들의 노력이 더해졌다.

여러 학교를 연구하다 보면 핵심리더가 오기 전까지 스스로 어찌할 바를 몰랐다고 토로하는 교사들이 적지 않다. 오랫동안 표류한 끝에 마침내 새로운 리더가 나타난다. 그리고 그는 목표와 이를 달성할 방향과 전략을 제시한다. 효율적인 리더의 주요한 특성 하나는 가치 있는 목표를 달성할 수 있도록 하는 방향감각을 구성원들에게 제공해준다는 것이다. 이것은 그랜지중등학교의 역동적이면서도 영감을 준 리더십이 구성원들에게 행한 일이기도 했다.

3. 창의적인 리더십

리더십은 고질적인 문제를 해결하기 위해 남들이 예상하지 못할 정도로 창의적이면서도 직관에 반하는 조치를 취할 수 있어야 한다. 성적이 낮은 학교의 교사들은 많은 시간과 노력을 들여 개별 학생을 일일이 추적하고 관찰하여 기존의 교육과정 상에서 성적을 올리려

한다. 이렇게 하면 성적은 조금 오를 수 있다. 하지만 그랜지학교에 필요했던 극적인 탈바꿈으로까지는 이어지기 어려울 것이다.

콜린 벨 교장은 다른 방식을 택했다. 먼저, 시간을 내어 교실 안에서 수업을 참관했다. 그는 대부분이 방글라데시인인 그랜지학교 학생들의 학습스타일에는 표준 중등학교 교육과정이 맞지 않음을 알고 있었다.

켄 로빈슨은 저서 『엘리먼트』에서 자신이 정말 좋아하는 일에 타고난 재능과 열정을 쏟을 때 학습이 어떻게 성공적으로 일어나는지에 대해 기술했다.[23] 사람마다 고유한 영역이 다르다. 누구에게는 글쓰기일 수 있고, 누구에게는 경제학, 대중예술, 공연예술 또는 컴퓨터 프로그래밍일 수 있다. 매우 다양하다. 그런데 학교가 제시하는 영역은 제한적일 뿐만 아니라 학교는 학생이 자신의 고유 영역을 찾는 데 도움을 주지 않으며 최적의 학습방법도 찾아주지 않는다는 점을 로빈슨은 지적했다. 이러다 보니 성적을 올리는 데 비용이 효율적으로 사용되지 못한다고 볼 수 있으며, 창의적인 인간으로 성장하고자 하는 학생들의 희생이 크다는 것이다.

벨 교장은 당시에 로빈슨의 개념을 알지 못했을 수도 있지만, 그랜지학교의 방글라데시인 학생들이 자신의 재능과 열정을 발휘하는 데에 강한 제약을 받고 있음을 그 자신만의 방식으로 간파하고 있었던 것이다. 표준 중등학교 교육과정에서 요구하는 학습은 그랜지학교의 학생들에게 최적화된 학습방식이 아니었다. 처음 부임했을 때 그는 교실에 들어가 학생들이 공부하는 모습을 지켜보았다.

"그의 첫 학기가 기억납니다. 낯설게 느껴졌어요. 말을 안 했으니까요. 누구에게 어떤 말도 안 했어요. 그냥 지켜보고 듣기만 했지요. 그는 학교의 강점을 알아내고자 했어요. 교실을 섭렵하고 다니던 그가 마침내 입을 열었습니다. 학생들이 잘하는 것 그리고 즐기는 것을 더 많이 하게 하면 빠른 시간에 성공할 수 있다고 말했습니다."[24]

벨 교장은 학생들의 학습스타일을 조사한 결과 자신의 학생들이 매우 '시각적'이고 '운동감각적'임을 알게 되었다.[25] 그랜지학교에서는 이에 맞추어 혁신적으로 교육과정을 개정했다. 교육목표를 시각예술로 설정했다. 자연스레 직업과정코스를 더 도입하였고, 2002년에는 결국 완연한 시각예술학교가 되었다. 이 덕에 5백만 파운드의 지원금을 확보해 많은 예술가를 초빙할 수 있었으며 건물과 기자재를 정비했다. 이른바 문화적으로 반응적인culturally responsive 리더십의 대표적인 성공사례였다. 먼저 지역주민과의 공감대를 공동체의 자산으로 개발해 이를 토대로 학생들의 학습참여도를 높였다. 그러자 학생들의 성적향상이 이어졌다.[26]

마침내 전국 30개의 시각예술학교 중 2위를 차지했고 다양한 전국단위 상을 수상하였다. 다양한 예술과정을 개설하고서도 그랜지의 GCSE 합격률은 매우 높았으며[27] 학생들의 자부심도 넘쳤다. 교사들도 자기 학교의 교육과정이 학생의 필요에 알맞다는 확신을 갖기 시작했다.[28] 5개 분야에서 A~C 등급을 받아야 합격이 되는 GCSE의 합격률이 90년대에는 15% 선이었지만 2002년과 2004년 사이에 급등했고 2008년에는 70%에 달했다.[29]

이제껏 살펴본 성공사례들은 모두가 직관에 반하는 조치를 취한 결과였다. 핀란드 교사들은 많은 시간 아이들과 떨어져 있음으로써 그들이 필요로 하는 것이 무엇인지를 생각해낼 수 있었고, 싱가포르의 아드리안 림은 자신을 제외한 거의 모든 사람이 교실 내 핸드폰 사용을 금하고 있을 때 트위터를 교구로 사용했다. 앨버타 주의 집권당은 다른 주에서 표준화 교육과정과 교사의 책무성을 강요할 때 이와 반대로 교사가 설계한 개혁을 학교에서 실행할 수 있도록 했다. 그랜지학교도 마찬가지다. 다양한 학생들에게 하나의 교육과정을 적용하기보다는 학생과 그들의 문화를 수용해 교육과정을 변용했다.

그랜지학교의 개혁이 무원칙적으로undisciplined 진행된 것은 아니다. 교육과정은 학습자의 특성을 주의 깊게 파악하고, 이에 맞춰 재설계되었다. 성취도성적 향상을 강조하여 학생의 발달을 관찰하고 추적하는 제3의 길 방식의 시스템은 새로운 교육과정에서도 없어지지 않았다. 기존 노선을 보완하는 '개선'과 '혁신'은 서로를 대체하는 개념이 아니다. 개선과 혁신은 동반자적 관계다.

4. 분산 리더십

그랜지학교의 리더십은 어느 한 개인의 공으로 형성된 것이라 볼 수 없다. 우선, 교장과 교감이 한 팀처럼 일했다. 벨이 교장, 홀린스헤드가 교감일 때 교장은 꿈을 갖고 비전을 제시하는 역할을 맡아 했고 교감은 이를 실행에 옮기는 역할을 했다.[30] 팀워크는 대단했다.[31] 둘은 기금을 조성하는 일에 함께 최선을 다했고 이 기금으로 학교시설들을 정비해 나가기 시작했다. 교사연구실을 비롯한 학교의 시설들이 대대적으로 개선되었고,[32] 이런 교육환경 개비를 시작으로 그랜지학교는 '업그레이드'되기 시작했다.[33]

시간이 흐르면서 홀린스헤드는 큰 그림을 그렸던 전임자의 조수역할에 그치지 않았다. 그 지역 출신의 유명한 코미디언인 캐논Cannon과 볼Ball의 관계와는 달리 주연과 조연을 구별하지 않았다. 이윽고 홀린스헤드도 자신만의 꿈을 갖고 비전을 제시하는 교장이 되었다. 교장으로서 벨과 홀린스헤드의 방식은 달랐다.[34]

시간이 걸리기는 했지만 결국 그랜지학교의 원로교사 대부분은 집단적 책임감을 갖고 학교를 개선하는 방향으로 모든 직원들을 설득하고 독려했다. 홀린스헤드는 늘 리더십을 분산시켜 팀워크를 조성하려 했다.[35] 교사, 학습멘토, 보조교사와 임시교사 등 모두가 팀원이었다. 새로운 정책을 구상할 때는 교원노조 대표가 초기부터 참여했는데,[36] 사업별 책임자를 두어서 구성원 한 사람에게 문제가 생길 때 전체 구성원이 함께 문제를 해결하는 방식, 교장인 홀린스헤드가 권한을 위임하는 방식, 그가 사람들을 참여시키는 방식 등에 문제가 없도록 보완했다.[37] 그랜지학교 리더들의 변혁리더십은 집단적 책임감으로 발전했다. 점점 더 많은 사람들의 참여가 이어졌다. 집단적 책임감은 또 다른 리더십이 되었다.

홀린스헤드의 후임자인 길란 맥멀런Gillan McMullen도 모든 사람을 참여시키는 방식을 이어나갔다. 그녀는 말했다. "직원 전체가 한 팀의 팀원들처럼 노력했습니다. 교사들만 노력한 것이 아니고 급식직원, 청소노동자 등 모든 직원이 함께 노력했습니다. 학교를 개선하기 위해서 모두가 서로를 도왔습니다."

노동자 계급에서 정치생활을 한 학교 운영위원회의 한 수석위원은 리더십이란 누군가 한 사람이 떠받들어지는 일이 아니라고 말했다. 그는 그랜지학교에 대해서 이렇게 덧붙여 말했다.

"리더십이란 팀의 한 부분입니다. 모두가 똑같은 교사입니다. 그리고 모든 교사가 함께 노력합니다. '교장선생님께 가서 말하기가 어려워요.'라든가 '난 이걸 할 수가 없어요.'라고 말하는 사람은 아무도 없습니다. 왜냐하면 모든 사람이 권리를 갖고 있기 때문입니다. 그들이 바라는 것을 그들이 바라는 방식대로 표현할 권리 말입니다."

그랜지학교의 리더십은 모든 사람을 참여시키는 방식에 기초해 신뢰, 따스함, 그리고 헌신의 문화를 형성했다. 이것이 분산 리더십이다. 앞서 핀란드, 싱가포르, 앨버타 주 그리고 온타리오 주에서도 공히 나타났던 '집단적 책임감'의 씨앗이 그랜지학교에서는 바로 분산 리더십이었다. 홀린스헤드는 "교장이 모든 일을 다 할 수는 없다. 교장은 중요한 자리에 주요 인물을 배치하고 그가 하는 일에 스스로 책임지게 하면 된다."라고 했다. 책임을 공유하고 나누면서 통합하면 우선 교장이 항상 학교에 머물 필요가 없어진다. 그러면 교장은 외부로 나가 교육에 대한 아이디어와 통찰을 얻거나 학교를 홍보하는 데 시간이라는 자원을 쏟을 수 있다. 이런 상시적 네트워킹, 그리고 국내외 사례의 벤치마킹은 필수적이다.[38] "우리는 늘 새로운 사례들, 더 나은 사례들을 찾아다닙니다. 개선할 사항이 생기면 전국의 학교를 찾아 돌아다닐 수도 있습니다."[39] 실제로 홀린스헤드는 여기저기 안 다닌 곳이 없다. 그의 후임자, 맥멀런이 지적한 대로 "그것이 일상이었다. 그리고 교장이 학교에 자리를 비워도 누구 하나 신경쓰지 않았다."

5. 통합의 리더십

분산 리더십은 그 영향력이 학교 내부에 한정되지 않는다. 지역사회도 이와 관련되어 있다. 효과적인 학교리더십이란 곧 효과적인 지역사회 리더십이다. 그랜지학교의 교사들은 문화적 다양성이 높고 가난한 지역사회와 학교는 서로에게 영향을 미친다는 점을 알고 있었다. 이들은 학교가 속해 있는 지역사회를 골칫거리가 아닌 자산으로 여겼다.

노동당 정부가 시행한 EIC Excellence in Cities* 정책에 따라 2001년에 각 학교에 6명의 유급 학습멘토learning mentor를 도입한 것은 획기적이었다. 학습멘토는 북미의 개념으로는 다문화에 대한 이해를 돕는 지역사회 인사를 뜻한다. 이들에게는 짜인 시간표도 없고 교사자격증도 없다.[40] 그랜지학교 교사들은 이들을 경계하기는커녕 학생들의 학습을 돕기 위해 시간을 내주는 반가운 존재로 여겼다.[41] 학교 운영위원 중 한 명은 그 자신이 전직 학습멘토였다. 그의 말에 의하면 학습멘토는 다음과 같은 업무를 했다.

"학습멘토들은 학생들에게 친구 같은 존재였다. 학습장애를 겪거나 무단결석하는 학생, 가정에 문제가 있는 학생들을 도왔다. 학생의 가정을 도우려 했고, 도움이 된다면 외부기관에 학생정보를 제공해 학생의 장점을 알아내고 이를 최대한 이끌어내려고 했다. 그들이 학교에서 양질의 교육을 받고 졸업할 수 있도록 도왔다."

현재 학습멘토로 일하는 사람들에 의하면 예전의 학습멘토들은 행동지원팀에 소속되어 교내폭력 사안들에 개입해 이를 중재하거나, 새로운 해결책을 제시하기 전에 단지 학생의 말을 경청하는 것이 업이었다.[42] 졸업한 학생들이 멘토들에게 감사의 뜻을 표하고자 들르는 일도 종종 있다고 한다.

그랜지학교의 교사 몇 명은 그 학교 출신으로 현재 학생들의 롤모델이 되고 있다. 그랜지학교는 학습멘토와 보조교사도 해당 지역에서 충원한다.

* EIC는 학업성취도가 낮은 대도시 취약지구의 교육을 개선하기 위한 1990년대 말 노동당 정부의 교육정책 중 하나다. 학습멘토, 보조교사 집단 등을 운영했다.

"16년 전 내가 처음 왔을 때에는 학생과 문화적 배경이 같은 교사가 거의 없었다. 지금은 본교 출신 교사들이 있다. 학생들과 같은 마을 출신 보조교사, 학습멘토 그리고 기술자들이 있다. 이들은 학생과 문화적, 종교적 그리고 언어적 배경이 다른 교사들이 학생과 학교를 더 깊이 이해하도록 돕는 데 중요한 역할을 하고 있다. 정말 값진 결과는 학교가 여러 모로 학생의 실제상황을 더 잘 반영하게 되었다는 것이다.[43]

이런 통합적 공동체 리더십으로 인해 학부모와 지역주민의 학교에 대한 신뢰가 높아졌다. 이들은 학생의 학습을 지원했고 성취도평가의 성적과 출석률이 자연스레 높아졌다. 다른 많은 지역에서도 이런 공동체 리더십의 성과가 이어졌다. 런던의 타워 햄릿 자치구의 경우 그랜지학교와 비슷한 전략을 사용했고, 1996년 149개 학구 중 꼴등을 했던 오명에서 벗어나 이제는 주요 지표에서 전국 평균 이상의 성적을 거두고 있다.[44]

리더십의 **안정성**과 **지속성**

/

그랜지중등학교의 원로교사팀의 구성원 전체가 교체된 적이 있다. 1996년에 납득하기 어렵게 작성되었던 장학감사보고서로 인한 일이었다. 이후 많은 팀원이 학교 내부에서 충원되었다. 2010년에는 20~30년 넘게 학교에서 근무한 교사들이 팀에 포함되었다. 즉 그랜지학교의 원로교사팀은 매우 안정적인 인력을 확보했다. 그랜지학교의 많은 교사들이 장기근속한다. 30년 경력의 베테랑 교사는 "오직 이 학교에서만 근무한 교사들이 많다. 이곳에서 오랜 시간 근무하면서 커다란 변화를 지켜보아온 사람들이다."라고 말했다.[45]

"교사로 이곳에서 25년 동안 근무했다. 사실 이 정도 근무한 교사들에게는 특유의 분위기가 생길 수 있다. '크게 바꿀 것이 없어. 나는 내 방식을 고수할 거야.'와 같은 분위기 말이다. 하지만 그랜지에서는 원로교사와 관리직에 있는 사람들이 변화에 가장 개방적이다. 그것은 모든 교사가 변화에 늘 동참하는 원동력으로 작용한다."[46]

어려움에 처한 학교들에 대한 연구에서 반복적으로 확인되는 점 중 하나는, 학교에 다닐 때 성적이 안 좋았고 커서도 그리 안정적이지 못한 삶을 살았으며 과거에 자기 지역 학교의 교사와 교장의 이직률이 높아 불안정한 상황을 목격한 성인이 많은 지역일수록 학교가 자신들의 안정을 위한 버팀목이 되어주기를 간절히 염원한다는 것이다. 이들에게는 학교 이외에 별달리 안정적인 곳이 없기 때문이다.[47] 교사들의 이직률이 높고 학교가 개교와 폐교를 반복하는 상황에 처하면 당황하면서 기존의 방식을 180도 전환하는 제2의 길의 패턴은 이와 상당히 거리가 멀다.

그레임 홀린스헤드는 그랜지학교에서 37년 간 근무했다. 그는 교사와 학생 그리고 지역의 사정을 속속들이 꿰고 있다. 학교의 성격과 환경이 변했지만 이 학교에서만 근무한 덕에 전근을 다녔으면 결코 알 수 없었던 것을 폭넓게 경험했다. 그는 오랜 시간 여러 세대의 학생들을 지켜본 결과 학교가 지역사회와 학생에게 훌륭한 교육을 제공하는 것이 얼마나 중요한지를 잘 알고 있다. 홀린스헤드만 그렇게 느끼는 것은 아니다.

"아이들도 교사들과의 관계 속에서 안정감을 찾기를 원한다. 그들은 믿을 수 있는 교사를 원한다. 나는 우리 지역사회에 좀 알려져 있는 편이라 도움이 됐다. 원주민이 아닌 아시아인들로만 구성된 지역사회에서 그런 사람이 되는 건 쉬운 일이 아니었다. 그리고 우리는 이미 새로운 생각들을 실행하기 시작했기 때문에, 이제는 새로운 생각을 지닌 사람보다는 안정성에 기여할 수 있는 사람이 필요하다."

그랜지학교에는 승진한 사람이 많다. 이 학교에서 수습교사로 시작하여 교장이 된 사람, 부학과장으로 부임하여 10년 후에 교장이 된 사람,[48] 이 학교에서 교사생활을 시작하여 오직 이 학교에서만 근무한 교장, 15년 전에 부학과장으로 시작하여 학과장이 된 사람 등 이력이 각기 다양하다.[49] 또한 자신이 받은 바를 돌려주겠다는 마음으로 취업한 본교 출신의 교사와 중간관리자가 늘어나고 있다. 적절한 속도로 꾸준히 성장하기 위해서는 순조롭게 계승되는 리더십, 안정적인 리더십이 필수적이다. 사업계나 교육계에서 반전을 노리는 사람들은 급하게 성과를 내기 위해 사람을 모두 바꾸거나 리더를 수시로 교체하곤 한다. 이는 제2의 길 방식인데 많은 실패사례에서 이런 방식이 발견된다. 하지만 지속적으로 좋은 성적을 내려면 리더는 안정적이어야 한다. 학교 외부기관 및 사람들과 소통을 강화해야 한다. 교직원을 주기적으로 충원해야 한다. 핀란드와 마찬가지로 내부 인원이 승진해 리더가 될 수 있어야 한다.

결론

그랜지중등학교는 뛰어난 리더십으로써 주목할 만한 반전을 만들어 낸 학교다. 원로교사들의 지지를 확보해가면서 교장이 과단성 있는 리더십을 발휘할 때 이룩할 수 있는 것이 어떤 것인지, 그리고 향후 발전의 발판은 어떻게 마련할 수 있는지를 벨과 홀린스헤드, 두 교장이 보여주었다. 두 교장은 교사들에게 솔선수범해 귀감이 되었고, 부당한 관료적 개입에 맞서 필요한 것들을 지켜냈다. 둘이 패기와 영감을 갖고 열심히 노력한 결과 교과수업이 개선되었고, 성적이 획기적으로 향상되었으며 교사와 학생의 학교에 대한 소속감이 강화되었다. 두 사람은 시험성적으로 계속해서 교사들을 채근하는 전통적 방식에 기대지 않았다. 점진적인 개선에만 안주하지도 않았다. 기존의 직관에 반하는 창의적 조치들을 단행하여 학생들의 문화를 수용했고 모든 학생들이 타고난 재능과 열정을 발휘할 수 있도록 교육과정을 학생의 문화와 학습스타일에 맞췄다.

신뢰가 쌓이고 집단적 책임감이 생겨나면서 리더십의 영향력이 점점 커졌고, 동시에 리더십이 학교 내부와 지역사회에 분산되어 교장이 하루 이상 자리를 비워도 자신들이 방치되었다고 느끼는 교사는 없었다. 그들은 교장의 부재도 인식하지 못할 정도였다. 이런 일은 학교 내의 인사이동을 기꺼이 받아들이고, 경험이 많은 교사들이 서로의 전문성을 결합해 새로운 힘을 만드는 교내 분위기가 있었기에 가능했다. 그래서 변덕스럽게 개혁의 방향을 180도 바꾸는 제2의 길 방식으로부터 멀어질 수 있었고, 그랜지학교는 안정적이고 지속적인 리더십을 확보할 수 있었다.

그랜지학교는 어려운 환경 속에서 교육변화를 이끌어내는 방법에 있어서 제4의 길의 핵심원칙들을 많이 보여주었다. 초기 지도자들은 단순히 학교의 순위를 올리는 것 이상의 영감 있는 비전과 꿈을 갖고 학교가 나아갈 방향을 제시했다. 지역사회 전체를 박식하고 헌신적인 동반자로 참여시켜 학생들을 함께 돌보도록 했다. 학생의 복지와 성적에 대하여 교사들로 하여금 집단적 책임의식을 갖도록 했고, 지역사회가 학교에 리더십을 발휘해야 한다는 책임감을 갖게 했다. 내부에서 교장을 발탁하여 빈곤과 불확실성이 지배하는 지역사회에 신뢰감과 안정감을 조성하였다. 그랜지학교는 가차 없는 개선과 대담한 혁신을 어떻게 동시에 추구해야 하는지 그 기본 원칙을 알고 있었다. '하나를 달성하기 위해 다른 하나를 포기할 필요는 없다.'라는 것이 그것이다.

연구 후기

그랜지학교를 방문하고 싶을 수도 있지만 안타깝게도 그럴 수 없다. 연구를 진행했을 때의 모습으로 학교는 더 이상 존재하지 않는다. 법에 의하여 해당 도시의 전체 중등학교를 재지정 및 재조직하면서 그랜지학교는 미국의 차터스쿨과 같은 '아카데미*'가 되었다. 그랜지중등학교의 제4의 길 방식의 성공이 제2, 제3의 길의 이데올로기로 인해 사라지고 만 것이다. 교장과 교사의 이직률도 높아졌다.

그러나 그랜지학교의 15년은 학교의 리더가 의지를 갖고 교육의 수월성을 추구할 때 무엇을 달성할 수 있는지를 보여줬다. 그랜지학교의 사례는 제4의 길의 귀중한 유산이다. 불리한 정책이 시행되는 상황 속에서도 학교가 어떻게 교육의 수월성을 달성할 수 있는지를 알려주며, 교육자들이 자신들의 교육목표와 상충하는 정책들에 굴복하지 않아야 하는 이유를 알려준다. 그랜지학교의 또 다른 교훈은 많은 사람들이 가능하다고 여기지 않았던 도전을 성공적으로 진행해냈다는 점, 절제된 개선과 혁신을 병행했다는 점, 교직원과 지역사회의 집단적 책임감을 바탕으로 바람직한 결과를 이끌어냈다는 점이다. 그랜지학교는 다양한 교육변혁 사례 중 정북正北, true north의 방향성을 지닌다. 지리적으로도 그렇고 비유적으로도 그렇다.

* 원어로는 Academy school로 영국 중앙정부(교육부)의 자금으로 운영되는 학교이며 지방정부의 직접적 영향력으로부터 자유롭다. 전국의 아카데미는 국가 교육과정의 핵심과목을 공히 이수해야 하며, 영국 교육기준청Ofsted의 감사를 받는다. 미국의 협약학교와 유사하다.

The Global Fourth Way

08
미국 캘리포니아 주

교육 공정성 제고에 기여하는
교사협회

우리는 지금까지 학교교육의 변화 원리 중 한 가지 혹은 두 가지 이상을 통해 성공적으로 교육변화를 이루어낸 사례들을 살펴보았다. 또한 빈곤지역이라는 도전적인 환경에서 최하위권의 성취도평가 성적을 나타내던 학교가, 또 시스템 전체적으로 이뤄진 학업성취도 개선전략도 효과를 발휘하지 못했던 학교가 역경을 딛고 반전을 이루어낸 사례도 살펴보았다. 이 장에서는 전체 시스템으로부터 미운오리새끼와 같은 취급을 받았지만 전문성을 갖고 법적으로 체제에 맞서서 소외계층 아동에게 더 나은 교육을 제공하는 전략을 도출하고 긍정적인 결과를 이루어낸 사례를 살필 것이다. 이 드라마가 펼쳐진 곳은 바로 미국 캘리포니아 주州다. 그 주인공은 이제 배우 출신 정치가의 아이콘으로 자리 잡은 전직 캘리포니아 주지사 아놀드 슈왈제네거Arnold Alois Schwarzenegger와 세계 최대 교원단체 중 하나인 캘리포니아 교사협회California Teachers' Association(CTA)이다.

슈왈제네거는 자신을 패러디하는 것을 즐긴다. 2004년 여름 그는 토론토 외곽이 아닌 대형 쇼핑몰이 있는 캘리포니아 주의 산 베르나 디노San Bernadino 외곽의 온타리오 밀즈라는 곳에서 연설을 하고 있었다. 로스엔젤레스타임즈 보도에 의하면 캘리포니아 주지사 선거운동 중에 한 연설에서 슈왈제네거는 자신이 전직 보디빌더이자 영화배우 출신의 주지사임을 넌지시 암시하면서, 캘리포니아 의회의 반대파 의원들을 '여자처럼 나약한 남자'라고 조롱하면서 유권자들에게 11월 선거에서 그들의 정치활동을 '끝내버리자terminate'고 했다. 그의 정적인 주 의회 의원들은 형편없는 관료주의적 요소들을 버리지 못하고 있으며, 시대에 뒤떨어져 있을 뿐 아니라 상종할 수 없는 존재이니 분명 통제불능이라고도 비난했다.[1]

슈왈제네거가 자신을 패러디하는 순간 사람들은 미래를 바꾸기 위해 과거로 돌아온 사이보그 터미네이터를 떠올린다. 과장되었지만 재치 있고 이색적이어서 온타리오 밀즈의 청중들은 이에 환호했다. 현실과 허구가 섞이는 마법의 왕국, 모든 꿈을 실현시킬 수 있는 캘리포니아는 오스트리아 작은 마을에서 왕따를 당하던 어린이가 권력의 정점에 오르면서 다시 한 번 전 세계에 불가능이 없는 곳임을 입증하였다. 멋진 신소재의 터미네이터가 의회의 나쁜 놈들을 제거하는terminate 데다가 즐거움도 주는데, 회색 정장을 입은 그렇고 그런 정치가를 좋아할 이유가 어디 있겠는가?

캘리포니아는 그런 그를 사랑했고 슈왈제네거는 2006년 주지사 선거에서 압승을 거두며 돌아왔다. 그의 인기는 '미국 대통령은 미국에서 태어난 사람이어야 한다'는 미국 헌법 5조 2항을 수정하자는 풀뿌리 운동을 일으킬 정도였다. 슈왈제네거의 아내는 고故 존 에프 케

네디의 조카딸인 마리아 슈라이버다. 미국인들이 가장 사랑하는 정치 명문가와의 혼인으로 권력의 정점에 입문할 허가증을 얻은 그의 길은 탄탄대로처럼 보였다. 그러나 2011년에 터진 스캔들로 인해 주지사로서의 정치생명은 끝이 나버렸다. 적어도 당분간은 그럴 것으로 보인다.

사실 이는 고전적인 할리우드 스토리와 유사하다. 성공할 가능성이 안 보이는 아웃사이더가 영광의 자리에 오르지만 곧 몰락하자 언론이 이를 선정적으로 다루는 식이다. 미꾸라지가 용이 되었다가 다시 미꾸라지가 되는 식의 스토리. 이런 신화기법mythic narrative은 비단 캘리포니아의 할리우드식 정치에만 나타나는 건 아니다. 캘리포니아의 학교들에서도 그랬다. 두 세대를 거치는 동안 캘리포니아의 공립학교는 전 세계가 부러워하던 전미 상위권에서 추락했다. 성취도검사의 모든 지표에서 그랬다.

어떻게 된 일일까? 캘리포니아 주 전체의 경제가 침체되어서 그런 것은 아니다. 캘리포니아 경제규모는 미국 내 8위다. 3천8백만 명의 인구는 미국 최대일 뿐 아니라 캐다나 총 인구보다 많고 핀란드와 싱가포르의 인구를 합친 수의 세 배에 이른다. 실리콘밸리가 글로벌 인터넷 경제의 중심지라는 사실에는 이론의 여지가 없다. 미국 전체의 특허권 중 60%를 캘리포니아 소재의 회사나 대학이 갖고 있는데 2위인 뉴욕의 네 배가 넘는다. 노벨상 수상자도 어느 주보다 많으며, 클린에너지 기술 투자액은 미국뿐 아니라 전 세계의 어느 국가 단위보다도 훨씬 많다. 총 투자액의 40%를 유치하고 있다.

그런데 캘리포니아 주의 학교들에서는 무슨 일이 벌어진 걸까? 가수 마마스 앤 파파스Mamas and the Papas가 '캘리포니아 드리밍California Dreaming'을 부르고 십대의 아이돌이었던 비치보이스Beach Boys가 캘리포니아 소녀들을 갈망했고 골든스테이트가 최고의 시장가치를 자랑하던 때로 돌아가보자. 그때 캘리포니아 학교는 매우 매력적이었다. 학생 1인당 지출액은 전국 평균을 상회했고 졸업률은 해마다 상승했으며 주립대학은 무료였다.

그러다가 1970년대에 들어서면서 모든 것이 흐트러지기 시작했다. 먼저 석유위기가 닥치면서 물가는 오르고 공급이 줄더니 연이어 주식시장이 붕괴되면서 예상치 못한 장기간의 스태그플레이션이 이어졌다. 패닉상태에 빠진 캘리포니아 주민들은 주민발안 13Proposition 13을 통해 지방 재산세의 상한선을 주법州法으로 정했다. 이는 중산층 주도의 최초의 납세반란으로 전국적인 조세저항운동의 시발점이 되었다. 주민발안 13은 고정수입에 의존하여 사는 은퇴노년층의 구세주로 포장되었지만 실상은 캘리포니아의 최상위 부유층을 대상으로 하는 과세에 있어서는 큰 허점이 되었는데, 다음에 세금을 올리려면 주 의회의 2/3 이상의 찬성을 요하는 법안이었기에 주의 재정은 만성적 적자에 처하게 됐다. 학교들은 결코 완전히 회복되지 못했고 2000년 학생 1인당 지출액은 전국 평균 이하로 떨어졌다. 2003년 전국교육성취도평가National Assessment of Educational Progress에서 캘리포니아 아래에는 루이지애나와 미시시피 주뿐이었다.[2]

상황이 나빠지면서 교육이 빠르게 쇠퇴하는 것을 그냥 지켜보고만 있을 수는 없었다. 치열한 싸움을 시작해야 했다. 잉글랜드 북부의 그랜지중등학교를 포함하여 반전을 일구어낸 많은 학교의 교사들처럼 캘리포니아 교사들도 그들에 '다소 적대적인' 교육변혁 이론들과 투쟁할 수밖에 없었다. 이런 투쟁은 우리 연구진이 시스템 변화 전략으로서 강조하는 것들 중 하나다. 변화란 정부 홀로 주도하는 것이 아니고 변화의 주체에 늘 정부가 있어야 하는 것도 아니며, 변화가 아이들의 이익, 공공의 삶 그리고 민주주의의 기본적인 원칙을 위태롭게 할 때에는 정부와 정부전략을 따르지 않고 기꺼이 이의를 제기해야 한다는 것이다. 캘리포니아 주의 교육개혁은 제2의 길 방식도 포함하고 있었다. 표준화시험을 지속적으로 강조했고 '정상을 향한 경주RTTT' 정책의 지침을 내렸으며 문제상황에 놓여있던 학교들에 폐쇄조치를 감행하고 그 학교에 근무했던 교장과 교사들은 강제로 전보하는 식이었다. 앞으로 살펴보겠지만, 여기에는 빈곤층과 소수인종 학생들의 권리인 '교육 받을 기회'를 허락하지 않는 법률조항도 포함되어 있었다.

이런 개혁압박과 법률적 장벽에 대항하여 여러 조직과 세력 등이 연합했고, 이들은 최빈곤층 학생들과 이들을 가르치는 전문직들의 권리와 기회를 위한 투쟁을 전개하고 있다. 특히 캘리포니아 교사협의회인 CTA의 역할이 크다. 기업주들이 주도권을 가지고 있는 사회에서는 '노동조합union'이라는 어휘가 '사회주의자socialist, 대중의public, 또는 식자적인intellectual'과 같은 용어들과 연계되어 노동조합의 신뢰성이 고의적으로 훼손되고, 교원노조와 조합원들에 내분이 일어나도록 하는 데 수백만 달러가 투입된다. 이런 사회적 환경에도 불구하고 CTA는 교원노조가 교육변혁에 어떻게 긍정적인 역할을 할 수 있는지에 대한 모범사례를 남겼다. CTA가 변혁에 참여하는 방식은 우선 노조의 선택권 없이 정부주도로 위원을 선출했던 제3의 길 방식을 벗어나는 것이었으며, 반反 노조적이라는 전형적 인상으로부터 벗어나는 것이었다. 또한 제2의 길 시스템의 집요한 정책과 우선과제들 내부에서 그것들에 대항하는 과정을 통해 전문가들에 의해 추동되고 공평성을 중시하는 제4의 길 변혁의 동력을 확보하는 일이었다.

지난 6년간 CTA 집행위원회의의 비판적 동료로서 우리 연구진은 CTA 개혁의 일환으로 시행된 교장들의 명예퇴직에 관여했고, CTA 지도자 및 학교교장들을 인터뷰했으며, 노조주도로 개혁을 시도하는 학교들을 방문했다. 우리 연구진은 도덕적 목적의식을 갖고 대규모로 시행되는 노조주도의 개선과 혁신의 과정을 모니터했고 때로는 보조했다. 이런 점에서 이번 장에서는 OECD식 사례 검토나 마이클 바버Michael Barber, 마이클 풀란Michael Fullan 및 벤 레빈Ben Levin과 같은 변화이론가들의 교육개혁 분야 저서에서도 지적한 특징들이 제시될 것이다. 아울러 우리 연구진은 직접적으로 개발과정에 참여했던 개혁안이나 시스템을 분석할 것이다.

캘리포니아 교사협회의 변화
: 기원과 특징

다른 여러 기관과 연합하여 CTA가 추진했던 변화에는 독특한 변화 이론이 있다. 이는 사전에 완벽하게 준비된 이론이 아니다. 외적으로는 입법전쟁, 내적으로는 제도적 투쟁을 벌여 나가면서 형성해간 것이다. 특히 캘리포니아 취약계층 학생들의 삶과 배움에 중요한 변화를 담보하기 위한 교사들의 투쟁과정에서 그 이론은 모습을 드러냈다. 캘리포니아 교육개혁은 마치 한 편의 드라마 같았다. 그리고 제4의 길 방식의 변화의 특징 및 리더십의 특징 6가지가 두드러지게 나타났다.

1. 전문성 자본과 정치적 자본의 결합
2. 용기 있는 리더십
3. 개선과 혁신의 병행
4. 활발한 상호작용
5. 연구문화
6. 지적인 전문가

1. 전문성 자본과 정치적 자본의 결합

1988년 의회는 CTA가 지지하는 '주민발안 98Proposition 98'을 통과시켰다. 이로 인해 경제적으로 어려운 시기일지라도 일정 비율의 주州 수입을 공립학교에 재정으로 지원하는 것이 정착되었다. 교육재정의 토대가 마련되었지만, 의원들이 법의 허점을 노려 법을 교묘하게 회피할 방법을 찾아내려는 것을 본 전문직 단체 및 정치적 시민단체들은 법만으로는 충분하지 않다는 것을 알게 됐다. 추가적인 조치가 절실하게 필요했다.

2000년부터 2004년까지 캘리포니아 지역의 여러 사회단체가 UCLA 대학의 제니 오크스Jeannie Oakes와 존 로저스John Rogers와 같은 전문가의 조언을 받아 빈곤 학생과 유색인종 학생을 차별하는 불평등한 재정지원을 해소하고자 캘리포니아 주를 상대로 소송을 제기했다.[3] 이 윌리엄 대 캘리포니아 소송은 빈곤 및 노동자 계층 지역의 가구에게 중요한 의미를 지니는 승리를 안겼다. 그러나 곧바로 주 정부는 또 다시 수십억 달러의 교육예산을 삭감했다. 이는 소송으로 증액된 재정을 없앤 것일 뿐 아니라 주민발안 98을 위반하는 것이었다. 이번 일은 슈왈제네거 주지사가 할리우드 세트장에서 가상의 적을 영웅적으로 죽인 것이 아니었다. 전 캘리포니아 주 교육위원회 교육국장인 존 모클러John Mockler에 따르면 "주지사는 의식적으로 그리고 사악하게 캘리포니아 헌법을 위반했다."

최근의 이런 사건들을 통해 교사, 학생과 대중은 가장 선진화된 민주주의 국가에서도 정부가 추진하는 방안이 항상 교육개혁의 답인 것은 아니라는 혹독한 교훈을 얻었다. 정부가 어떤 때는 자신을 뽑아준 대중에게 등을 돌릴 수 있으며, 또 어떤 경우에는 헌법을 수호하기는커녕 그것을 교묘히 피해갈 방도를 고민한다는 것을 알게 되었다. 바로 이럴 때 교원노조, 지역사회단체, 자선단체 그리고 종교단체들이 주도적 역할을 해야 한다. 특히 입법과정에 자신의 목소리를 충분히 전하기 어려운 어린이와 젊은이들에게 피해가 갈 것으로 예상되는 경우에는 더욱 그렇다.

캘리포니아 주민들은 집단적 정치적 자본을 동원하여 주민발안 98을 무기로 주민발안 13과 전쟁을 치렀다. 이 방안이 주춤하자 그들은 2004년 8월에 판결난 윌리암 대 캘리포니아 소송을 통해 밀고 나갔다. 그러나 또 다시 교육예산에서 50억 달러 이상의 돈이 다른 용도로 전용되는 난관에 부딪쳤다. 이제는 교사들이 나설 차례였다. CTA는 정치적 자본과 전문가 자본을 동원하여 슈왈제네거 주지사에 소송을 제기했다. 주민발안 98을 위반했다는 혐의를 두었다.

제3의 길 방식의 개혁은 개화된 정부enlightened governments가 변화를 주도할 이해당사자들을 모아놓고 위로부터 시도한다. 그런데 정부가 기대에 미치지 못할 때 시민이 어떻게 해야 하는지를 보여주는 것은 제4의 길이다. 정면으로 대결하고 노골적으로 갈등을 겪은 뒤, 주지사 슈왈제네거는 2006년 5월에 결국 문제를 법으로 해결할 수밖에 없었다. 전문가 자본과 결합한 정치적 자본이 공정한 교육개혁을 위한 새 토대를 마련한 것이다.

2. 용기 있는 리더십

CTA의 앞날은 탄탄대로였다. 바라는 모든 것이 실현되는 것 같았다. 그러나 승리는 새로운 갈등의 씨앗이 되고 어떤 해결책이든 새로운 문제를 야기한다. CTA는 다시 찾은 예산으로 무엇을 해야 했나?

전통적인 방식으로 접근하자면 학생 수를 기반으로 예산을 배분해야 했다. 새크라멘토 교외의 중산층 지역 학교의 학생이든, 비버리 힐즈의 부유한 지역의 학생이든, 오클랜드의 도심지역의 학교 학생이든지 1인당 동일한 액수의 예산을 받는 것이다. 동일한 처우가 공평한 것이라는 발상 위에서 모든 사람이 같은 양을 받게 함으로써 모든 주에 예산을 공평하게 분배하려는 방식이다.

그러나 온타리오 주의 특수교육 개혁에서 볼 수 있듯이, 공평equity을 이렇게 해석하는 것이 예산을 가장 공정하게 분배하는 것이고 최상의 결과를 낳을 수 있다는 점에 동의하지 않는 사람들이 있었다. 같음이 곧 공정함은 아니라는 것이다. 역사적으로 미국의 빈부격차는 10년 단위로 증대됐다.[4] 그 결과 미국의 빈곤층 비율은 이제 거의 모든 선진국보다 높다.[5] UNICEF의 연구결과에 의하면 유일하게 영국보다 낮을 뿐이다. 최근 많은 정책에서 초점을 두는 흑백인종 간 격차는 여전하다. 구체적인 연구분석 자료들에 의하면 인종 간 격차는 "아직 만연하며 심각하고 끈질기다."[6]

온타리오 주 특수교육 교사들이 ESGA 프로젝트를 통해 학생들의 수요를 충족시키려 노력할 때 정부는 그들 편에 섰다. 그러나 캘리포니아 주는 사정이 달랐다. 정부가 공정한 정책을 펴도록 CTA가 압력을 넣어야 했다. 이 문제에 걸린 도덕적 부담이 큰 것은 분명했다. 오랫동안 CTA는 심한 성적부진으로 어려움을 겪는 학교, 극빈 수준의 유색인종 학생을 다수 포함하는 학교들을 도왔다. "성적이 낮은 학교를 위한 구상을 많이 했습니다," CTA의 대정부협력국 부국장인 조 누네즈Joe Nunez의 말이다. "재정지원을 받아서 작은 프로젝트들을 실행하는데, 어떤 위기상황이 닥치면 재정지원이 철회됩니다." 변화의 지속가능성이 제대로 확보되지 않는 것에 좌절한 CTA 지도자들은 소송문제가 해결되고 나자 추가적 교육을 가장 절실히 필요로 하는 학교/학생들을 도와 그들의 성적을 상당히 그리고 지속적으로 향상시킬 방법을 구안했다. CTA는 캘리포니아 주의 교육개혁 방식을 근본적으로 바꿀 수 있는 잠재력을 가지고 있었지만 이렇게 하려면 노조 자신의 역할도 파괴적으로 혁신해야 한다는 과제를 안고 있었다.

교사와 교육운동 활동가 및 노조 지도자 등 여러 단체의 사람들이 함께 모여 캘리포니아의 새로운 교육개혁을 지지했다. 존 모클러는 캘리포니아 주에서 가장 상황이 어려운 학교, 가장 도움이 필요한 학교에 예산을 투입해야 한다는 입장이었다. CTA의 교원연수 국장인 저스토 로블즈Justo Robles에 의하면 이런 학교들은 "캘리포니아의 풍요로운 세계와 평행 우주parallel universe처럼 존재하는 극심한 고통의 세계"에 갇혀있는 형국이었다. 이런 학교에 근무했던 전직 교사 출신이자 현 CTA 이사회의 메리 로즈 오르테가Mary Rose Ortega에게 "이 문제는 라틴계 아이, 특히 교사의 자질도 떨어지고 교육과정도 형편없는 학교에 다니고 있는 스페인어 사용자 아이에게는 당연한 평등의 문제"였다. 또한 오르테가는 이 문제가 재정적 어려움 해소 외에도 교사의 역량강화(자율성 신장)와 지역사회의 학교참여 독려 등이 동반되어야 해결될 문제라고 말했다.

교사의 역량강화(자율성 신장)에 모두가 동의하지는 않았다. 모클러가 기억하기로는 "그 논쟁은 치열했습니다. 거의 모든 교육단체가 강력히 반대했습니다. 오직 CTA만 총대를 멨습니다. 법적 사태가 진정되자 CTA는 용기 있는 리더십이란 곧 학생의 학습결과에 대하여 도덕적 책임감을 공유하는 것이라는 생각을 표명했다. 즉 자신들이 공적 리더십을 가지고 사업실패에 따른 위험부담을 감수하는 것을 포함해 상당한 정도의 책무성을 지기로 한 것이다. CTA는 정부의 개혁조치에 반대하는 입장에서, 주 전체를 대상으로 한 새로운 변화를 위해 연합한 동맹의 리더로 변신 중이었다.

CTA는 외부적으로는 캘리포니아 주 학교체제에 대한 파괴적 혁신을 주도하고 있었으며 내부적으로는 노조 자체의 극적인 변화가 진행되고 있었다. 전미노조의 교사들보다는 덜 했지만 많은 CTA 조합원들은 주목받고 있는 새로운 전문직 모델보다는 산업적 혹은 고용보호 성향의 노동조합을 선호하는 옛 정서에 젖어 있었다.[7] 교원노조가 1960년대에 미국노동총동맹–산업별조합회의AFL-CIO(이하 산별노조)에 가입한 이후에 직업 안정성과 상당한 봉급을 보장했기에 나이든 교사들은 산별노조에 어떤 불만도 제기하지 않는 편이었다.

그러나 많은 면에서 산별노조와의 결합은 교직이라는 전문직에는 파우스트의 거래Faustian bargain*와 같은 것이었음이 드러났다. 전통적으로 산별노조는 대량생산 위주의 공장에서의 노동은 모두 같다는 것을 전제로 하여 집단교섭 협정을 맺는다. 그런데 교직에서의 탁월성은 생산라인 노동에서의 탁월성과 같지 않다. 교직에서의 탁월성이란 세심하게 계획을 세워서 교육과정을 매력적으로 구성하고, 자신의 학생에 대하여 알아가며, 가끔은 반항적이고 거친 다수의 학생들을 다루는 기술을 갖춤으로서 형성된다. 이런 기술들을 갖추기 위해서는 판단력, 신중함 그리고 융통성 등이 필요하다. 이는 매일 유사한 작업을 반복하는 생산라인 노동자의 작업과는 결코 동일할 수 없다. 그러나 지난 수십 년간 블루칼라 방식의 조합주의가 미국의 교직에 중대한 영향을 끼쳐왔다. 이는 회원과 조합과의 공감대 형성 및 조직헌신도에 있어서 부정적 결과를 낳았다.

조합에게 수당과 고용보호 정도를 바랬던 구세대가 물러가고 고용보호 이상의 것을 요구하는 젊은 세대가 그 자리를 차지했다. 교원노조 연구보고에 의하면 비활동적 조합원도 노조가 봉급과 고용안정이라는 실용적 차원에서 제 역할을 한다는 점을 인정하면서 동시에 교직의 존엄성을 옹호해주는 조직이 존재한다는 인식을 사회에서 갖게 한다는 점을 인정했다. 그러나 노조가 자신의 책임을 태만히 하고 학생들을 방기하는 교사들도 보호해야 한다는 점에 대해서는 동의하지

* 괴테의 「파우스트」에서 주인공 파우스트는 학문에 회의를 느낀 나머지 악마 메피스토펠레스에게 영혼을 내주고 유희와 쾌락을 즐긴다. '파우스트의 거래'라는 말은 욕망에 눈이 멀어 영혼과 같이 중요한 것을 파는 일을 비유적으로 표현할 때에도 쓰인다.

않았다. 젊은 교사들은 노조가 교사들의 복지 및 고용안정 측면에서 자신의 존재를 증명할 뿐 아니라 교직의 윤리적 목적도 강조해주기를 원했다. 학생의 성적향상과 관련해서는 교원노조가 주변부 역할에 안주하면서 간헐적으로 활동하는 구습을 버리고, 지속적으로 문제의 중심에 서주기를 원했다.[8]

조직이 변화하는 것은 쉽지 않다. 하지만 CTA 지도자들은 시대의 흐름을 읽고 노조가 변해야 함을 알고 있었다. 생산직 노조와는 달리 명확한 도덕적 목적을 가진 전문적 조직이 되고자 했으며, 이를 위해 조직과 문화에 대한 파괴적 혁신이 필요함을 알고 있었다. 오르테가와 같은 활동가 그리고 모클러, 누네즈, 로블러와 같은 정책지도자들이 용감하게 주장해온 덕에 CTA는 이제 정부의 정책수립에 영감을 불어넣는 동반자로 자리매김했다. 노조는 교육변혁을 주도적으로 이끌어가는 역할을 기꺼이 받아들였다. 이 에너지는 교실에까지 미쳤다. 젊은 교사들의 노조활동이 활발해졌다. 운명은 용감한 자의 편이다.

3. 개선과 혁신의 병행

교육자들은 시모어 사라손Seymour Sarason의 '변화프로세스 모형modal process of change'에 익숙해져 있다. 이는 교사들에게 실행에 대한 자율성을 거의 부여하지 않으면서 외부에서 계획을 수립해 바람직한 변화를 촉구하는 것을 말한다.[9] CTA 지도자들은 이와는 다른 접근방식을 찾으려 했다. 위원장 딘 보겔Dean Vogel의 말을 들어보자. "우리는 정책입안자에게 새로운 방식의 사례를 만들어 보여주고자 했습니다. 학생들의 교육적 수요를 판단하고 대응하는 역할을 교사들이 할 수 있게 해야 합니다. 중앙정부나 주 정부가 이를 해줄 거라고 기대게 해서는 안 됩니다. 학교현장에서 진정으로 중요한 역할을 교사들에게 부여하는 것, 그것이 정말 핵심적인 문제입니다."

한 해의 여름 동안 CTA는 캘리포니아 주 상원의원 톰 톨랙슨Tom Torlakson과 존 모클러John Mockler와 함께 주민발안 98을 보충할 과감한 새로운 법률인 '교육의 질 투자법안the Quality Education Investment Act(이하 QEIA)'의 세부사항까지 완성했다. QEIA의 지원을 받는 학교 간 네트워크를 형성해 캘리포니아의 고질적 문제인 성적미달문제를 해결하자는 의도였다. 지정된 학교들은 모두 다양한 평가방식을 합산한 학업성취지수Academic Performance Index(API)의 하위 20%에 해당하는 학교들이었다. 모든 주에 걸친 네트워크에 소속된 학교들은 프로그램을 마칠 때까지 27억 달러에 상당하는 자금을 지원받게 되어 있었다. 그 기금의 주된 사용처는 다음과 같았다.

- 학급규모 축소
- 양질의 교사 충원 및 이직 방지
- 교수의 질 향상
- 학습의 질 향상

이렇게 우선순위를 정하는 것에는 논란이 있었다. 예를 들어 노조 주도의 개혁에 이의를 제기하고자 했던 비판세력에게 학급규모 축소 계획은 작은 학급이 학생들의 학업성취도에 끼치는 영향이 거의 없거나 미미하다는 고전적 연구결과에 반한다.[10] 따라서 학급규모 축소에 예산을 쓰는 것은 노조가 학생들에게 전혀 득이 되지 않으면서 노조 소속 교사만 편하게 교직생활을 하게 하려는 시도라는 공격이 있었다.

물론 학급이 작아진다고 해서 별 효과가 나타나지 않는 경우도 있다. 교사가 주로 교실 앞에서 강의식으로 가르칠 때에는 학급규모가 별 상관이 없다. 학생들의 참여도도 거의 같다. 그러나 교수방법이 정교해지고 개별화되고 다양한 학생들의 욕구를 고려하면 학급규모는 매우 중요하다.[11]

CTA 지도자들과 QEIA 학교의 교사들도 이를 알고 있었다. 또한 그들은 학급규모에 대한 고전적 연구 이후에 교직의 특성과 개별 학생들의 학업성취도를 향상시킬 수 있는 전략이 비약적으로 발전했다는 점을 잘 알고 있었다. QEIA의 도움을 받은 한 초등학교 교장은 "학생들에게 적합한 수업목표를 제공하려 한다면, 데이터를 사용해 일대일 면담을 하려고 한다면, 학생들에게 여분의 시간과 도움을 주려한다면, 학생들에게 시의적절하면서도 구체적인 피드백을 주려 한다면 학급규모는 작아야 한다."라고 했다. 수치로 가시화되도록 성적 향상을 이뤄내야 하고, 성적격차를 줄이는 데 엄청난 관심을 보이며, 개별 학생이 학습부진을 보이면 즉각적으로 개입하는 것이 좋다는 점이 밝혀진 세상에서 작은 규모의 학급은 필수다. 학급이 작아야 교사는 학생들을 개인으로 파악할 수 있고, 학생들의 학업을 철저히 평가할 수 있을 뿐 아니라 학생 개개인의 필요에 맞춤식으로 응대할 수 있다. 특히 개별교육을 받고 있는 특수교육 대상 학생들에게는 더욱 그렇다. "QEIA의 공功은 매우 크다." 교장선생님의 말이다. "그것이 없었더라면 아이들의 성적은 그렇게 비약적으로 향상되지 못했을 것이다."

교사의 자질을 향상시키는 방법 중에 하나는 교장에 대한 다른 시각을 견지하는 것이다. CTA가 조합원을 대상으로 조사한 자체 데이터에 따르면 교외에 근무하는 전문적 교사들을 도시로 유인하는 두 가지 주요 요인은 첫째, 학생의 학습목표를 달성시켜 줄 수 있는 작은 규모의 학급 둘째, 교사의 노력을 존중하고 지지하면서 영감을 불어넣어 주는 뛰어난 교장의 존재다.

교원노조인 CTA는 뛰어난 자질의 교장을 찾고 발굴하려 한다. QEIA도 학생의 성적을 향상시키기 위해서 교사의 전문성 자본을 활용하고 역량을 강화하며, 학부모와 지역사회의 참여를 독려할 수 있는 참여적 리더십participatory leadership을 지닌 모범적인 교장을 발굴하는 일에 자금을 투입한다.

예산이 부족한 상황에서도 QEIA는 모든 고등학교에 진로상담교사를 배치하여 한 명의 진로상담교사가 300명 이상을 담당하지 않도록 했다. 또 모든 학교에 학급교사로 QEIA 현장지도자를 임명했는데 이들의 임무는 학업성취도 성적향상을 위한 학교의 변화상황을 확인하는 것이었다. QEIA 현장지도자들은 학교가 법 상의 형식적 요건 뿐만 아니라 실질적인 내용도 준수하고 있는지를 책임감 있게 모니터해야 했다. 기금은 학구사무실이 아니라 학교로 직접 교부했는데, 이는 학교현장에서 교사들이 직접 학업성취도 향상을 목표로 한 개혁을 기획해 시행하고 자신의 학생에게 맞는 최선의 방식을 찾도록 하기 위함이었다.

QEIA 대상 학교를 선정하기 위해 캘리포니아 주 교육부는 학업성취지수를 바탕으로 대략 1,500개의 새로운 재원의 투입이 매우 절실한 학교에 유의표본조사를 실시했다. 표본조사는 캘리포니아 주의 인종 및 민족 다양성을 반영했으며 사회경제적 요인, 영어학습이 필요한 이민자 자녀의 비율, 그리고 시골, 교외 및 도시의 학교 요인을 반영했다. QEIA 대상 학생 중 히스패닉계 학생은 80%, 흑인은 9%였고 나머지는 아시아인, 유럽계와 인디안계였다. 영어학습이 필요한 이민자 자녀의 비율은 초등학생의 50%, 중학생의 34%, 고등학생의 27%를 차지했다. 1/5 이상의 학교가 미국 전체에서 두 번째로 큰 로스앤젤레스 통합 교육구에 위치했다.

QEIA로 학교와 학생에 대한 자금을 복원했지만 그 자체로 혁신적인 것은 아니었다. 그런 정책은 1965년 처음으로 초중등교육법이 통과된 이래 연방정부에서 계속해서 시행해왔던 정책이기도 했다. QEIA이 창의적이라 평가받는 것은 다음의 세 가지 면에 기인한다. 첫째, 노조가 주 정부에 이의를 제기했다. 둘째, 자금부족을 겪는 학교에 재원을 더 배정했다. 셋째, 학교와 교사에게 예산을 직접 교부했다. 교실 밖 문제에 관해서는 자율권이 거의 없는 상황에 익숙해져 있던 교사들에게 위와 같은 조치들은 진정한 책임감을 형성하기 위한 유의미한 진일보였다. 이것은 학교의 재구조화에 있어서 기존 교사를 내보내고 새로운 교사를 영입하기로 함으로써 외부의 새로운 인적 자원을 끌어들이는 방식의 혁신outside-in innovation에 의존하는 방식이 아니다. 또 이는 교사에게 급여를 상벌 방식으로 활용하는 방식도 아니다. 이는 오히려 내부 인적 자원이 외부 자원을 활용하여 혁신을 추진하는 방식inside-out innovation이다. 이는 전문적 자본의 플랫폼을 구축하는 방식이며, 내부의 교사가 변화의 주체가 되는 방식이다. 그것도 자신이 소속된 학교 내에서만이 아니라 세계의 수많은 학교들과 네트워크를 형성해 혁신을 해나가는 방식이다.

QEIA 학교의 교사들은 교사가 된 이래 처음으로 예산과 의사결정권을 갖고 자신의 수업을 들여다보고 가장 절실하게 해결해야 할 교수학습의pedagogical 문제와 교육과정 상의 문제가 무엇인지 알게 되었다고 했다. 이런 점에서 그들이 앨버타 주의 교사들처럼 혁신과 개선을 함께 진행하는 리더로 변모했음을 파악할 수 있고 동시에 연구리더로서의 위상을 가지게 되었음을 알 수 있다.

이렇게 교사들에게 힘을 부여하고 역량을 강화하기 위해서는 재원을 학구교육청을 거치지 않고 학교에 직접 교부해야 했다. 학교의 예산사용을 통제해왔던 학구교육청 일부 관리들이 위협을 느끼는 것은 확실했다. 몇몇 학구는 고임금의 재정전문가를 초빙했으며, 학구 교육본청에 재원을 교부해야지 개별학교 교사들이 주도하는 계획에 직접 재원을 지급해서는 안 된다는 주장을 펴다가 결국 QEIA 프로젝트에서 탈퇴하기도 했다.

4. 활발한 상호작용

이 책에 서술한 성공한 다섯 나라나 지역의 예를 보면 활발한 상호작용이 있어야 혁신도 개선도 가능하다. 밥 먹자마자 일을 하자는 '빨리빨리'의 문화 속에서도 뛰어난 성과를 올린 싱가포르 교사들, 앨버타 학교개선계획프로그램에 참여한 교사들, ESGA에 동참한 온타리오 주 교장 및 교사들이 그 증거다. 교사네트워크를 구성해서 서로 배워가는 제4의 길의 전형은 캘리포니아의 QEIA에서도 뚜렷하게 나타났다. 교사들은 여러 종류의 팀에서 즐겁게 활동했다. 동학년 모임, 학습장애학생 연구모임, 학부모 봉사프로그램을 운영하는 프로젝트팀 등이 있었다. "우리 학생들을 위한다면 통합해야 할 것들이 많았어요." 아이들 등교 전후 돌봄교실과 건강서비스를 통합하기 위한 합동봉사팀을 운영했던 한 학교에 근무했던 교사의 증언이다. 교사들은 실질적인 지역사회 조직자가 되어 이웃의 학부모와 아이들이 운동클럽, 봉사활동, 이민자를 위한 봉사 그리고 주택공급과 의료서비스 공급 등의 활동에 참여하게 하려고 열심히 노력했다. QEIA 덕택에 교사 정원이 늘어났고, 교사들은 도움이 가장 절실한 세대를 방문할 시간을 확보할 수 있었다. 이런 자유도 교사들의 생각에 열린 마음을 갖고 있고, 공동작업을 지지하며 학생과 학습에 집중하는 교장이 있을 때 성공적으로 활용됐다. 한 초등학교에 '지독한 일벌레'로 불리는 여성교장이 있었다. 교장은 교사들에게 QEIA와 이와 연관된 개혁에 관한 정보를 끊임없이 이메일로 보냈다. 그 결과 학교선생님들은 학습장애아동을 위해서는 통상적인 조치 외에도 학생 개개인별 차별화된 개입과 전략을 제공할 '학생지원팀'을 만들 필요가 있음을 알게 되었다. 교사들은 논의하며 합의된 계획protocol을 마련해 봉사팀원들이 학생의 경험을 다양한 시각에서 이해하고 학생들의 수업 참여와 지속적인 학습을 보장해주도록 도왔다.

QEIA는 캘리포니아 주 정부를 상대로 한 소송의 결과로 탄생했지만, QEIA프로그램을 실행하는 교장들마저 반기를 들면서 행동할 필요는 없었다. 우리가 방문한 학교들은 깔끔히 정리되어 있었고 잘 정비되어 있었으며 학생들도 예의바르게 행동했다. 짐 콜린스Jim Collins와 모텐 한센Morten Hansen의 말처럼 절도 있는disciplined 혁신의 현장이었다.[12] 물론 결점이 전혀 없는 것은 아니었다.

99%의 학생에게 무료급식 또는 할인된 급식이 제공되는 학교건물에서 QEIA가 목적으로 삼은 바는 교사들이 자신들만의 전문가적 문화를 형성하는 것이었다. 교사들은 서로를 관찰할 때 자신들이 교수법을 개선할 목적으로 개발한 규약이 포함된 공식적인 학습계획표learning walks를 사용한다. 한 교사는 QEIA 기금이 있어서 자신의 수업을 대신할 교사를 고용하고 자신은 다른 수업을 관찰할 기회를 얻었다고 했다. 일주일에 사흘 정도 다른 수업을 볼 수 있었고 전에는 놓쳤던 사항들에 대해 숙고해볼 시간이 있었다. 미리 결정된 것이 아

무 것도 없는, 맨얼굴의 수업을 서로 관찰한다. 동료지원과 동료평가와 같은 기존의 교사지원프로그램과 더불어 "수업흐름이 부드러웠다. 평가가 잘 결합된 수업이었다."와 같은 정확한 피드백을 동료로부터 받을 기회가 많아졌다.

제3의 길 방식으로서 행정을 통해 도입되어 수직적으로 통제받는, 다소 부자연스러운 동료 간 협조로서의 전문학습공동체와 달리 교사들 간에 자발적이면서 왕성한 상호작용이 일어나는 전문학습공동체에서 나타나는 특징에는 어떤 것이 있을까?[13] 제3의 길에서는 사람보다 데이터가 더 중시되는 경우가 많았다. 교사들도 서로의 수업을 관찰하고 새로운 전략을 찾아 자신의 수업에 적용하는 것보다는 스프레드시트의 숫자들에 대해 공부해야 하는 경우가 많았다. 수업계획은 교사들의 전문적인 대화나 연구를 유도하는 도구가 아니라 행정적 평가나 규정 준수여부를 판정하는 도구로 쓰였다. 데이터가 중요하지 않은 것이 아니다. 중요한 것은 QEIA 그리고 일반적인 제4의 길 체제 안에서는 계량화된 데이터란 다른 판단증거들과 더불어 교사에게 구체적인 명령을 내리는 존재가 아니라 조력자 역할을 한다는 점이다. 제4의 길에서 교사들은 더 이상 데이터에 의존하지 않는다. 데이터보다는 학습자에 집중해 각종 증거를 풍부하게 확보한 뒤 동료 교사들과 서로 교류하고 나서 실제적인 개입을 시도한다.

그렇다고 해서 QEIA가 프로그램에 참여한 그 많은 학교에서 악마와 같은 데이터 집착증을 모두 떨쳐낸 것은 아니다. 최고의 성과를 낸 학교에서 데이터를 사려 깊고 영리하게 사용해 전문적으로 판단하고 연구를 진행하는 데 집중하는 경우도 있었고, 제3의 길 방식을 고수해 시험성적 데이터를 바탕으로 교사전문학습공동체의 활동을 유도해야만 하는 경우도 있었다.

5. 연구문화

베이Bay 지역 학교의 4학년 담당교사였으면서 현 CTA 부위원장인 에릭 하인즈Eric Heins가 CTA의 QEIA 작업그룹의 의장을 맡고 있다. 그의 회고에 따르면 슈왈제네거 주지사와의 법정소송을 벌이면서 태어난 QEIA 사업전체가 그에게는 완전히 새로웠다고 한다. CTA가 새롭게 책임을 맡기 위해서는 "이전과는 다른 방식으로 학교에 다가갈 수 있어야 했다."

이런 변신의 핵심은 탁월한 교수excellent teaching역량을 회복시키는 것이다. 하인즈는 "나 개인의 경험에 따르면 QEIA는 좋은 교육으로 회귀시키는 프로그램이다."라고 했다. 음악교사였던 하인즈는 자신의 수업으로 인해 학생들이 성장하더라도 예술은 초토화되는 것을 경험했다. 공장과 같은 표준화모델이 들어오자 비고츠키Vygotsky의 상황학습situated learning과 같은 건전한 인지과학 원리에 근거한 가르침과 배움의 철학이 설 곳을 잃었다.[14] 하인즈는 "QEIA는 현재 벌어지고 있는 사태에 맞서는 한 방식"이라고 생각했다. 법률적 다툼이 종결되자 QEIA를 통해 교사들은 모방자가 아닌 리더로 탈바꿈했다. 최상의 수업을 이끌었고 동료들과 함께 수업개선에 힘썼다.

이제까지 살펴본 모든 경우와 제4의 길의 모든 사례 그리고 가장 성공적이었던 제3의 길 방식에서 공통적으로 나타나는 점은 교사들이 서로를 통해 학습하고, 학습한 바를 자신의 수업에 활용해 학생의 교육적 혜택을 높였다는 것이다. OECD 보고서를 보자. "서로 아이디어와 정보를 교환하면서 협력하는 교사들이 학생과의 관계도 좋다. 교사와 학생의 관계가 좋으면 학생의 학업성취도도 향상될 뿐 아니라 교사의 직업만족도도 높아진다."[15] 교사가 교수행위의 질을 향상시키고 쇄신노력을 기울이는 것은 전문성 자본의 기초자원이다. 학생들의 성취도향상은 이를 토대로 지속성을 획득한다. QEIA 전략은 교사들의 전문성 자본을 형성하거나 재구성하는 것이었다.

우리가 방문한 QEIA 학교의 교장과 교사들은 학생들의 성취도 관련 데이터를 끊임없이 기록하면서 자신들의 관심이 더 필요한 약점이 무엇인가를 찾으려 애썼다. 어떤 학교에서 원로교사들은 이동이 잦아 단기체류하는 학생들의 성적이 낮다고 비난했는데, 교장이 새로 부임하고 데이터를 좀 더 자세히 분석하자 그 학교에서 오래 머물며 공부한 학생들의 성적이 단기체류 학생들의 성적보다 더 낮다는 것을 알게 되었다. 이는 교사들의 학생들에 대한 기대치가 낮은 탓이라고 교장은 확신했다. 교사들은 "학생들은 서로 놀면서 사회성을 키워야 하므로 공부로 스트레스를 주고 싶지 않다."라는 식의 말을 자주 했다. 이런 분위기 속에서 매년 적정한 수준의 문해력literacy을 갖추도록 하기 위해 필수적으로 확보해야 하는 기초학습시간을 확보하지 않은 학교들도 있었고, 학생의 성적이 정체되어 있는데도 핵심 내용을 학습해야 할 시간에 영화관람 등의 다양한 교실 밖 활동을 강행하는 교사들도 있었다.

예전이라면 이런 상황을 반전시키기 위해서는 미리 정해진 어떤 프로그램을 하달하거나 낮은 평가를 받은 교사 몇 명을 본보기로 해고했을 것이다. 그러나 진짜 심각한 문제는 교사들 간에 협력이나 연구의 문화가 없다는 점이었다. 예전에 교장들은 '떼어놓은 후 정복하라'라는 전략의 일환으로 교사를 개별적으로 고립시켰다. 나이든 교사들은 교장을 비판한 교사들이 소모전의 양상을 띠다가 결국 어떤 형태로든 벌을 받는 것을 보고는 자중하게 된다. 비판적인 교사들은 매년 새 학년에 배정된다든가 기금이 필요할 때 대상에서 누락되고, 야외학습을 신청해도 받아들여지지 않았다. 신참교사들에게 학교는 무서운 공간이었다. 학생들의 학습동기도 극도로 낮았지만 교사들이 이에 대해 공동의 책임감을 느끼도록 하는 어떤 시도도 없었다.

새 교장은 한 교사의 말에 따르면 수만 가지의 질문을 퍼부었다. "정말로 흥미진진했어요. 배울 자세를 갖춘 교장이었어요. 논문과 책을 바꿔가면서 읽곤 했어요." 전국적으로 유명한 베이지구 학교개선 협력네트워크Bay Area School Reform Collaborative에 오랜 기간 참여했지만 지난 교장 밑에서는 숨어 지낼 수밖에 없던 선배교사들은 솔직한 피드백을 주고받을 '비평적 친구critical friends*' 규약을 이용하여 그동안 수집해온 아이디어들을 적용함으로써 기존의 전문학습공동체에서

* 비평적 친구critical friends란 특정인의 일이나 작업에 대해 상황을 충분히 파악한 다음 불편하게 들릴 수도 있을 약점, 문제점 등에 대해서도 매우 솔직하게 피드백을 제공하는 격려자, 지원자를 말한다.

다루지 않았던 '인종과 언어 차이 문제'에 대한 새로운 연구결과들을 도출할 수 있었다. 새 교장이 뛰어난 교사의 수업기술과 지식에 대해 개방적이어서 교사들이 이를 수용하다 보니 집단적으로 탐구하고 모험을 시도하는 문화가 형성되었다. "그는 교장을 해본 적이 없는 사람이이어서 우리 교사들 모두와 함께 동등한 입장에서 일을 했습니다." 한 원로교사의 회고다. 새 교장은 호기심이 무엇이며 호기심을 어떻게 해결해야 하는지에 대해 본을 보였고 교사들도 그렇게 행동하기를 기대했다. 지역교육감은 그가 한 일이 "교사들의 역량을 제고하는 것"이었다고 평했다.

교사들의 공동작업이 활성화되자 교사학습공동체에 연구와 모험의 문화가 새롭게 형성됐다. 경험 있는 교사들은 자신이 제기하는 의문들이 존중받고 학생들에 대한 열정을 인정받으면서 다양한 도전 상황에 직면할 수 있게 되자 활기를 되찾았다. 그들은 매우 적극적으로 동료교사와 개별 학생들에 대해 알고자 했다. "데이터보다는 인간관계가 훨씬 중요하다고 생각합니다." 한 5학년 담임교사의 말이다. 데이터를 분석할 때에는 성적데이터와 함께 매일의 교실수업 관찰내용도 고려한다.[16] 실제로 학생에게 무슨 일이 일어나고 있는지를 파악하기 위해 다양한 척도의 학습증거를 참고하기도 한다.

상부로부터의 개입이 아니라 수평적인 참여로써 진행되는 연구풍토가 성과를 가능하게 한 반전의 비결임이 확인됐다. 학업성취지수가 비약적으로 향상됐다. 교사들은 전보요청을 하지 않고 QEIA가 지원한 연수를 통해 그리고 다른 학교 사이트를 방문하여 알게 된 새로운 교육에 대하여 심도 있게 연구했다. 중산층 자녀들이 차터스쿨과 부유한 지역의 학교로 전학하려 했던 오랜 풍토가 진정됐다. 조사 결과 학생들이 학교생활에서 가장 만족스럽게 여긴 것은 쉬는 시간과 친구들이 아니라 학습하는 즐거움을 알게 된 것과 읽고 쓸 줄 알게 된 것이었다. 전문가인 교사들이 왕성하게 상호작용하자 학생들의 수업참여와 성취도가 확실히 개선되었다.

6. 지적인 전문가

CTA가 조직으로 아무리 큰 역할을 하더라도 학생들의 학습을 장기간에 걸쳐 안정적으로 그리고 지속가능하게 향상시키는 주체는 매일 학교에 출근하는 교사들이다. 교장과 교사들은 학생들의 학습을 주도하는 중심적인 주체가 자신들임을 인식하고 이에 대하여 역동적으로 사고해야 하며 이를 실천해야 한다. 실천적인 사상가가 되려면 일반적인 리더의 역할만으로는 부족하다. 실천적 사상가로 일하는 것은 교장과 교사를 포함한 모든 진정한 전문가의 기본적인 권리이자 책임이다. 이런 점에서 QEIA 참여학교와 교육구의 교장과 교사에게서 드러난 지적인 역량과 도덕적 고결함이 인상적이었다.

- 한 교장은 존 롤스John Rawls의 정의론을 공부한 후 롤스가 주창한 바를 옹호하며 학교의 리더로서 매일의 삶을 가난한 아이들을 위해 헌신했다.[17]

- 한 교육감은 앤소시 브리크Anthony Bryk와 바바라 슈나이더Barbara Schneider의 학교의 신뢰에 관한 연구보고서[18]를 읽고 이에 대한 자신의 논문을 다른 교장과 공유하던 가운데, 학교에 불신의 문화가 퍼져 있으면 혁신이 결코 오래 가지 않음을 알았다. 그의 영향으로 사회적 신뢰의 중요성에 대한 인식이 확산되었고 사람들은 자신의 약점을 파악한 뒤 이에 대한 도움을 요청하는 자세를 갖게 됐다.
- 또 다른 교장은 전문학습공동체에 관한 연구결과에 착안하여, 자신의 학교교사들이 고유한 주제로 공동연구를 수행하되 수업, 표준화시험 데이터, 매일의 교사 · 학생 간 상호작용, 학생 관찰 결과를 연결시키도록 했다.[19]
- 베테랑 교사들은 오랫동안 '전국쓰기프로젝트'나 '비평적 친구네트워크'와 같은 강력한 전국적인 조직에 가입해 활동하면서 전문성 자본을 축적해왔고, 교장들은 그들의 전문적 지식을 인정했다.

교직과 같은 전문직에 종사하는 사람들은 모두가 지성인이 되어야 한다. 교수행위에 관하여 끊임없이 연구하고 자신이 이해한 바에 대하여 숙고하면서 자신의 교직지평을 능동적으로 넓혀가야 한다. 지성인이란 특권을 소유한 엘리트가 아니다. 지성인은 자신의 생각에 이의를 제공하거나 이를 확장시켜주는 동료 없이 홀로 존재할 수 없다. 지성인에게는 전문성을 타인과 공유할 임무가 있다.

QEIA의 결과

노조주도의 혁신과 성적향상 전략은 어떤 영향을 끼쳤을까? 교사의 삶의 질을 조금 개선시켰을 뿐인가 아니면 학생들의 학습과 성취도 향상에 긍정적 영향을 끼쳤을까? 전체적으로는 QEIA 참여학교 학생의 학업성취도는 계획을 세웠던 2006~2007년도부터 2010년까지 계속해서 향상되었다. QEIA에 선정된 학교들은 비교 대상 학교보다 여러 수준에서 훨씬 우월한 수치를 보였다. 특히 학습부진아들에 대한 결과는 매우 고무적이었다.[20] 캘리포니아 주 교육부가 의회와 주지사에게 제출한 첫 경과보고서에 의하면 프로그램 초기에 학업성취지수API를 분석한 결과 QEIA 참여학교 학생들의 평균성적이 비교 대상 학교집단(QEIA 참가자격은 있으나 선정되지 않은 학교)의 평균성적뿐 아니라 주州 전체의 평균성적을 능가했다.[21]

로스엔젤레스 지역의 독립연구기관인 바이탈연구소Vital Research의 분석에 의하면 평균적으로 QEIA 학교의 흑인과 히스패닉계 학생들, 영어학습자, 그리고 빈곤층 학생들의 성적은 비슷한 처지의 비 QEIA 학교 학생의 성적에 비해 크게 향상되었다.[22] 특히 초등학교에서의 성적향상이 두드러졌다. QEIA 초등학교가 통제집단의 학교보다 우수했다. 중등학교의 경우 특정 과목에서 취약계층 학생의 성적이 크게 향상되었다.[23] 비슷한 인구구성을 가진 학교와 비교해서 QEIA 학교의 흑인학생들은 수학, 히스패닉 학생들은 영어와 언어과목, 그리고 빈곤층 학생들은 영어와 언어 그리고 수학과목의 성적이 크게 향상됐다.

아직은 변혁 초기과정에 나타난 성과다. 하지만 QEIA를 노조가 주도한 성공적 전략으로 인정하기엔 충분한 데이터다. 데이터를 보면 정부에 대한 외부의 도전, 연이은 외부의 압력에 의한 입법과정 그리고 전문직 교사들이 주도한 혁신과 개선의 지지와 같은 QEIA 특성이 결국은 학생들에게 유익했다고 볼 수 있다. 초등학교급에서 나타난 QEIA의 성과에 대한 데이터를 표 8-1과 표 8-2에서 확인할 수 있다.

표 8-1 QEIA와 비QEIA 학교들의 학업성취도 지표의 향상(학교급 전체)

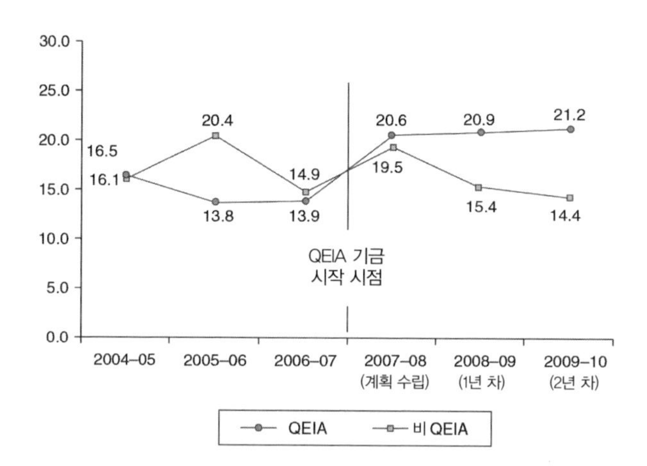

표 8-2 QEIA와 비QEIA 학교들의 학업성취도 지표의 향상(초등학교급)

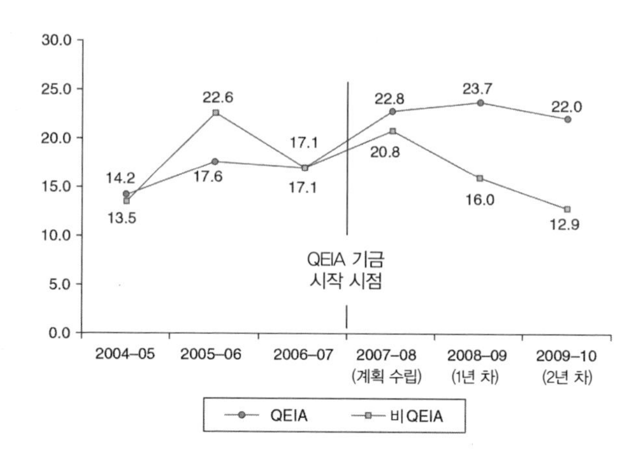

영국의 일반중등교육학력인정 평가(GCSE)에서 합격점수인 C 이상을 다섯 과목 이상에서 얻은 학생들의 백분율(%)을 나타냈다.

From Malloy, C. L., & Nee, A. K. (2010). Quality Education Investment Act lessons from the classroom: Initial success for at-risk students. Los Angeles: California Teachers Association.

QEIA의 영향력 분석

학교의 개선 정도를 파악하기 위해 QEIA 학교의 교장과 교사를 면담했다. 바이탈연구소Vital Research의 연구결과는 다른 대규모 연구결과들과 일치한다. 비약적 성장을 보인 학교에는 비전을 갖고 영감을 불어넣는 리더가 있어 책임감을 균등하게 배분했고 학교는 교사들의 연수요청을 수용했으며, 표준화시험 성적 외의 다양한 데이터와 증거에 대해 연구하면서 진행과정을 관리하고 관찰했다. 이런 학교의 교사들은 공동연구와 전문적인 책임감이 굉장히 높았으며 교사는 교장과 함께 모든 학생들의 학업성취도 성적을 올리려 열심히 노력했다. 교사들은 시스템 내부에서 그리고 시스템과 실제 학생들을 연결하는 중간 지점에서 주도적으로 일하고 있었다.

그러나 QEIA 개혁에는 한계가 있었다. 특히 두 영역에서 뚜렷한 한계를 보였다. 첫째는 고등학교에서 성과의 일관성이 떨어진다는 점이다. QEIA 조항에 반대하는 교장 및 학구관리자들이 있었다.

먼저 다른 지역의 대규모 개혁처럼 고등학교급에서의 변화는 이끌어내기 어려웠다. 초등학교보다 고등학교의 성적이 오르지 않는 것이 일반적인데, 이는 고등학교의 규모가 큰 탓도 있고 부서가 나뉘어 있어 서로 갈등하는 오랜 경향성 탓이기도 하다.[24]

고등학교 내부문화의 이와 같은 문제는 외부적 요인으로 증폭된다. 캘리포니아 지역의 277개 학교의 교장을 대상으로 한 설문에 따르면 고등학교 개혁의 많은 문제가 요동치는 정책변화에 기인한다.[25] 2008년에 시작된 세계 금융위기로 주 정부의 파산을 막기 위해 캘리포니아 주 정부가 분투하다 보니 고등학교에 엄청난 영향을 미쳤다. 응답한 교장의 49%는 2008년 이래로 학생들의 수업일수가 줄었다고 했고, 32%는 방과 후 프로그램을 축소했다고 했으며, 65%는 여름방학프로그램을 폐지했거나 축소했다고 했다. 게다가 교장의 82%는 교사 대상 연수기회가 줄었다고 응답했고, 78%는 학교개선프로그램이 축소되었다고 보고했다. 더구나 이는 2008년 신용경색이 발생하기 이전에 이미 학생 1인당 교육예산이 미국 평균보다 2천3백7십1달러를 적게 사용했던 주에서 일어난 일이라는 점에 주목해야 한다.[26]

QEIA 실행과 관련한 두 번째 한계는 리더십이었다. 캘리포니아는 거대 규모의 주로 자금부족에 시달려왔다. QEIA 학교의 리더들도 이 문제는 어쩌지 못했다. 어떤 교장들은 연수예산을 확정할 때 실무진을 참여시키지 않는 위법을 저지르거나 중앙부처의 관리와 공모하여 QEIA 예산을 자신들이 선호하는 프로그램에 투입했다. “돈이 올바른 사업에 쓰이게 하려고 엄청나게 싸웠습니다.” 한 CTA 지도자의 말이다. “그러나 내가 만일 그들 중 한 명이고 내 학교나 학구를 살아

움직이게 하고 싶은데 QEIA의 엄청난 예산이 있다면, 그들처럼 원하는 곳에 뭉칫돈을 배정하고 싶었을 것입니다. 그것을 일단 움켜쥐면 개인금고처럼 자유롭게 쓸 수 있었습니다."

교육관리들의 흔한 불만 중 하나는 체제개혁을 꺼려하는 교사들이 개혁프로그램을 충실하게 이행하지 않아서 전도유망한 개혁프로그램도 결국은 추진이 어렵게 된다는 것이다. 그런데 QEIA는 이와는 정반대의 고민을 안고 있었다. 개혁에 저항하는 교장이나 중앙관리들이 고민거리였다. 노조와 교사들이 학생들의 성취도성적을 높이고자 변혁을 주도할 때, 교장이나 중앙관리들은 그동안 독점적으로 관리해왔던 예산권한이 위협받는 것을 싫어했다. CTA와 캘리포니아주 교육부에서는 그런 학교들을 QEIA 네트워크에서 제외했다. 전문직 조합주의professional unionism에는 부족한 공공재원을 다루는 세심한 관리기술이 요구된다.

제2의 길 시스템과 **제4의 길** 네트워크의 공존

QEIA가 제4의 길 방식의 개혁을 주도하면서 부딪힌 난관은 제2의 길 방식, 그러면서도 약간의 제3의 길 방식을 겸비한 체제 속에서 새로운 방향의 개혁을 실행해야 한다는 점이었다. 캘리포니아 주의 경우 재원은 부족했고 시험성적 데이터가 위세를 떨치고 있었으며, 매년 적절한 성과를 나타내는 최저 성적목표thereshold test targets를 달성하지 못하면 학교를 폐쇄 또는 간섭하겠다는 위협이 학교들에 항상 도사리고 있었다. 이런 점에서 QEIA가 내부적으로 파괴적 혁신을 하려면 시험성적을 올리려는 노력도 해야 했다. 다른 주들과 마찬가지로 캘리포니아의 교육부 일부 관리들도 평가문화를 열렬히 지지하지만, 교사들은 종종 평가문화의 이점에 대하여 회의적이다. 교사들은 연례적인 시험성적 데이터를 학교가 잘하고 있는지 그렇지 않은지에 대해 논의할 때 기준이 되는 점수 정도로 본다. 한 초등학교 교사는 수업시간의 80%와 모든 데이터 입력과 분석을 오직 세 과목, 즉 읽기, 쓰기, 산수에 할애한다고 했다. 창의적인 수업과 학습이 가능한 폭넓은 교육과정을 바라지만 이런 노력은 오로지 성취도성적을 향상시켜야한다는 강박 때문에 늘 뒷전으로 밀린다. QEIA가 캘리포니아 주의 여건 속에서 많은 성과를 냈지만, 이 성과들은 미국의 거대 정책시스템을 실질적으로 이끄는 시스템들, 즉 교육을 속박하는 데이터와 시험제도라는 시스템 자체에는 별 영향을 미치지 못했다.

그러나 다른 많은 체제처럼 캘리포니아 주도 방향을 새롭게 설정하고 있다. 2011년 1월에 슈왈제네거에 이어 캘리포니아 주지사에 취임하면서 자신의 두 번째 주지사 임기를 시작한 제리 브라운Jerry Brown은 학교에서의 시험을 늘리는 내용의 주 법안에 서명을 거부했다. 아무짝에도 쓸 데가 없는 표준화된 개혁을 포기하면서 그는 이렇게 언급했다.

"지난 50년간 이른바 학자라는 전문가들 때문에 캘리포니아 주는 끊임없이 수업변혁과 실험을 해왔다. 최근의 흐름은 끝도 없이 데이터를 수집하고 또 수시로 지표를 바꿔가면서 학교성과를 측정해 이것을 기준으로 성공한 학교와 실패한 학교를 가려내는 것이었다. 언론과 학자들은 이미 우리가 시험에 있어서 일종의 경지에 이르렀다는 사실은 무시한 채 끊임없이 새로운 측정방식을 요구한다. 그러나 학교를 개선할 방법은 따로 있다. 교육의 질에 초점을 맞추는 것이다. 지역적으로 패널을 조직한 후 학교를 방문해서 교사를 관찰하고 학생과 대화하면서 그들의 학업을 면밀히 살펴보는 것 말이다."[27]

NCLB 정책의 연간적정향상도adequately yearly progress 규정을 포기할

것을 요구하면서 연방정부의 유력한 개혁전략에 이의를 제기하는 주州가 늘어가고 있다. 모든 주가 NCLB 정책으로부터 예외를 인정받는다면 결국 모든 학생이 통과하게 되는 셈이다. 누구나가 예외를 인정받는 규칙은 이미 그 신뢰성을 상실한다. 이런 식으로 제2의 길이 무너진다. 이를 감안하면 QEIA는 예외적인 변화라기보다는 더 나은 미래를 예고하는 계획이라고 볼 수 있다.

결론

QEIA는 제4의 길의 실제를 입증한 예다. 재원이 빈약한 학교의 교사들이 학생들을 위해 분연히 맞설 때, 또 산업화시대의 노동조합주의를 전문직 노조로 바꿀 때, 그리고 가난한 학교에 필요한 재원을 확보할 것을 주창할 때, 어떤 성과를 이뤄낼 수 있는지를 보여준 실증적 예다. QEIA 참여학교들의 초기 성적향상을 살펴보면 핵심적인 것은 추가적 재원을 학업성취도 향상을 위해 사용해야 한다는 점이다. 이것이 바로 QEIA의 윤리적 경제다. 교사의 관점에서 보면 이런 변혁을 통해 교사는 자신의 기본적 전문성을 발휘해 학생들의 학업을 돕는다. 한 교사의 표현에 따르면 "그것은 일종의 규범이자 교사들이 해야 하는 고유한 업무다. 우리의 직업적 본능과 같은 것이다." 교원노조의 강한 목소리가 교실수업의 핵심에까지 영향을 미치자 젊은 교사들은 이에 영감을 받기 시작한다. 이들은 이렇게 전문성을 바탕으로 한 윤리적 의식을 갖춘 노조야말로 자신들이 활동할 조직이라는 생각을 갖게 된다.

캘리포니아 교원노조인 CTA는 전문성 자본 및 정치적 자본을 동원해 불공정한 교육정책에 맞섰다. 제2의 길 안에 있으면서 이에 대항해 분투하는 학교들에 교원노조는 제4의 길의 정신을 불어넣었다. 노조의 혁신 중에서 가장 파괴적이었던 면은 CTA가 베이비부머 세대*의 노동조합으로서 단체교섭과 계약협정을 위주로 삼았던 제1의 길의 구태를 벗고, 영역을 확장하여 제4의 길 방식의 전문직 단체로 변신했다는 점이다. 이로써 교원노조는 교사들을 교수학습 개선의 선봉장으로 자리매김시켰다.

* 미국에서 베이비부머 세대boomer generation는 1937~1956에 출생한 세대다.

The Global Fourth Way

09

학교교육 제4의 길의 방법론

영국과 캘리포니아, 핀란드, 싱가포르, 캐나다의 앨버타 주와 온타리오 주의 성공사례에는 각기 다른 특징이 나타나지만, 이와 동시에 각 사례는 서로 연결되어 있다. 핀란드는 제4의 길에 가장 가깝다. 교원자격기준을 엄격하게 설정하여 전문성이 뛰어난 교원을 확보하였고, 국민들이 학교를 신뢰하고 투자도 많이 한다. 중앙정부는 전반적인 큰 방향을 제시하고, 집단적인 책임감을 지닌 교육전문가인 교사들과 민주적으로 선출된 지방정부가 거의 모든 것을 결정한다. 싱가포르, 앨버타 주와 온타리오 주도 각자의 방식대로 제3의 길에서 벗어나 제4의 길로 향했다. 이들은 핀란드처럼 교원자격기준이 높고 공교육에 대한 신뢰도 두터울 뿐 아니라 교사의 공동연구를 인정하는 의식도 뿌리가 깊다. 핀란드와는 달리 중앙집권적이고 표준화된 시험결과를 중시하는 면이 공존하는 다소 역설적인 상황이긴 하지만, 이를 상쇄할 만한 혁신적 경향도 보인다. 앨버타 주의 '학교개선프로그램Alberta Initiative for School Improvement(AISI)', 싱가포르의 '덜 가르치고 더 배우기Teach Less, Learn More', 그리고 온타리오 주의 통합교육인 ESGAEssential for Some, Good for

AII이 그렇다.

불리한 상황을 딛고 학교가 변혁의 주체로 나선 영국과, 노조가 주도한 캘리포니아의 개혁에서 보듯이 어렵게 제4의 길의 철학을 실천에 옮기려 할 때마다 중앙(연방)정부가 데이터를 들이대며 압력을 가하거나 표준화시험을 시행하는 등의 도전에 직면하게 된다. 이런 압력이 있으면 교육자들이 일궈낼 수 있는 개선과 혁신의 한계선이 낮아지기 마련이다. 그럼에도 불구하고 교육자들은 중앙정부의 지지 없이도 대단한 성과를 올렸다.

여섯 곳의 다양한 성공사례에 공통되는 변화원칙을 추출하는 것이 간단한 일은 아니지만 필수적인 일이다. 먼저 핀란드, 싱가포르 및 캐나다에 '없는 것'부터 따져보자. 차터스쿨을 추진하는 정부가 없고 속성 교사양성과정이 없으며 학생성적을 바탕으로 교사성과급을 시행하지 않는다. 현장으로부터 멀리 떨어진 중앙의 교육부가 매년 목표를 설정해가면서 3학년에서 8학년 전 학생을 대상으로 한 읽기, 쓰기, 수학시험을 시행하는 시스템이 없다. 정부가 어려운 여건에서 분투하는 학교를 제재하고 간섭하며, 끊임없이 교장과 교사를 전보하여 결국 신뢰와 교육의 연속성을 저하시키는 시스템이 없다. 별 준비를 하지 않아도 그리고 임시직 교사도 가르칠 수 있을 정도로 미리 자세히 서술된 중앙집권적이며 표준화된 교육과정이 없다. 제4의 길은 공식적인 정책강령으로 두고 교육자나 교사에게 책임을 전가하는 일, 이에 교사는 계약서대로 가르칠 뿐이라고 항변하거나 성취도성적 향상을 위한 집단적인 노력을 거부하는 일이 없다.

이번에는 '있는 것'을 보자. 우선 체제 전체의 리더십이 상당히 안정되어있다. 성적 향상이 지속적으로 이루어지다 보니 이를 토대로 학구와 학교에 비약적인 혁신이 있다. 폭넓은 교생실습 등의 훌륭한 대학교육을 받은 교사가 있고, 항상 연구하고 학생들과 매일 하는 수업에 대하여 늘 탐구하는 자세를 견지하는 교사, 그래서 국민의 존경을 받는 교사들이 있다. 주민들이 적극적으로 학교에 참여하고 교직을 존경하는 사회적 분위기가 있고 개인적 자본 및 사회적 자본을 수업에 투입하는 전문직으로서의 교사들이 있다.

교육적으로 성공한 나라와 지역에서 교사는 교육변혁의 최전선에서 활동하는 다른 전문직들의 든든한 지원을 받고 있다. 공공시스템도 강하고 교육이란 아동 개개인에게 기회와 이점을 부여하는 수단만이 아니라 미래의 모든 시민을 위한 공동선common good이자 미래를 창출하는 방도라는 믿음이 널리 퍼져있다.

우리가 세계의 주요 성공사례 연구로 밝혀낸 점들은 OECD와 같은 유수한 국제기구에서 여러 차례 밝혀낸 것과 대체로 일치한다. 즉, 시장모델, 회전목마 식의 교장 전보, 끝없는 개교와 폐교의 반복은 우수한 시스템의 속성이 아니다. 이런 정책들은 단기적으로는 패닉상태를 유발하고 장기적으로는 교직의 질을 떨어뜨려 교사들을 집단 자본collective capital으로 발전시키지 못한다. 모든 이에게 유익한 길이 있다. 바로 제4의 길 방식의 세계의 모든 국가에도 적용가능한 변화원리이다. 이 책에 서술된 성공지역들을 보면 제4의 길의 모든 요소를 가지고 있는 것은 아니다. 그러나 우리가 고른 요소들은 한 나라에 국한된 것이 아니고 많은 사례에서 확인할 수 있는 것들이다. 이는 교육적 성공을 거두기 위한 방법으로서의 시장적 경쟁, 관료주의적 통제, 진퇴양난의 시도들과는 다르다. 목적지도 방향성도 다르다. 주요 원칙이 15가지로 요약되었다. 첫 번째 여섯 가지 원칙은 목표가 지녀야 할 핵심적 특징으로서 특정 시스템의 목적과 방향에 관한 것이다. 뒤이은 다섯 가지 원칙은 전문성에 관한 것이다. 전문가로서의 교사는 시스템에 역동적 에너지를 공급하고 도덕성을 확보하고 있으며 전문성 자본을 공유한다. 마지막 네 가지 원칙은 변화시스템 전체의 결속을 다지는 촉매에 대한 것이다. 이들은 개혁이 완수될 수 있도록 체제의 안정성과 지속가능성을 유지한다. 이 열다섯 가지 원칙은 앞선 책 『학교교육 제4의 길 (1)』과 이 책의 표 1-1에서 제시했던 제4의 길의 결정적 특징을 재조명한 것이다.

목적의 6가지 원칙

1. 영감의 제공

영감inspiration을 주는 목적이란 한 국가 또는 체제 전체의 발전을 도모하는 것으로, 이는 미래를 향한 변혁의 최전선에 교사를 배치시킨다.

2. 교육의 공익성 엄수

교육의 공익성에 대한 사회적 확신이 있을 때 국민 대다수의 지지와 참여가 보장된다.

3. 윤리적 경제 확립

교육분야에서의 윤리적 경제란 시스템의 역량을 신장할 수 있는 분야라면 어디든 재원을 충분히 투입하며, 교육의 질과 공정성을 훼손하지 않도록 신중하게 자본을 운용하는 각종 관계성을 의미한다.

4. 지방정부 역할의 설정

지방정부는 중앙정부가 정한 큰 테두리 내부에서 국민참여의 과정을 주도하고, 다양한 지역공동체의 요구를 충족시키며, 교육과정 개발 및 학교 간 네트워크 형성 및 상호소통 구조를 형성해 집단적이고 전문적인 책임감을 형성하는 역할을 맡는다.

5. 혁신과 개선의 병행

혁신과 개선은 상호배타적이지 않으며 필연적 선후관계를 요하지 않는다. 현재의 보완으로서의 개선과 파격적 혁신을 절제되고 통합된 정책과정을 통해 병행한다.

6. 구성원에 변화의 플랫폼 제공

구성원이 역량을 개발하여 스스로를 돕고 발전시킬 수 있도록 하는 변화의 플랫폼을 제공한다. 구성원을 중앙정부에서 하달된 개혁과제를 학교로 전달하는 수동적 통로로 인식하지 않는다.

전문성의
5가지 원칙

/

7. 전문성 자본 구축

교사를 대학성적 최상위 집단에서 임용하고 교육과정 개발과 공동연구에 참여시키며 최고의 능력을 보일 때까지 교직에 머무르게 하여 전문성 자본을 확립한다.

8. 전문직 연대의 강화

개혁에 무조건적인 반대의사를 표명하는 양상에서 벗어나 학생들에게 도움이 될 긍정적 변혁을 주장하는 전문직 연대로서 세력을 강화한다.

9. 집단적 책임감 형성

어떤 간섭도 거부하는 개별 교사의 자율성 또는 교사의 재량권을 없애는 강요된 책무성보다 학생과 교수의 개선을 위한 집단적 책임감을 강조한다.

10. 직접교수 완화 및 학습 강화

직접지도에 치중하여 학습자가 주어진 교육과정을 피상적으로 배우는 데 그치게 하지 않고 심층적으로 학습할 수 있도록 지원한다.

11. 기술의 신중한 사용

새로운 프로그램이나 기기 그 자체에 매료되기보다는 교수학습을 중심에 두고 그것의 개선에 초점을 맞춰 기술을 신중하게 사용한다.

시스템의 안정성과 지속가능성을 높이는 4가지 촉매

12. 지혜로운 벤치마킹

다른 지역의 시스템적 성공으로부터 교훈을 얻어 변형해 자기 지역에 적용한다. 숫자경쟁에서 이기기 위한 목적으로 타국의 사례를 경쟁적으로 모방하지 않는다.

13. 전문성 있게 실시되는 시험

시험을 신중하고 전문가적 접근으로 실시하여 교수학습 질의 왜곡을 방지한다. 전 학생을 대상으로 하는 시험, 나라 전체의 목표성적을 설정한 고부담시험, 그리고 교사의 성과급에 연계된 시험을 거부하는 태도를 지닌다.

14. 끊임없는 의사소통

시스템의 결속을 다지기 위한 목적으로 강고하고 상호 연계된 관료주의적 구조를 택하기보다는 끊임없는 의사소통을 통해 문화적 강점을 살린다.

15. 역설적 상황의 유지와 활용

동일한 기준의 적용과 표준화를 지향하지 않고 역설적 상황을 수용하고 활용한다.

상기한 15가지 원칙들이 바로 핵심적인 제4의 길의 원칙들이다. 어디에 살고 무슨 일을 하든지 가장 중요한 것은 이런 원칙들이 현장에서 갖는 의미를 찾는 것이다. 원칙들을 어떻게 실천할 것인가? 그런 실천에 원칙들이 어떤 방향을 제시해줄 것인가?

'방향지시 지표pointers'는 등산 중 만나는 안내표지판이나 이정표 같은 것이다. 화살표가 그려진 목판이정표가 방향을 직접 가르쳐주기도 하고 나무나 바위에 색을 칠해서 제대로 가고 있는지, 급하게 회전해야 하는지, 그리고 얼마나 가야 하는지를 알려주기도 한다. 목적지에 다다를 수 있는 방향, 길, 해야 할 일을 알려준다.

이번 장에서는 전문분야에서 글로벌 제4의 길을 활성화하는 데 가장 도움이 되는 실행지침들이 무엇인가를 찾아본다. 첫 지침들은 체제 전체의 발전과 변화를 주도하는 리더를 위한 것이고, 두 번째 세트는 단위학교를 책임지고 있는 교장들을 위한 것이며, 마지막이지만 결코 비중이 적지 않은 세 번째 그룹은 수천, 어떤 지역에서는 수백만에 이르는 변혁의 주도자로서 학생들의 삶에 지속적인 영향을 끼치는 교사들을 위한 것이다. 누가 하든지 다 중요하지만 교육에 관여한 모든 사람들이 지침대로 실천한다면 그 영향력을 극대화할 수 있다.

시스템 단위의 리더를 위한 지침

상향식 문화가 발달해있고, 교사, 교장 및 학교 간의 상호학습이 활발하더라도 최상층에 훌륭한 리더십이 존재해야 한다. 체제 단위의 리더는 행정적 일만 담당하는 것이 아니라 학교의 전문직 문화professional culture의 방향을 의도적으로 그리고 자연스럽게 만들어나간다. 리더들이 세심하게 관리하고 감독하지 않는다면 교사가 아무리 훌륭하고 학생들이 아무리 열심히 해도 발전은 더디다. 이제껏 살펴본 성공한 여섯 가지 시스템에서 찾은 구체적인 증거에 의하면, 제4의 길을 사용하는 리더들은 다음 6가지의 지침을 시행하고 있다.

1. 영감을 주며 동시에 사회를 통합시킬 수 있는 꿈을 창조하라.
2. 끊임없이 소통하라.
3. 지혜롭게 벤치마킹하라.
4. 시험은 신중하게 그리고 전문가 주도로 시행하라.
5. 전문성 자본을 개발하라.
6. 지방정부의 기능을 유지하라.

1. 영감을 주며 동시에 사회를 통합시킬 수 있는 꿈을 창조하라

로번 아일랜드Robben Island 감옥에 책자 반입이 금지되었을 때, 넬슨 만델라와 동료죄수들은 자신들이 언젠가는 인종적으로 평등한 남아프리카 공화국의 리더가 되리라는 꿈을 갖고서, 작정하고 기발한 방식으로 간수용 샌드위치를 포장한 신문조각을 훔쳤다. 읽지 못하고서는 앞으로 국민들을 이끌어 나갈 수 없다는 것을 알고 있었기 때문이었다.[1] 다섯 명 중 한 명이 실업일 정도로 경제가 무너진 상황에서도 핀란드 지도자들과 국민들은 자기 나라가 앞으로 세계의 지식경제를 이끌어 나갈 수 있다는 꿈을 갖고 있었다. 온타리오 주에서는 오랫동안 공교육에 대한 냉소가 빗발쳤지만, 신임 수상은 교육의 질 개선을 자신의 최우선 과제로 설정하였다. 오랫동안 외부의 변혁은 거부하였지만, 조합으로서의 임무에 대한 치열한 내부 토론과 투쟁을 거친 캘리포니아 교원노조가 거시적인 노력을 들여 학업성취도 성적이 낮은 학교를 개선하고자 한 것은 직관엔 반하지만 매우 용감한 결정이었다.

1996년에 그랜지중등학교와 학생구성이 비슷했던 런던의 타워 햄릿Tower Hamlets 자치구는 잉글랜드에서 성적이 가장 나쁜 자치구였다. 그러나 교육국장으로 부임한 크리스틴 길버트Christine Gilbert는 가난하기 때문에 성적이 나쁘다는 것은 핑계일 뿐 이라고 했다.[2] 이웃한 해크니Hackney 자치구는 2002년 잉글랜드의 가장 가난한 여섯 자치구의 하나이면서 가장 성적이 낮은 곳이었다. 그러나 새로 부임한 교육장이 새로운 사업을 시작하면서 교사들에게 이렇게 선언했다. "이 사업이 끝날 즈음에 여러분은 해크니Hackney 자치구에서 가르치는 것에 자부심을 느낄 것이며, 여러분이 해크니에서 가르친다는 사실 하나로 사람들이 여러분을 알아볼 것이라고 믿는다."[3]

이룰 수 없는 꿈이었다. 그러나 결과를 보라. 한때 테러리스트 조직으로 많은 나라가 냉대했던 아프리카민족회의African National Congress는 인종차별정책을 딛고 아프리카를 이끌고 있다. 핀란드는 세계에서 가장 성공한 교육제도를 갖추었을 뿐 아니라 경제 경쟁력에서 글로벌 리더가 되었다. 온타리오 주는 주 전체를 개혁한 모범사례로 세계적인 명성을 얻었다. 10년 만에 해크니와 타워 햄릿 자치구의 성적은 전국평균을 웃돌았다. 그리고 캘리포니아의 QEIA에 참여한 학교들은 한때 CTA가 조롱했던 모든 지표에서 뚜렷하게 개선되었음을 보여주었다.

글로벌 제4의 길은 영감을 주며 사회를 통합시킬 수 있는 꿈에서 출발한다. 꿈의 실현이 어려울수록 꿈은 더 큰 영감을 주게 된다. 위대한 꿈은 조직의 가장 큰 문제를 최대의 성과로 만든다. 조직에 영감을 주며 동시에 사회를 통합시킬 수 있는 꿈은 무엇인가? 혼자 하려 하지 말고 남들과 함께 하라. 매일 대화하면서 꿈의 존재를 확인하고 실천에 옮겨라. 이해하지 못할 일이 벌어지고 장애가 있다 하더라도 꾸준히 나아가라. 사람들에게 스스로 자부하고 있음을 알려줄 뿐 아니라 자랑할 거리를 보여주라. 꿈이 없으면 아무 것도 없다. 영감을 갖고 과감히 꿈을 꾸자.

2. 끊임없이 소통하라

핀란드 교육자들은 모든 문제를 다룰 때 이를 해결하겠다는 생각과 집단적 책임감이라는 의식을 갖고 임한다. 싱가포르 사회와 학교는 함께 끊임없이 열심히 그리고 활발하게 소통한다. AISI 지도자들은 학습공동체에 활기를 불어넣어 교사들이 수업에서 새롭게 시도한 아이디어를 서로 공유하게 한다. 그랜지중등학교의 새 리더들은 일부러 시간을 내어 자신의 비전을 임시교사와 보조교사 등을 포함한 모든 구성원에게 알린다. CTA는 QEIA에 참여한 모든 학교에 교사리더를 두었다.

핀란드, 싱가포르, 북부 잉글랜드에서 소통하는 방식은 다르게 보일 수도 있지만, 성공한 여섯 나라와 지역의 공통된 필수적 특징은 끊임없는 소통이다. 자신이 이끄는 사람들과 함께 하며 그들이 하는 일에 관심을 보이고 가끔 시행되는 평가에 의존하기보다는 매일의 관계 속에 상존하는 '약한 신호weak signals'를 찾자. 이것이 글로벌 제4의 길의 사고방식이고 행동양식이다.

3. 지혜롭게 벤치마킹하라

성공한 조직은 결코 성공에 안주하지 않는다. 항상 전진할 방법을 모색한다. 후보선수 역할만 하는 조직bench-warming organizations은 대기석에서 기다리기만 할 뿐 정작 본경기에는 뛰질 않는다. 국제적인 연구를 무시하고 자기 모습 속에서만 개선책을 찾으려 하지 결코 다른 나라의 사례를 탐구하지 않는다. 자신만을 보느라 바빠 다른 나라 사례에서 배우질 못한다.

'벤치프레서Bench-pressers'는 오직 경쟁자를 이기는 것에만 몰두한다. 어떤 희생을 감수하고라도 경쟁자를 빠르게 따돌리는 열망으로 승리와 등수에만 집착한다. 일등을 한다든지 상위 5등 안에 든다든지 하는 것에만 관심이 있다. 경쟁에 매몰되어 다른 가치 있는 일을 보지 못한다.

그러나 벤치마커들Bench-markers은 다른 성공사례에서 뭔가를 배울 목적으로 서로 소통하고 끊임없이 아이디어를 교환한다. 싱가포르의 아드리안 림Adrian Lim 교장은 교사들을 전 세계의 학회에 참여시켜 성공사례를 공유하게 할 뿐 아니라 다른 나라의 성공사례를 배우도록 했다. 싱가포르의 지도자들은 훌륭한 아이디어를 나누어 주어야 계속해서 새로운 것을 창출할 수 있다고 했다. PISA 시험 최상위 성적권의 핀란드와 앨버타 주에서는 학교 간 교환 및 파트너십 관계를 맺어 각각의 직업교육과 방과 후 활동에서 서로 배울 것을 찾는다. 그랜지중등학교 리더들은 국내외의 다른 학교들과 네트워크를 만들 뿐 아니라 성적이 나쁜 학교들과도 파트너십을 맺어 도움을 준다. 이는 교육자들이 다른 이들과 비교하면서 스스로 배울 것을 찾는 현명한 벤치마킹의 예다.

어떻게 하면 현명하게 벤치마킹할 수 있을까? 첫째, 국제적인 벤치마킹은 단지 교육시찰용 여행으로 비싼 돈 들여 시간을 낭비하는 것이라는 사고를 버려야 한다. 그렇게 비판하는 사람들은 여러분이 힘겹게 가르치는 와중에 해외 시찰과 국내의 통제는 온전히 자기네 몫이길 바라는 사람들인 경우가 많다. 세계화로 인하여 인구이동이 수그러들지 않고 계속되는 상황에서 변화의 실체를 파악하고 성공의 실제를 알아보기 위해서는 다른 체제의 교육자들과 직접 교류하는 것만큼 좋은 것은 없다. 점점 증가하는 세계적인 학교네트워크에 합류하여야 한다. 동료들과 세계를 돌아다니며 여러분의 상황에 적합한 아이디어와 전략을 구하라. 여러분 학교가 이미 성공을 거두었고 개혁을 통해 성적을 향상시켰다면, 인근의 성적이 뒤처진 학교에 도움의 손길을 내밀어라. 도우면서 많은 것을 배우게 된다.

방학 때 해외로 나가 수업 중인 학교나 지역을 2~3일간 방문해보자. 다른 나라의 교실과 복도를 돌아다니다 보면 여러분 나라에서 당연하게 여겼던 것을 새로운 시각으로 보게 될 것이다. 관심을 가지고 다가가 최고의 것을 배우려 하라. 그리고 이런 기회를 독점하지 말고 교사들도 이런 경험을 갖게 하라.

무엇보다도 우리 체제는 완벽하여 다른 나라에서 배울 것이 없다는 생각을 버려라. 등 샤오핑Deng Xiapoing은 1978년에 싱가포르를 방문하고 베이징으로 돌아가 시장경제를 도입하였다. 강대국도 아주 작은 나라에서 배울 것이 많을 때가 있다.

4. 시험은 신중하게 그리고 전문가 주도로 시행하라

시험은 삶의 한 부분이다. 주행시험이 없다면 도로에는 사망사고가 빈번할 것이고, 건강검진이 없으면 치명적 질병을 조기에 발견할 수 없을 것이다. 패스와 블록슛에 대한 데이터 없이는 코치와 선수 둘 다 경기의 약점을 가려내기 어려울 것이다.

교육도 이와 다르지 않다. 이런저런 일로 바쁜 교실에서 시험이 있기에 교사는 어떤 학생이 잘하고 있는지를 파악할 수 있고, 학습장애를 겪고 있는 학생을 조기에 발견하여 개입할 수 있게 된다. 글로벌 제4의 길의 과제는 시험의 시행 여부가 아니다. 중요한 것은 어떤 종류의 시험을 어떤 목적으로 얼마나 자주 치를 것인가에 관한 것이다.

제2와 제3의 길의 두드러진 특징은 고부담의 표준화시험을 통해 학생의 학업성취도를 파악하고, 정도의 차이는 있지만 교사와 학교의 수행능력을 파악하는 것이다. 공공책무성 확보, 투명한 성적목표 설정, 그리고 교육에서의 수월성과 공정성을 확보하는 데 필요한 개입intervention을 정확히 파악하기 위한 객관적인 데이터 제공 등이 시험의 존재 근거로 제시된다. 그러나 제3의 길이 가장 잘 구현된 체제에서조차도 시험결과에 너무 많은 비중을 둔 결과, 교수와 학습을 왜곡시켜 교사들이 성취도시험 성적이 좋은 학생들에게만 신경을 쓰는 비뚤어진 상황을 빚어냈다. 시험의 이런 한계들로 인하여 제3의 길 개혁의 다른 장점들이 가려졌을 뿐 아니라 QEIA와 그랜지중등학교와 같은 개혁네트워크에 속한 교사들이 역경을 딛고 이루어낸 괄목할 만한 성과를 유지하는 데 큰 어려움을 겪고 있다.

대안은 무엇인가? 교육적으로 성공한 핀란드에서는 학생들에게 고부담의 표준화시험을 매년 강요하지 않는다. 핀란드에서는 교사들이 자신이 개발한 교육과정을 진단할 목적으로 교실에서 학생들에게 시험을 자주 치른다. 모든 학생을 대상으로 한 연례시험은 없고, 표본조사 형태로 시험이 시행된다.

그러나 핀란드의 방식이 과도한 고부담시험의 유일한 해결책은 아니다. 스코틀랜드와 같은 나라에도 고부담시험이 없지만 성적이 썩 좋지는 않다. 또 핀란드와 비슷한 성과를 낸 한국과 같은 나라에서는 이런저런 형태의 표준화시험을 유지하고 있다. 핀란드는 고부담시험이 없이도 매우 훌륭한 성적을 낼 수 있다는 것을 보여주는 것이지 꼭 그래야 한다는 것은 아니다. 그러므로 교육적으로 성공한 나라들을 모두 고려했을 때, 제2 및 제3의 길과는 다른 제4의 길임을 판정하는 결정적 기준이 무엇일까?

해마다 정부에서 학업성취도 시험성적 목표를 설정해 교장과 교사의 교육행위를 왜곡하게 만드는 일을 핀란드도 싱가포르와 앨버타 주도 하지 않는다. 온타리오 주처럼 전국 단위의 시험은 1개 내지는 2개 학년에만 시행함으로써 부정적 영향이 있더라도 한두 개 학년에 국한시킨다. 이런 나라에서 시험은 전국적으로 실시하지 않고 신중하게 시행한다. 시험도 체제의 한 부분이지만 체제를 지배하거나 왜곡시키지 않는 한도에서 실시한다.

더구나 교육적으로 성공한 나라 모두가 현존하는 시험체제를 완화하거나 부정적 영향을 제거할 방안을 모색 중이다. 싱가포르의 전직 교육부장관은 자기 나라의 학생들이 '시험 보는 삶life of test'이 아니라 '삶의 시험test of life'에 대비할 수 있게 해야 한다고 역설했다. 앨버타 주는 전력을 다하여 현재의 시험제도보다 나은 대안을 찾고 있다. 온타리오 주에서는 경제적 불확실성과 내핍상태로 인해 시험비용을 줄이면 예산절감에 도움이 될 것이라 하여 EQAO 시험을 재검토해야 한다는 요구가 힘을 얻고 있다.

고부담시험을 줄인다는 것이 곧 교육적 평가를 하지 않는다는 뜻은 아니다. 앨버타 주는 AISI 사업주기마다 선호하는 과목 학습에 대해서는 평가를 실시했을 뿐 아니라 주 전역에서 필수적으로 혁신을 통해 성취도성적을 향상시킬 것을 요구했다. 온타리오 주의 특수교육 대상 학생들은 보조공학 기기들을 사용하여 학습개선과 발표방식 개선이 목표인 주 단위 표준화시험에서 성적 향상을 보였다. 온타리오 주 교사들은 학습개선과 학생의 발표방식 개선이 목표인 주 단위 시험에서 특수교육 대상 학생들의 성적을 향상시키기 위하여 보조공학 기기들을 활용하였다. 학습이 학교의 진정한 목적이므로 시험과 모든 평가는 학습을 보조해야지 이를 왜곡하거나 축소시켜서는 안 된다. 평가와 시험은 제도를 악용하고 편법을 써가면서 외견상 최상의 결과를 도출하기 위함이 아니라 교육관행을 개선하고 진정한 성과를 내기 위함이라는 의미에서 정치적이라기보다는 전문적인 영역이다.

그러므로 시스템의 리더라면 거의 모든 학생을 대상으로 매년 시험을 시행해서는 안 된다. 교사들이 스스로 평가를 선정하고 계획하고 실행할 수 있도록 역량을 개발시켜라. 연구개발에 투자하여 양질의 진단평가를 만들어 전문학습공동체 네트워크에 유포시킨 후 웹에 게재하여 누구나 이용할 수 있게 해야 한다.

전국 단위의 성취도시험은 표본학생을 대상으로 매년 과목과 대상 학년을 바꿔 시행하여 교사들이 제도를 악용하여 편법을 부리지 못하게 해야 한다. 시험은 신중하게 시행하되 전국적으로 시행해서는 안 된다. 과학, 외국어, 예술 및 사회과학을 포함한 모든 과목에 대한 시험은 합목적적으로 그리고 신중하게 시행하여 학생들이 편협하고 일천한 교육이 아니라, 깊이 있고 균형 잡힌 교육을 경험하게 해야 한다. 교사들에 대한 국민들의 신뢰가 높을수록 교사들에 대한 감시의 필요성이 줄어들므로 교사들의 자질과 역량을 개발하는 데 집중해야 한다.

5. 전문성 자본을 개발하라

영국계 아일랜드 작가인 조지 버나드 쇼의 "능력 있는 자는 행동으로 보여 주고, 능력 없는 자가 가르친다."는 유명하면서도 악명이 높은 표현이다.[4] 그러나 교육적으로 성공한 나라들에서 국민들은 교사를 존중하고 지지하지 결코 폄하하지 않는다. 싱가포르에서는 현장의 교수학습과 관련해서는 학교가 교육부 공무원, 국가교육원 교수

진보다 발언권이 강하다. 핀란드 교사는 자질이 우수하고, 직업만족도가 높을 뿐 아니라 명망도 높아 결혼상대로 어떤 전문직종보다도 앞선다. 온타리오 주에서는 교사를 게으르고 비효율적이라는 오명을 씌운 정치인들 대신 교직이라는 자산을 소중히 여기고 고취시킨 정치인을 선출하는 대반전이 시작되었다.

최상층의 체제지도자와 정책입안자들이 솔선하여 교직을 중시 여기는 신호를 보내야 한다. 리더들이 교직을 나라의 미래를 형성하는 데 큰 영향력을 지닌 전문직으로 인정하는 발언을 하는가 아니면 교사와 교원노조를 실패를 반복하며 정치적 변혁에 반기를 드는 집단으로 폄하하는가에 따라 교직에 대한 국민들의 생각이 달라진다. 리더들은 교직을 상징적 자본으로 인정하는 신호를 행동으로 보여주어야 한다. 체제지도자들이 정치적 현안에 매몰되어 학교를 방문하지도 않고 교사와 학생과 대화할 시간을 못 내면 안 된다. 제4의 길 리더십은 지도자가 학교를 방문해서 학교와 교실의 생생한 모습을 몸소 느껴야 한다.

다른 사람들도 여러 방식으로 교사라는 전문성 자본을 개발할 수 있다. 그랜지중등학교와 QEIA 참여학교 교장들은 교사들에게 리더십을 나누어 주는 방식으로 전문성 자본을 형성하였다. 앨버타 주에서는 교수학습 개선사업을 계획하는 데 교사를 참여시켰고, 싱가포르에서는 교사별로 다른 경력을 밟을 수 있게 하여 교사들의 전문성을 개발하였다. 핀란드는 교사가 교육과정을 개발하게 함으로써 교사를 매우 뛰어난 전문성 자본으로 개발하였다.

그러나 국가에서 어떤 지원을 하든지 전문성 자본 개발에 있어 중요한 것은 교사들의 노력이다. 연구하고 서로를 관찰하고 긍정적인 비판과 더불어 비판적인 견해도 수용하면서, 끊임없이 고객인 학생에게 도움이 되는 기술을 개발해야 한다. 전문성 자본 개발은 교사가 가져야 할 당연한 기회이며, 결코 거부해서는 안 될 개인적 책임이다.

6. 지방정부의 기능을 유지하라

공교육을 비난하는 사람들이 지방정부의 학교통제를 신나게 공격하는 이유를 짐작하는 것은 어렵지 않다. 경선competitive elections은 필연적으로 대립적일 수밖에 없지만, 아이들의 미래가 위태로운 상황에서 서로에게 욕설을 해대는 어른의 말을 누가 경청하겠는가? 싱가포르의 국민행동정당이나 앨버타 주의 진보적 보수정당의 경우에서처럼 실질적으로 한 개의 정당이 통치를 하는 경우를 제외하고는 정권교체leadership transitions는 지방자치의 필연적 요소이기는 하지만 장기계획을 실행하는 데 필요한 안정성을 해칠 때가 가끔 있다.

지방districts이나 지방정부는 가끔 느리고 비효율적이며 긴박함이 없다. 지지자에 대한 보상책으로 정실인사를 하거나 부패에 물들기도 한다. 캘리포니아에서 확인했듯이 전문직들이 주도한 변화의 에너지와 구상의 싹을 자르기도 한다. 주 정부나 사설단체 또는 비영리단체들이 지방정부의 역할을 하며 이전 지방정부보다 뛰어난 성과를 내는 경우가 가끔 있다. 영국의 경우 협동조합운동이 여섯 번째로 큰 금융영역이 된 것은 영국 국민들이 사회적 책임감이 더 강한 방식의 자본주의에 투자하기를 원해서이기도 하지만, 어쨌든 협동조합운동 덕택에 협동조합 원칙에 근거하여 공동선을 위해 함께 노력하는 거대한 학교체인들이 생겼다. 이런 현상들은 자유시장경제로 인해 붕괴위협을 받고 있는 공동체community를 재건해야 한다는 강력한 사회적 요구가 반영된 결과이다. 동시에 비효율적인 기업이 존재하고 재정파탄이 시작됐다고 해서 시장을 폐쇄할 수 없듯이, 성적이 저조한 학구와 지방정부로 인한 피해가 있다고 해서 지방정부와 그 통제를 완전히 없앨 수는 없다.

온타리오 학구의 특수교육 전략을 개발하는 주체는 교육장들이었으며, 핀란드가 성공한 배경에는 지방자치 민주주의의 강점인 공동선common good의 추구와 공동체에 대한 헌신이 존재한다. 그러므로 지방정부의 성공한 학교에 대한 통제권을 계속 유지해야 할 뿐 아니라 비효율적인 학교에 대한 재투자도 지방정부가 담당하게 해야 한다. 지방정부가 실행에 옮길 수 있도록 해야 할 때이다.

체제지도자라면 지방정부에 대한 감각을 키워 학교와 교사들을 찾아가 모습을 보이면서 정통성을 확보해라. 현장에 참석해서 자신을 드러내고 알려라. 지방자치 청사보다는 성과를 낼 수 있는 학교에 가능한 많은 재원을 투여하고, 학교를 지원하여 스스로 노력할 뿐 아니라 상호 도움을 줄 수 있도록 해야 한다. 지방정부의 입장을 강화하여 많은 고문관을 일시적으로 파견한다거나 전문가들을 개입하게 하여 관료적인 상명하달을 남발해서는 안 된다. 통제는 줄이고 방향 제시를 늘려라.

학교 단위의 리더를 위한 지침

『재능발굴의 장인들: 영리한 지도자들이 성과보다는 사람을 중시 여기는 이유*』라는 책에서 빌 코너티Bill Conaty와 램 차란Ram Charan은 최고의 기업에서는 최고의 인재를 선발한 뒤 계속해서 어려운 과제를 부여하되, 지원 수준을 높여가는 식으로 직원들이 일이 매력적engaging임을 알게 하고 자신의 재능을 발휘한다는 느낌을 갖게 한다고 했다.[5] 전 세계의 수많은 교육체제에는 이런 재능발굴 장인정신이 없어 학생들에게 도움이 안 된다.

제4의 길의 학교에서 리더십을 개발하는 과정은 다음과 같다. 수업을 담당하는 교사들에게 영감을 주고 지도방향을 제시할 수 있는 필수적인 전문성 자본을 갖고 있으려면 오랫동안 교사로 재직한 사람이어야 하므로 이들을 학교장으로 뽑는다. 그 다음 그들이 새롭고도 낯선 교장의 역할을 수행할 수 있도록 학교 안팎에서 지원을 아끼지 않는다. 상대적으로 안정적인 상황에서 성장하면서 교장은 시간

* 원서명은 『Talent Masters: Why Smart Leaders Put People Before Numbers(2010)』이다.

을 내어 교사들을 알아가고 신뢰감을 쌓아가는 동시에 지도력을 개발하여 교사들에게 리더십을 나누어 주면서 지역사회의 신뢰를 얻어간다. 다른 교장들과의 네트워크를 형성하여 소통하면서 지원도 받고 자극도 받는다. 체제에서 교장들에게 제공해주는 것은 바로 안정, 지원, 확장stretching 그리고 도전이다. 그러나 교장들은 자신과 남을 위해서 무엇을 해야 하는가? 교장들이 제4의 길을 구현하도록 도울 조언 4가지는 다음과 같다.

1. 역설을 수용하라.
2. 두려워하지 말고 용기를 내라.
3. 개인화 수업personalization을 대량 맞춤형 수업customization과 구별하라.
4. 혁신을 통하여 성취도평가 성적을 높여라.

1. 역설을 수용하라

"맹목적인 일관성이란 소인배들의 헛된 망상이며, 하찮은 정치가, 철학자 그리고 성직자들이 높이 평가하는 원칙이다." 미국 철학자 랄프 왈도 에머슨Ralph Waldo Emerson의 말이다.[6] 교육계에도 이런 어리석은 일관성이 너무 많다. 교육적으로 성공한 나라들은 일관성이 아니라 역설 속에서 꽃을 피웠다. 그랜지중등학교의 성적이 향상된 것은 교육과정 개혁과 더불어 학생 개개인의 발전사항과 시험성적을 지속적으로 추적관찰한 결과이다. 핀란드 교사들은 교실 안보다는 밖에서 더 많은 시간을 보내면서 학생들을 더 잘 이해할 수 있게 되었다. 캘리포니아 교원노조는 주 정부를 고소하고 나서야 주 정부와 협력관계를 오랫동안 유지할 수 있게 되었다. 싱가포르는 경쟁과 협동, 중앙정부의 조정과 학교 단위의 개혁 그리고 덜 가르치면서 더 배우기를 접목시켰다. 미래와 과거 모두를 포용한다. 앨버타 주의 교사단체는 소속교사들이 개발에 참여한 시험시행에 반대하기도 했다.

역설이란 외견상 모순된 진술처럼 보이지만 자세히 보면 진실이다. 제4의 길의 리더십은 결국 역설과 함께하는 것이지 일직선과 같은 정합을 추구하지는 않는다. 리더십을 나누어 주면 오히려 권위가 강화된다. 절제된 혁신과 같은 모순어법을 수용하라. 창의성을 중시한다고 해서 표준화시험 성적이 떨어지는 것이 아니라는 것을 보여주어라. 자신이 학교에서 수업을 가장 잘하는 전문가가 아님을 알고 있는 겸허한 수업지도자가 되어라. 최고의 아이디어를 나누어 주면서 새로운 아이디어를 만들어야 하는 부담을 스스로 만들어가자. 다른 사람을 돕는 것이 곧 자신을 돕는 것임을 알자. 제4의 길의 역설은 이런 것이다.

2. 두려워하지 말고 용기를 내라

리더십은 용기를 필요로 한다. 미지의 땅으로 돌진할 용기, 저항을 극복할 용기, 증거가 명확하지 않을 때 자기 판단에 따라 결정을 내릴 용기, 그리고 모두가 두려워 주저할 때 첫발을 내디딜 용기가 필요하다. 리더십 심리학의 세계적인 전문가인 마누엘 케츠 드 브리히에 의하면 용기 있는 지도자라고 해서 두려움이 없는 것은 아니다.[7] 감정이 없는 사이코패스에게만 두려움이 존재하지 않는다. 용기 있는 지도자냐 아니냐는 두려움을 갖고도 어떤 일을 하는가, 두려움을 어떻게 직시하는가, 그리고 상처 입을 각오를 하고 올바른 일을 수행하느냐 등에 달려있다.

앨버타 주 교육부장관 데이브 핸콕Dave Hancock은 교장들에게만 용감하라고 다그치지 않았다. 그 자신 스스로 용기를 내어 대중 앞에 나서서 진정한 혁신은 때로 실패할 수도 있다고 설파했다. 세 명의 온타리오 특수교육 담당 교육청장들은 용기를 내어 교육부차관에게 주의 중간간부들middle-level leaders이 중대한 특수교육 개혁을 추진할 수 있도록 이들에게 재원과 재량권을 부여할 것을 촉구하는 편지를 썼다. 여러분도 상황이 요구하면 용기를 내어 일을 마무리하는가?

CTA는 헌법에 따라 그리고 캘리포니아에서 가장 가난한 학생들의 사회경제적 여건life chances*이 어려워지자 주지사를 상대로 한 법정소송을 주도했고 투쟁을 벌였다. 캘리포니아 주 어느 학교의 남자교장은 용기를 내어 자기 학교의 대부분의 여교사들이 수업에 관해서는 교장인 자신보다 훨씬 잘 알고 있음을 인정했다. 수업에 관해서는 교사들의 리더십을 존중하여 따른 결과, 학교 전체 리더십의 효율성이

* Life chances는 사회학자 막스 베버가 언급한 개념으로 '삶의 기회' 등으로 번역되어 쓰이는 용어로, 개인이 자신의 삶을 향상시키기 위해 필요로 하는 기회들에 대한 사회과학적 이론이다. 이 이론에 따르면 삶의 기회와 개인의 사회경제적 지위는 상호연관되어 있다.

높아졌다. 여러분도 스스로 모든 것을 다 알지 못하며 가끔은 교사들의 리더십에 따를 수 있음을 인정할 용기가 있는가?

꿈은 이를 끝까지 실현할 용기가 없다면 환상에 불과하다. 다른 사람의 삶을 변화시키겠다는 꿈을 실현하기 위하여 고통과 조롱을 기꺼이 감내하며, 반대를 물리쳐나갈 것인가? 한 걸음 크게 잘못 디뎠다고 해서 용기가 없어 보이는 것은 아니다. 한 발씩 조금씩 옆으로 물러나 사람들의 관심에서 멀어져 급기야는 시야에서 사라지는 가운데 용기가 없음이 드러난다. 한 발 한 발 조금씩 물러나다 보면 결코 생각지도 못한 비루한 곳으로 떨어지게 된다.

용감하다는 것은 도전한다는 것이다. 가능한 모든 도움을 주면서 교사들에게 모든 학생들에 대한 기대치를 상향할 것을 요구하자. 상급자에게 자신의 책임을 다하고 필요한 지원을 제공해줄 것, 쉬운 방식을 선택하지 말 것, 할 수 있는 최고의 지도자가 될 것을 요구하자. 그러나 무엇보다도 힘 있는 정치가와 기업이 유혹할 때에도, 힘겨운 문제로 마음이 어지러울 때에도 그리고 유행하는 정책으로 입지가 줄어들 때에도 지역의 부모와 아이들이 당신이 지도자임을 자랑스러워 할 수 있도록 용기 있는 지도자가 되어라.

3. 개인화 수업을 대량 맞춤형 수업과 구별하라

예전 구매기록을 바탕으로 온라인 회사에서 추천하는 영화나 책에 눈길을 주지 않을 수 없다. 또 예전에 방문한 아티스트나 장르를 보고 맞춤형 음악목록을 만들어 주기도 한다. 사업이나 광고계에서는 이렇게 변형하는 것을 개인화personalization 또는 대량 맞춤customization 이라고 하며 서로 말을 섞어 사용하기도 한다. 둘 중 어떤 용어를 사용하든지 기본적인 생각은 디지털기술의 기억장치를 사용하여 고객과 해당 고객이 그동안 자주 구매했던 종류의 상품을 쉽고 빠르게 연결해주자는 것이다.

교육에서 개인화와 대량 맞춤을 옹호하는 사람들은 학생들도 온라인과 학교에서 과목을 선택할 수 있어야 하고, 학생들의 선호도를 수용하여 수업일정과 교육과정을 짜야한다고 주장한다. 공장학교factory schools를 디지털도구로 대체하자고 한다. 학생들이 역사개론은 싫어하고 전쟁사나 여성사 또는 흑인역사를 좋아한다면 자기들이 좋아하는 것을 하게 해야 하지 않을까? 아침 8시경엔 깊이 잠들어 있고 한밤중엔 말똥말똥한 학생들에게는 동틀 무렵 자명종소리에 깨어 학교를 가게 하지 말고, 대신 저녁때 온라인으로 수강하라고 하면 안 될까? 사냥시즌과 사냥감의 이동에 좌지우지되는 호주 원주민들의 삶, 그리고 파종과 수확기에는 청소년들의 노동시간이 필요한 전통적인 시골마을 같이 일정과 생활양식이 다른 다양한 사회에 교육을 제공한다고 생각하면 학교는 1년 내내 24시간 열고, 교사들도 언제 어디서나 대기하고 있어야 하지 않을까? 농사처럼 학교도 씨를 뿌리고 수확하는 때가 있지만, 학생마다 이런 시기가 다르다는 것을 알아야 한다. 개인화와 대량 맞춤학습을 옹호하는 사람들은 학생의 다양한 개성과 관심에 따라 학교의 목표를 바꿔야 학생들의 학습의욕을 보다 효과적으로 고취시킬 수 있다고 주장한다.

개인화 수업을 너무 극단적으로 해석했다. 재미있고 쉽다고만 해서 교육적으로 좋은 것은 아니다. 수업시간에 컴퓨터화면이나 유투브를 통해 학습내용을 제시하는 것이 어려운 텍스트를 분석하거나, 자신의 입장을 변론하는 수업과는 같을 수 없고 이를 대체할 수도 없다. 학생들이 기후변화나 홀로코스트Holocaust와 같은 주제를 불편해한다고 해서 안 가르칠 수 있는가? 자고 싶을 때 못 잔다는 이유로 정해진 시간에 학교에 가는 훈련을 안 받아도 되는가? 이는 직장생활을 위한 연습이며, 인생수업도 되는 것일 뿐만 아니라 순간의 만족감을 위해 긴 시간의 미래를 포기하지 않도록 하는 방법인데 말이다.

선택choice이냐 강제constraint냐에 대한 대립적인 논쟁은 개인화와 대량 맞춤을 좀 더 신중히 구별하면 해결될 수 있다. 학습이든 소비자 행위와 관련하든 주문이라는 용어는 유연함, 적응, 개인적 선호 그리고 개인적인 선택 등을 포괄하는 단어이고, 개인화란 개인적인 탐구와 발견과 같이 좀 더 깊이 있는 활동에 적용되어야 한다. 이런 용어들과 그 의미는 상호배타적이지 않아서 개인화 수업과 대량 맞춤형 수업이 동시에 존재할 수는 있지만, 그 둘이 다루는 문제는 분명 다르다.

여기서 라틴어 'cura personalis'에서 영감을 얻어보자. 이것은 '전인적 돌봄'이라는 뜻이며, 우리가 재직하고 있는 보스턴 대학, 예수회 카톨릭 대학의 철학이기도 하다. 우리 중 카톨릭 신자는 없지만, 예수회는 전통적으로 교사에게 학생을 전인격체로 교육하기를 권하면서 교육은 학생들이 좋아하는 것만을 하게 하는 것뿐 아니라 개인적으로 열심히 의미를 탐구하게 해야 한다고 했다. 몇 년 전에 나온 획기적인 유네스코보고서에서 지적했듯이, 교육은 단지 앎과 실행을 배워가는 것보다는 개인적으로 그리고 영적으로 존재하는 법과 공동체와 사회에서 함께 사는 법을 배워나가는 것이다.[8]

그랜지중등학교는 학생 대부분을 차지하는 방글라데시 학생들의 삶의 관심과 목적에 맞추어 교육과정을 바꾸었고, 싱가포르 학생들은 자신들의 이익보다는 국가와 공동체의 요구를 우선시한다. 핀란드에서는 중등학교 졸업 때까지 모든 학생이 시각예술과 국가가 강습료를 지원하는 악기교육을 반드시 이수하도록 했다. 교육은 단지 컴퓨터로 하는 활동만이 되어서는 안 되고, 개인적 의미를 발굴하고 삶의 목적을 탐구하는 것이어야 한다.

따라서 기술은 교실에서 활용할 교수 · 학습의 자원으로 통합시켜 학습장애를 가진 학생뿐 아니라 모든 학생이 성적과 수업참여를 극대화할 수 있는 방향으로 수업시간에 활용할 수 있어야 한다. 그리고 학교일정과 온라인 선택수업을 최대한 유연하게 운영하여 모든 학생, 특히 하루 내내 일하는 부모를 둔 빈곤계층 학생과 싸움과 폭력이 난무하는 지역에 사는 학생들의 수업참여 기회를 확대해주어야 한다.

동시에 교육과정은 다양한 사회 출신의 학생들이 삶의 목표를 찾을 수 있도록 구성해야 한다. 즉 자신의 삶과 문화의 의미를 이해하기 위하여 노력하도록 구성해야 한다. 기술을 사용하든 안 하든 영감을 주는 훌륭한 교육은 단순히 수학/과학의 공식을 외우는 것이 아니고 고전문학의 위대한 구성, 사상의 힘, 그리고 세계역사와 고대신화에 등장하는 영웅들의 탐험과 투쟁을 가르쳐야 한다.

몰개성적이고 소외를 조장하는 공장과 같은 표준화된 교육과정을 고집하지 마라. 개인화 수업을 단순히 대량 맞춤형 수업으로 격하시키지 마라. 무엇보다도 진정한 개인화 학습이란 학생 개개인을 얄팍한 술책으로 달랠 수 있는 고객이 아니라 하나의 전인격체로 바라보는 수업이다.

4. 혁신을 통하여 성취도평가 성적을 높여라

일반적으로 혁신과 성취도평가 성적 향상은 별개라고 생각한다. 하나를 위해 다른 하나를 포기해야 한다고 하기도 하고, 발달 단계상 하나가 필연적으로 다른 하나에 선행되어야 한다고 하기도 한다. 고통 없이는 얻는 것이 없듯이, 지난한 연습을 거쳐야 아름다운 멜로디가 나오듯이, 또 기본을 닦아야 예술을 즐길 수 있듯이, 위험한 혁신 risky innovation도 성취도 향상이라는 토대 위에서 가능하다.

이는 유수한 자문그룹인 맥킨지 사가 성취도가 향상된 전 세계 학교체제들을 살펴본 후에 권고한 내용과도 정확히 일치한다. 엄격한 조직, 강력한 규정 그리고 중앙의 통제로 시작하는 일련의 발달단계를 제안했다.[9] 그런 다음 천천히 통제를 완화하는 조정단계를 계속 거쳐야 막판에 핀란드와 같이 혁신과 민주적 통합을 달성하는 절정을 경험한다.

이는 먼저 엄하게 대한 다음 친절을 베풀어야 한다고 믿는 사람들의 직관에도 맞고 매우 설득력 있게 들린다. 기본적 수준에서 발달단계 전략은 근본적으로 맞는 말이다. 그랜지중등학교 리더들이 개혁 초기에 보여주었던 것처럼 어떤 종류의 긍정적인 변화든 기본적인 규칙, 안전한 환경 그리고 기본적인 신뢰감이 조성되어야 가능하다. 핀란드와 싱가포르의 경우를 보더라도 오랜 기간 중앙정부가 통제를 하고 나서야 혁신이 가능했다. 그러나 그런 원칙이 보편적인 것도 아니고 과도하게 적용하면 바람직하지 않을 수도 있다.

그동안 보아온 성공한 나라와 지역을 보자. 온타리오 주는 공교육에 대한 투자 중단과 갈등의 혼돈을 겪고 나서는 중앙정부가 8년 넘게 문해력과 산술능력 교육을 주관하였다. 그러나 그 이전에 온타리오 교사들 대부분이 기억하기에 변혁전략들은 상당히 혁신적이었고, 통합적 전문성을 갖고 있었다. 예를 들어 1980년대 초반부터 우리 중 한 사람이 마이클 풀란Michael Fullan과 같은 변혁 지도자와 함께 조언을 해왔던 교육전문가들의 공동작업을 주 전체에서 지속적으로 강조했었다.

CTA는 실패가 반복되는 원인이 외부 통제와 간섭이라고 보고, 이를 폐기하고 대신 교사들이 스스로 개발한 좋은 가르침good teaching에 따른 수업을 실천한 결과 성적이 올라가기 시작했다. 그랜지중등학교에서는 학생들의 문제행동이 진정되자마자, 학생들의 삶과 학습형태를 고려한 교육과정을 도입하여 문화감응 교수학습을 시작하였다.

이는 학생과 교사를 옭아매는 표준화 교육과정에 대한 대안이었고, 학생들에게 진정으로 필요한 것을 가르치기 이전에 수많은 중간단계를 거쳐야 한다는 주장에 대한 반박이었다.

만약 학교나 체제가 혼란에 빠지면 지하의 지휘통제실로 잠시 내려가 사태를 바로잡아라. 그러나 작전상황실에 너무 오래 있지는 마라. 권력의 맛을 보게 되면 자칫 헤어나오기 어려우니 말이다. 혁신을 미루고 또 미루면 결코 최선의 성과를 얻지 못한다. 권력에 중독되고 즉각적인 성공이 반복될 것이라는 유혹에 빠지게 되면 권력을 놓아야 할 때에도 이에 집착하게 된다.

지금의 성공에 그리고 자신의 노력 덕에 성적이 향상되었다는 확신이 들면 다른 사람들이 새로운 무언가를 시도하는 것을 허용하지 않는 등 혁신을 꺼리게 된다. 클레이튼 크리스텐슨Clayton Christensen과 그의 동료들이 경고했듯이 이는 파멸의 전조일 수 있다. 왜냐하면 과거처럼 점진적인 방식의 개선을 통해서 효과를 내는 시대는 막을 내리고 있기 때문이다. 누구든 이제는 혁신과 개선을 동시에 추진해야 한다. 어느 하나를 우선시 할 수 없다.

앨버타 주의 거의 모든 학교가 전통적인 시험성적을 희생하지 않으면서 혁신한 지 10년이 넘었다. 온타리오 주에서 중앙정부의 개혁지침에 따라 거둔 성공에는 현재의 특수교육 통합전략과 교사주도의 혁신 그리고 이미 2세기 전에 시작된 전문직들의 공동작업과 교육과정 통합 등이 있다. 그랜지중등학교는 혁신을 통해 예술중심의 교육과정을 도입하지만, 학생 개개인의 성적을 끈질기게 추적관찰했기 때문에 이런 혁신을 절도 있게 지속할 수 있었다. 그리고 교사들보다 교장들이 오히려 더 신뢰한 캘리포니아 주 교원노조의 교사중심 개혁은 어떤 체제에서도 찾아볼 수 없을 정도로 혁신적인 모델로 상당한 성과를 냈다.

최상의 것을 항상 마지막에 남겨두지는 마라. 그랜지중등학교의 예를 거울 삼아 학생들이 가장 효과적으로 학습할 수 있는 방법을 찾아보고, 온타리오 주 특수교육정책처럼 제도를 유연하게 운영하여 학생들의 독특한 학습욕구를 반영할 수 있게 하라. 혁신을 하면서 실시간 데이터를 사용하여 발전상황을 확인하면서 취약한 부분에 대한 신호를 재빨리 감지하여, 예전처럼 성과도 없이 성적이 떨어지는 전철을 밟지 않도록 해야 한다. 혁신은 성취도평가 성적 향상과 조화를 이루면서 진행될 수 있다. 많은 학교들에 필요한 획기적인 변화가 요구하는 것도 혁신을 통한 학업성취도 향상이다.

제4의 길의 교사론

제2, 제3의 길 체제에서 근무하는 교사 중 제4의 길에 대한 내용을 보고 낙담하는 사람도 있다. 공교육 체제가 굳건한 나라들이 존재한다는 사실이 흥미롭기는 하지만, 상부에서 교육의 세세한 부분까지 관리하면서 매일 교사의 영혼과 에너지를 빼내가는 상황에 처한 교사들에게 여전히 성취할 희망이 있다는 메시지도 결코 위안이 되지는 못하기 때문이다.

교사 여러분도 이 책을 그렇게 받아들이지 않기를 바란다. 그랜지 중등학교나 캘리포니아 주의 QEIA를 포함시킨 것은 척박한 환경을 딛고 노력하는 모습이 완벽해서가 아니라 우리에게 교훈을 주기 때문이다. 그건 바로 교사는 학교체제의 최하층이 아니라 최상층부에 있어야 한다는 것이다.

교직은 파급력이 큰 전문직 조직이다. 모든 사람이 학생으로서, 학부모로서, 또는 스스로 교사로서 교직을 경험한다. 교사는 미래의 인재를 키우는 사람이다. 셰익스피어의 말을 바꿔 아이들에게 세상은 너희들 것이라고 말하는 경우가 종종 있지만, 교사들에게도 세상은 그들의 것이라고 말할 수 있다. 통계적으로 학생의 학업성취에 가장 큰 영향을 끼치는 것이 교수행위라는 사실은 그리 놀랄 만한 것이 아니다. 우리에게 또 우리를 위해 큰 변화를 주었던 교사에 대한 기억은 마음속에 깊이 남는다. 우리는 오랜 세월에 걸친 경험을 통해 이를 알고 있다. 책무성과 공통교육과정이 없이도 그리고 디지털기술을 사용하지 않고도 성공한 나라들이 있지만, 양질의 교사와 교수 없이 성공한 나라는 없다.

교사들의 의욕을 북돋우고 지원하기 위하여 학교와 교육계의 지원이 중요하다는 뜻이다. 그러나 교사들이 그들 자신과 남을 위해서 해야 하는 일도 있다. 이번에는 제4의 길 방식의 교육변혁을 실행에 옮기기 위해서 교사들이 실천해야 할 5가지 지침을 정리한다.

1. 덜 가르치고 더 배우게 하라.
2. 교원단체를 혁신하라.
3. 집단적 자율성을 신장시켜라.
4. 기술이나 정보에 열려있되 매몰되지 마라.
5. 열정적인 활동가가 되라.

1. 덜 가르치고 더 배우게 하라

핀란드 중등교사들은 미국의 교사들과 비교해서 전문가다운 분위기를 물씬 풍긴다. 왜 그럴까? 그들은 미국교사보다 40% 덜 가르치다

보니 시간적 여유가 많아 수업지도안을 작성하고, 학생과 일대일 면담도 하고, 동료교사와 공동연구도 하고 숙제를 고쳐준다.[10]

교사는 덜 가르치는데 학생들이 어떻게 더 많이 배울 수 있을까? 미국에서 그 증거를 찾아보자. 최근에 미국의 정책입안자와 재단들을 매료시킨 개혁 중의 하나는 수업시간을 늘리는expanded learning time (ELT) 것이다. 그 결과 수많은 도시와 학교에서 교사와 학생들이 격렬히 반대했음에도 불구하고, 많은 프로그램들이 빠르게 생겨나 학생들이 학교에서 보내는 시간이 늘어났다. 결과는 어땠을까?

메사추세츠 주 캠브리지 시에 위치한 독립연구기관인 앱트어소시에이츠Abt Associates의 연구가 가장 자세한데, 이는 수백만 달러를 투입한 메사추세츠 주 도시 학교의 5년간 ELT 사업에 대한 연구였다. 그런데 ELT에 참가한 학교 전반에 걸쳐 학업성취도 성적은 기대대로 향상되지 않아 개혁을 주도한 사람들이 좌절하였다. 게다가 ELT를 시행하지 않은 학교와 비교해볼 때 "학교가 기대된다. 학교에 있는 것이 좋다. 수업시간이 늘어난 것도 좋다."라는 학생이 훨씬 적었을 뿐 아니라 ELT를 시행하지 않는 학교에 비하여 통계적으로 정학 비율도 높았다.[11]

ELT와 같은 개혁프로그램은 많은 노력이 들지만, 근본적인 질質의 문제를 단순하게 양量으로 해결하는 식이다. 'ELT가 시행되는 거의 모든 도시 학교의 교사 질이 같지 않다'라는 사실은 무시하며, 가르치는 기본적인 기술도 갖추지 못한 교사들에게서 무조건 수업을 더 받으라는 것이다. 가르침, 교사 그리고 가르치는 내용이 학생이 덜 배우는 것보다 나을 게 하나도 없는 상황에서는 더 가르친다고 해서 더 배우는 것이 아니다.

싱가포르의 '덜 가르치면서 더 많이 배우게 한다Teach Less, Learn More(TLLM)' 정책이 더 훌륭하다. 덜 가르친다는 말은 교사가 전통적인 수업 말고도 관찰자와 질문자 등의 다양한 역할을 수행하면서 수업을 흥미롭고 재미있게 만든다는 뜻이다. 그렇다고 교사가 일을 덜 한다는 것은 아니다. 오히려 그 반대이다. 수업준비를 굉장히 체계적이고 완성도 높게 하여 학생들이 생산적으로 수업에 참여하게 하고, 학생별로 경로를 달리한 개별화 수업의 효과를 높인다.

중국계 미국인 학자 용 자오Yong Zhao는 '덜 가르치는' 수업이야말로 미래의 지식경제를 창조할 '세계적 수준의 학습자'를 키우는 핵심이라고 보았다.[12] 오랫동안 중국과 미국에서 교육학을 공부한 용 자오는 중국지도자들이 중국학교는 뛰어난 시험기술자만 양산하지 창의적인 기업가를 키워내지 못한다고 불평하는 것을 들었다. 고교수준에서의 다양한 선택과목 제공, 지방정부의 통제와 다양성, 그리고 시스템 간의 느슨한 연계 등을 어떤 사람은 미국교육의 약점이라고 말하지만 그는 강점으로 본다. 그는 이런 것들이 다양한 상향적인 그리고 수평적인 창의성 발휘를 가능하게 한다고 믿기 때문이다.

이런 관점에서 보면 '덜 가르치면서 더 많이 배우게 한다'는 단순한 구호가 아니라 사회경제적인 관점에서 볼 때도 필수적인 사항이다. 그토록 많은 발명가들이 학창시절을 혐오하는 것은 복종과 존경을 강요하는 학교분위기에서 자신의 역할을 찾을 수 없었기 때문이다.

학교는 결코 켄 로빈슨의 표현대로 “성공요인이 될 그들의 타고난 재능과 열정을 찾게 도와주지 못했다.”[13]

교사는 모든 성취목표standards를 다 가르치려는 생각을 내려놓아야 한다. 대신 좀 더 재미있고 극적인 교수방법을 모색하고 한 발자국 뒤로 물러나 학생들이 어떻게 배우는가를 수시로 관찰해야 한다. 학생들에게도 자신이 배우는 내용과 방법에 대하여 스스로 생각할 수 있게 해야 한다. 온타리오 주 특수교육 대상 학생들처럼 모든 교사와 함께 학생들이 스스로를 옹호할 수 있게 해야 한다. 그래서 교사들이 학생이 가장 잘 배울 수 있는 방식으로 가르치게 해야 한다. 더 배우게 하기 위해 덜 가르치자.

2. 교원단체를 혁신하라

스튜어트 피도크Stuart Piddocke, 로뮬로 맥시노Romulo Magsino와 마이클 맨리카시미르Michael Manley-Casimir의 『곤경에 빠진 교사들*』은 캐나다에서 교사전문직단체와 규제기관에 회부된 모든 종류의 징계사건과 그에 대한 판결을 다룬 책이다.[14] 여기에는 소도둑과 같은 불법사례와 성적 부적절한 행위sexual impropriety 같은 사례뿐 아니라 마트에서 닭을 훔친 당황스러운 사례 등이 등장하는데, 문제는 이런 불법적 행위 그 자체보다도 학생들이 이런 언론보도를 보고 교사를 조롱한다

* 원서명은 『Teachers in Trouble』이다.

는 것이다. 교사들의 비행과 이에 대한 전문직 단체의 대처방식에 대하여 대단히 흥미로운 연구를 담은 책이긴 하지만, 교사들의 수업시간의 무능력과 관련한 비행이나 교직에 전념하지 못하는 문제 등에 관한 내용을 찾아볼 수는 없다.

교원노조와 조합주의를 비판하는 사람들의 비난은 종종 과장되어 있기는 하지만, 교원노조들이 교직의 핵심, 즉 가르치고 배우는 일에 좀 더 신경을 써야 할 필요는 분명히 있다. 온타리오 주 교육개혁을 주도한 사람들도 이런 문제의식을 갖고 교원연수 비용으로 교원노조에 2천만 달러 이상을 교부하면서 이를 통해 교원노조의 내부문화가 변화하길 기대했다. 앨버타 주 교원노조 수입금의 50% 이상이 교원연수에 배정되었는데, 미국 교원단체의 5% 이하에 비하면 대단한 액수이다.

캘리포니아 교원노조가 성적이 저조한 학교들의 개선에 대한 책임을 지고 직접적으로 교수학습에 관여했을 때, 논란이 많기는 했지만 뜻하지 않게 이로 인해 노조 소속의 젊은 교사들의 활동성이 급격히 높아졌다. 교육개혁의 또 하나의 역설적인 모습인데 노조가 스스로 교원연수와 성적을 책임진다고 해서 노조는 결코 약화되지 않는다. 오히려 강화된다.

이는 교사계약서 문제에서 명확해진다. 계약이란 상호 책임을 기록한 공식 합의문서이고 의무를 명확히 한다는 면에서 필요하다. 혼전계약서처럼 둘의 관계에 관한 권리규정도 만들지만 결혼에서처럼 무조건적인 신뢰를 전제로 하지는 않는다.

계약서가 없다면 지도자는 전임자와 맺은 비공식적인 협의내용을 쉽사리 폐기할 수도 있다. 나이든 교사들을 젊고 연봉이 적은 교사들로 쉽게 대체하고, 교사들은 아무런 사유도 제시하지 않고 결근할 수도 있다. 악의적인 소문을 퍼뜨리는 교사를 처벌할 수도 없고, 교장이 교사들을 괴롭힐 수도 있다. 교사들에게 어려운 과제를 계속 주고 이를 수행하지 못하면 정당한 법적 절차를 밟지 않고 해고할 수도 있다.

계약서가 필수적이긴 해도 충분조건은 아니다. 계약서에 기록된 것만을 이행한다고 해서 전문가가 되는 것은 아니다. 많은 교사들이 계약서에 기재된 내용 이외의 일을 많이 한다. 집에서 수업을 준비하고, 자기 돈으로 수업교재를 사고, 방학 중에 연수를 받고, 사적인 시간에도 학생들의 전화와 이메일에 답을 한다. 교원노조가 보호해주는 일이냐 아니냐에 관계없이 이렇게 한다. 왜냐하면 교직이란 다른 어떤 전문직보다 이타주의자가 많기 때문이다.[15]

그렇다고 모든 교사가 그렇다는 것은 아니다. 계약서에 기재된 그 시간에만 맞추어 출근을 한다든지, 근무시간 내에 열리는 회의에만 참석을 한다든지, 방과후 활동 참여에 대한 규정이 계약서에 없기 때문에 참여를 거부한다든지 하는 행위는 전문가의 행위가 아니다. 더구나 동료들의 그런 행위를 용인한다면, 전문직으로서 당신의 신뢰성과 노조의 신뢰성을 훼손하는 것과 다름없다. 교사를 비판하는 사람들이 옳고, 교사들은 필요한 경우에도 동료를 단죄할 용기가 없다는 증거를 스스로 보여주는 셈이다.

전문가라면 상황에 따라 학생과 동료교사를 위하여 특별히 더 노력한다. 공식적인 연수 이외의 개인적인 시간에도 스스로 연수하는 사람이 바로 전문가다. 계약서에 기재된 최소한의 활동만 해서는 안 된다. 교육에서 전문성이란 계약서에 기재된 내용 이상의 것을 실행하는 것이고, 어떤 공식적인 계약서도 교사가 교직의 윤리적 특성이 요구하는 전문성의 영역 확장을 막아서는 안 된다는 규정을 확실하게 지지하자. 만약 교원단체가 이를 찬성하지 않는다면 이들의 변화를 이끌어내는 노력을 하라. 새로운 교원단체들이 등장하면서 교직에 대한 생각과 입장을 정립할 기회가 많으니 적극 참여해보자.

3. 집단적 자율성을 신장시켜라

전문성의 핵심은 현장의 자율성이다. 예전엔 자율성이 개인적 차원이었다. 힘들게 자격증을 취득했으면 신뢰를 받고, 간섭 없이 최상의 방식으로 스스로 판단을 결정할 수 있는 권리였다. 그러나 제1의 길 방식의 무제한적 개인의 자율성을 더 이상 옹호할 수는 없다.

제2의 길의 특징인 충실함과 규칙준수 정신은 전문성에 배치된다. 제1의 길 방식으로 전문성 자본을 개발하지 못한 교사들은 제2의 길 방식으로 외부인사들이 개입해서 교직을 통제할 때에도 스스로 이를 반박할 논거가 없었다.

제3과 제4의 길에서 개인적 자율성은 집단적 자율성으로 다시 태어났다. 제3의 길이 제4의 길보다는 데이터를 강조하고 외부에서 결

정한 프로그램이나 목표를 중시하기는 하지만, 둘 다 모든 학생들에 대한 책임을 공유하려는 강력한 노력과 학업성취도를 향상시키면서 혁신하려는 의지, 탐구적인 성향을 공유하고 있다. 여기에 제4의 길의 특징으로 더할 것은 지역주체들이 공통으로 참여한 지역 교육과정 개발 그리고 개별 학생의 성취도성적뿐 아니라 교사자격 및 교사연수에 대한 집단적인 책임감 등이다.

집단적 자율성이란 전문직의 그늘에서 벗어나 전문직을 이끌어 나가는 것이다. 새로운 사업을 시작할 때 교장이나 교육감이 주도하기를 기다릴 필요가 없다. 집단적 자율성은 당신으로부터 비롯되고 그 방법은 매우 간단하다.

당신이 제일 먼저 신임교사들을 환영하면 된다. 그들의 방을 제일 먼저 방문하라. 다음 번 회의 때 신임교사나 그동안 깊게 사귀지 않았던 경험이 많은 교사 옆자리에 앉아 대화를 시작하라. 내년엔 학년이나 반을 바꿔 맡아 새 교육과정을 실행해보고 사람도 사귀고 싶다고 하라. 동료와 연구를 시작하고 새로운 교육과정 단원을 같이 개발하라. 교사교육 독서클럽 한 개, 즉 지적으로 당신 자신을 사로잡을 클럽 하나면 된다. 책은 당신의 호기심이 이끄는 대로 고르면 된다. 변화나 용기에 관한 책이어도 되고, 영감을 주고 도전의식을 북돋우는 소설도 좋다. 함께 하는 교사연수를 더욱 재미있게 하는 방법으로는 교사연수 DVD를 동료와 집에서 함께 밥 먹고 영화 보는 식으로 해보는 것이다. 구체적인 방법은 많다. 중요한 것은 당신이 주도하는 것이고, 집단적 자율성은 바로 당신과 당신의 동료로부터 비롯될 수 있음을 인식하는 것이다.

4. 기술이나 정보에 열려있되 매몰되지 마라

싱가포르의 로봇공학 계열 학생들은 디지털기술을 사용하여 미래의 기계를 설계한다. AISI 교사들은 정부기금을 받아 획기적인 새 교육과정을 시험운용할 때 기술을 활용한다. 온타리오 주의 특수교육 대상 학생들은 보편적 학습설계universal design for learning와 보조공학기기를 활용하여 주 단위 성취도시험에서 주목할 만한 성과를 올린다. 혁신과 성취도성적 향상을 결합한 제4의 길 방식으로 새로운 기술 장점과 교실교육의 우수성이 조화를 이룬 예들이다.

한편으로는 현대의 사려깊은 지도라는 개념에 따르면 교사는 디지털기술에 익숙하여 이를 편히 사용하고, 학생들의 기술사용 및 오남용에 정통하며, 매일의 교실수업에 적용할 줄 알아야 한다. 이는 기술에 대하여 열린 마음을 갖고 학생들이 디지털기술을 사용하여 온라인에서 예술과 글을 공유하고 공동으로 편집활동도 할 뿐 아니라 학습장애가 있는 학생을 도우면서 배울 수 있다는 태도를 견지하는 것을 의미한다.

동시에 기술사용을 염두에 둔다고 해서 오랫동안 교실수업을 통해 습득한 최상의 교수방법을 포기하는 것은 아니다. 실리콘밸리 경영자들의 자식교육에 대한 생각은 매우 흥미롭다.[16] 야후, 애플, 휴렛팻커드와 구글의 최고경영자들의 아이들은 캘리포니아 발도르프 학교

Waldorf School of Peninsula에서 자신의 양말을 직접 짜는 법을 배우면서 양모의 기원 및 옷의 역사에 대해서 배운다. 언어는 콩주머니 던지기 게임을 하면서, 당김음과 운율은 시를 외우면서 배우고, 소수는 퀘사디아를 2등분, 4등분 하면서 배운다. 양모를 직접 만져보고, 콩주머니를 받아보고, 퀘사디아를 먹어본다. 모두 촉각을 사용한 기술들인데 디지털기술이 유행한다고 무시해서는 안 되는 것이다.

이 학교 교사들은 저학년에서는 기술사용을 자제하고 학년이 올라갈수록 기술사용을 늘리면서 대학에 가서 기술을 원활히 사용할 수 있도록 대비시킨다. 이런 모델이 모든 학생에게 유효한 것은 아닐지라도 수업시간에 뜨개질 같은 옛 기술과 트위터 같은 신기술을 조합하는 사려 깊은 접근방식이다.

학생들에게 기술을 조화롭고 균형 있게 사용하라면서 교사는 어떻게 모범을 보일 것인가? 운동은 하지 않고 온라인에서만 너무 많은 시간을 보내고 있지는 않은가? 아니면 생활의 균형을 유지하기 위해 윌리암 파워스William Powers가 저서 『속도에서 깊이로*』에서 제시한 것처럼 기술에서 해방된 '월든 존Walden Zone'을 설정할 것인가? 학생들 앞에서 바쁘게 메시지를 확인하는 모습을 보이고 있지는 않은가? 교사연수회의에 가서 쉬는 시간에 그동안 함께 배운 것에 대하여 아이디어를 교환하는가 아니면 수많은 메시지를 확인하느라 엄지손가락을 끊임없이 놀리고 있는가? 전원을 끄기도 하면서 균형을 유지하라.

* 원서명은 『Hamlet's Blackberry』이다.

5. 열정적인 활동가가 되라

변화이론도 비즈니스 언어처럼 비유적인 용어를 많이 사용하지만, 이런 비유가 교육적 상황에 항상 적합한 것은 아니다. 리더들은 변화의 지렛대를 찾자고 역설하지만, 역학적으로 지렛대란 압력을 가할 때 쓰는 딱딱한 막대기로 어느 지점에 힘을 주면 받침점을 기준으로 돌아가는 것임을 모르고 사용한다.[17] 겨우 다섯 살짜리 아이에게 강력한 영향을 끼칠 변화가 오로지 압력과 힘에만 초점을 맞추길 바라는가?

또 변화의 동인動因, drivers 운운하는데 사업용어로 동인이란 자신의 행위로 다른 조건이나 결정을 유발하는 조건이나 결정이다.[18] 당신이 변화를 주도하는 동인이든 그저 수동적으로 따라가는 객체이든 그런 용어는 여전히 기계적인 느낌을 강하게 주지 변혁에 대한 영감을 주지는 못한다. 학교가 자신의 삶과 유리되어 있고 가정에서 경험하는 용어와 문화와도 동떨어져 있다고 느끼는 학생을 떠올려보자. 그런 학생에게 비즈니스 용어인 '동인drivers'을 사용한다면, 스스로 열심히 노력하여 학교를 자퇴하지 않고 졸업장을 받아야겠다는 영감을 줄 수 있겠는가? 그러면 어떤 용어를 사용해야 할까? 성장과 원예용어를 좋아하는 사람도 있고 생태적인 비유를 선호하는 사람도 있다. 물질계physical world 용어를 사용해야 한다면 지렛대나 동인보다는 나은 비유가 있을 것이다.

1867년 정확히 같은 날에 영국의 찰스 휘트슨 경과 독일의 헤르만

베르너 지멘스Herman Werner Siemens 박사는 각각 에너지의 형태를 변화시키는 발전기에 전자석을 사용하는 새로운 기계를 발표했다. 지멘스 박사는 자기 발명품을 'Dynamoelektrischemaschine'로 명명하였다. 직역하면 전기발전기계인데 너무 길어 줄여서 발전기dynamo라고 한다.

물리학에서 발전기란 기계에너지를 전기에너지로 변환하는 기계이다.[19] 즉 전기에너지 발전기이다. 이를 유추해서 인간 발전기란 에너지가 넘치고 의지가 강한 사람이고, 이런 자질을 지닌 사람을 역동적dynamic이라고 할 수 있다.[20] 이런 사람들은 타인을 도구로 인식하여 변화를 꾀하지 않는다. 그 대신 에너지를 창출하고 변환하는 발전기 역할을 한다.

교사는 교육변혁의 발전기이며 또 항상 그런 역할을 해야 한다. 성공한 나라의 교사들은 수업을 할 때에도 그리고 변혁을 도모할 때에도 자신의 에너지를 쏟아붓는다. 앨버타학교개선사업AISI 지도자들은 교사는 혁신을 주도할 때 발전기 역할을 한다는 것을 알고 있었다. 핀란드, 싱가포르와 캐나다의 교사들은 단지 변혁을 실행하는 사람들이 아니었다. 이들은 변혁을 일으켰다. 캘리포니아 교원노조 소속 교사들은 QEIA개혁의 역동적인 지도자이지 주어진 변혁을 단순히 실행만 하지는 않았다.

그러니 데이터 등에 끌려다니지 말라. 다른 사람의 생각을 전파하는 역할만 하지 말고, 인간 발전기가 되어 주변의 모든 사람과 사물을 밝히는 에너지를 만들어내라.

제4의 길로 나아가자

마지막 장 첫머리에 자신만의 길을 찾고자 할 때 필요한 지침들을 제시하였지만, 이는 제4의 길의 명령도 아니고 지침도 아니다. 제4의 길은 이곳저곳에서 복제될 수 있는 것도 아니고 여기저기로 빌려줄 수 있는 것도 아니다. 개혁전략과 모델을 한 곳에서 개발하여 세계 여러 곳으로 수출한 것은 제2와 제3의 길의 잘못이었다.

제4의 길은 증거가 뒷받침된 철학이며 실용성을 갖춘 전략이다. 성공한 나라들의 결과는 서로 다르기는 하지만, 이전의 세 개의 변혁 방식보다는 훌륭한 철학과 전략이다. 앞서 제시한 조언은 제4의 길에 도착하는 방식만 제시했을 뿐이나 자기 길은 자기가 찾아 나서야 한다. 조언을 기준으로 이미 당신이 그 길에 들어섰는지 아니면 더 나은 길이 있는지 알 수 있을 것이다.

여러분 학교가 그랜지중등학교의 가장 훌륭할 때의 모습과 같지 않다고 환멸을 느끼지는 말라. 또 여러분 나라가 캐나다, 싱가포르 또는 핀란드와 다르다고 해서, 교원노조도 다르다고 해서 실망하지 마라. 이 책에 기술된 모든 예들도 처음에는 누구와도 달랐다. 그러나 계획과 실천은 과감하고 창의적이었을 뿐 아니라 신중하고 집요했다. 싱가포르와 캐나다 그리고 잉글랜드 북부지역과 캘리포니아 주의 리더들이 보여준 반항적 기질이 영감을 줄 수도 있다. 그러나 생각을 실천에 옮길 수 있는 비결은 성공한 나라들이 갖고 있는 공통점을 찾아 이를 인내심을 갖고 절도 있게 꾸준히 밀고 나가는 것이다. 혼자든 여럿이든 이렇게 해야만 발전할 수 있다.

싱가포르는 신속하게 협력체계를 구축하는 데 능숙하고, 그랜지중등학교는 방글라데시 공동체의 신뢰를 쌓으려고 주민들을 보조교사로 임명하였다. 앨버타 주는 교원노조의 힘을 빌려 혁신도 하고 성취도성적도 올렸다. 핀란드는 현대의 경제성장과는 잘 안 어울릴 것 같은 전통적인 예술적 창의성을 기술적 창의성으로 변환시켜 기업가형 혁신을 주도하는 국가가 되었다.

당신이 속한 공동체의 자산은 무엇인가? 이민자 부모들의 자식교육에 대한 열망일 수 있다. 새로운 매체new media를 활용하여 가르침의 효율을 높이고 배움의 깊이를 더하는 등 의욕적이고 신중하게 기술을 사용하는 동료일 수 있다. 교사들을 평가하기 위해서가 아니라 수업이 진정으로 궁금해서 그리고 진정으로 교사를 도울 수 있는 방안이 무엇일까라는 의문을 갖고 매일 교실을 순시하는 교장, 교감이 여러분의 자산일 수 있다. 또는 통계자료 스프레드시트에 너무 집착하거나 어려운 대화를 지나치게 밀어붙이긴 하지만, 열린 마음을 갖고 관대하게 건설적인 비판의견을 수용하는 리더가 있다면 그것도 당신의 자산일 수 있다.

제4의 길이 공동작업을 전제로 한다고 해서 개별적인 책임이 면제되는 것은 아니다. 호기심 많은 교장이 교무실로 찾아오는 것을 반기고 꼬치꼬치 묻는 질문에 솔직하게 대답하는가? 인품이 고결한 지도자를 최선의 지도자로 만들기 위해 그에게 비판적인 의견을 제시할 용기를 가지고 있는가?

캘리포니아 주의 교원노조가 주의 교육불평등 문제를 해결하기 위하여 주지사를 고소하는 계획에 참여하는 사실 같지 않은 일이 벌어졌고, 그랜지중등학교의 그레임 홀린스헤드Graham Hollinshead 교장은 우울함과 좌절을 극복하고 업무를 재개하여 학교를 정상화시켰다. 앨버타 주 교원노조는 교원성과급을 시행하려는 외부압력을 기회로 삼아 전반적인 개혁을 시도하였다. 시공을 초월하여 성공한 나라와 지역에서는 창의력, 용기 그리고 인내심을 갖고 제4의 길을 만들어 가르침과 배움의 질을 높였다.

제4의 길이 매력적인 것은 싱가포르와 핀란드에서의 성공뿐 아니라 비전과 목적이 대담한 탁월한 교육의 사례들을 계속 새롭게 만든다는 점이다. 이렇게 새로운 변화이론이 생겨나서 실현되는 것을 본 교육자들은 문화적 토양이 척박한 것을 탓하기보다는 교육개혁의 출발점으로 삼는다. 과감한 리더십과 절제된 인내를 갖고 영감을 주면서 통합적인 비전을 실천해 나간다.

탁월함이란 결코 완벽을 의미하지 않는다. 그저 이상적인 상태에 점점 가까워질 뿐이다. "순금이 존재하지 않는 것처럼 완벽한 사람은 없다."라는 중국속담과도 같다. 완벽함을 추구하는 것보다는 탁월함을 추구하는 것이 더 생산적이다. 이런 의미에서 탁월한 새로운 예를 창출하는 것은 끝이 존재하지 않는 그 무엇을 만드는 것이다. 제4의 길을 추종하는 것은 최종 목적지가 없는 길, 즉 도착이라는 것이 존재하지 않는 길을 걷는 것이다. 항상 이전보다 나은 성과를 내려고 끊임없이 노력하고 모색하는 것이다.

완벽함에 이를 수 없다고 해서 끊임없이 좌절하고 불평할 수는 없다. 오히려 개선할 것이 항상 존재하고, 그래서 상황은 호전될 수 있다는 희망이 있다고 생각하자. 제4의 길 방식으로 교육적 탁월함을 달성하려 함은 아이들은 정신적으로 성장할 것이고 특권층 학생들이 누리는 교육을 모든 학생들도 받을 수 있다는 믿음이다. 교육자 한 사람 한 사람이 평생 자기 일을 계속 발전시키면 젊은이의 삶과 그들이 물려받을 세상이 좋아질 것이라고 믿어야 한다.

매년 학생들은 새로 입학하고 졸업하게 될 것이다. 교직경력이 쌓이면서 교직은 정상에 이르게 되고, 그 이후 교직생활을 마감하게 된다. 그러나 글로벌 제4의 길에 끝이란 없다. 영원히 이어지고 이어져야 할 길이다. 그 길을 따라 걷다보면 배움과 전문성은 깊어지고 공동선은 더욱 커지는 족적을 남길 것이다. 정의와 탁월함을 개척하게 될 것이고, 이를 따라 걷는 사람들은 또 다른 자신만의 길을 개척하게 될 것이다. 당신의 노력 덕택에 좀 더 나아진 세상을 후세의 교사와 학생들에게 남기게 될 것이다. 제4의 길로 나아가라. 낭비할 시간이 없다.

| 서문 |

1. Metropolitan Life Insurance Company. (2012). The MetLife survey of the American teacher: Teachers, parents and the economy. New York: MetLife.
2. Center for Research on Education Outcomes. (2009). Multiple choice: Charter school performance in 16 states. Stanford, CA: Center for Research on Education Outcomes.
3. Gunter, H. (2011). The state and education policy: The academies programme. London: Continuum International Publishing Group; Gorard, S. (2009). What are academies the answer to? Journal of Education Policy, 24(1), 101–113; Gorard, S. (2005). Academies as the "future of schooling": Is this an evidence-based policy? Journal of Education Policy, 20(3), 369–377. For a more favorable assessment, see: Department for Education. (2011). Academies annual report 2010/2011. London: The Stationary Office.
4. For a poignant illustration of the problems that are created when schools endeavor to replace teachers with technology, see: Herrera, L. (2012, January 17). In Florida, virtual classrooms with no teachers. The New York Times. Retrieved from www.nytimes.com/2011/01/18/education/18classrooms.html?_r=2&pagewanted=all.
5. Studies of merit pay have shown for many years that teaching is not a profession that satisfies the conditions under which performance-based pay is valid or efficient. Recent studies have confirmed that the outcomes of merit pay do not meet the intentions of its supporters, while negative consequences often result. Such scholarship includes: Baker, E., Barton, P., Darling-Hammond, L., Haertel, E., Ladd, H., Linn, R., Ravitch, D., Rothstein, R., Shavelson, R., & Shepard, L. (2010). Problems with the use of student test scores to evaluate teachers. Washington, DC: Economic Policy Institute; Ballou, D., Hamilton, L., Le, V., Lockwood, J., McCaffrey, D., Pepper, M., Springer, M., & Stecher, B. (2010). Teacher pay for performance:

Experimental evidence from the Project on Incentives in Teaching. Nashville, TN: Vanderbilt University, National Center on Performance Incentives. For a more positive assessment of merit pay, see: Odden, A. (2008). New teacher pay structures: The compensation side of the strategic management of human capital. Madison: Wisconsin Center for Education Research.

6. For a description and analysis of how the educational assumptions, strategies, assessment systems and overall policies of economically powerful nations are exported to other nations see: Ball, S. J., & Youdell, D. (2008). Hidden privatization in public education. Brussels: Education International. In their chapter titled "Privatising Education in the Developing World" (pp. 46–67), Ball and Youdell show how even the most noble endeavors to raise the learning of children in poorer nations—such as the Education for All and Millennium Development Goals of the United Nations—come to carry the imprimatur of policies and interests of global economic elites.
7. Day, C., Stobart, G., Sammons, P., Kington, A., & Gu, Q. (2007). Teachers matter: Connecting lives, work and effectiveness. Berkshire, UK: Open University Press; Day, C., & Gu, Q. (2010). The new lives of teachers: Teacher quality and school development. Abingdon, UK: Routledge; Huberman, M. (1989). The professional life cycle of teachers. Teachers College Record, 91(1), 31–57; Hargreaves, A. (2005). Educational change takes ages: Life, career, and generational factors in teachers' emotional responses to educational change. Teaching and Teacher Education, 21(8), 967–983.
8. Hargreaves, A., & Shirley, D. (2009). The fourth way: The inspiring future for educational change. Thousand Oaks, CA: Corwin.

| 01 교육변화의 위기 |

1. Rupert Murdoch, the CEO of News Corporation, has stated that he sees education as "a $500 billion sector in the US alone.": Resmovits, J. (2011). Murdoch education affiliate's $2.7 million consulting contract approved by New York City. The Huffington Post. July 15, 2011. Retrieved from http://www.huffingtonpost.com/2011/07/15/murdoch-education-affiliate-contract-approved_n_900379.html on July 29, 2012.
2. Ravitch, The death and life of the great American school system: How

testing and choice are undermining education. New York: Basic Books.
3. Anderson, C. A., Floud, J., & Halsey, A. H. (1961). Education, economy, and society. New York: Free Press of Glencoe; OECD. (1974). Towards Mass Higher Education: Issues and Dilemmas. Paris: OECD.
4. Rowan, B. (2002). The ecology of school improvement: Notes on the school improvement industry in the United States. Journal of Educational Change, 3, 3–4; Rowan, B. (2008). Does the school improvement "industry" help or prevent deep and sound change? Journal of Educational Change, 9, 197–202.
5. Ravitch, The death and life of the great American school system, p. 200.
6. Chappell, S., Nunnery, J., Pribesh, S., & Hager, J. (2011). A meta-analysis of supplemental educational services (SES) provider effects on student achievement. Journal of Education for Students Placed At Risk, 16(1), 1–23; Chappell, S., Nunnery, J., Pribesh, S., & Hager, J. (2010). Supplemental Educational Services (SES) provision of No Child Left Behind: A synthesis of provider effects. Research brief. Retrieved from http://eric.ed.gov/ERICWebPortal/search/detailmini.jsp?_nfpb=true&_&ERICExtSearch_SearchValue_0=ED530860&ERICExtSearch_SearchType_0=no&accno=ED530860.
7. Murray, J. (2012, January 16). Education in brief: From academies toapprenticeships. The Guardian. Retrieved from www.guardian.co.uk/education/2012/jan/16/academies-special-measures-apprenticeships?INTCMP=SRCH.
8. Fabricant, M., & Fine, M. (2012). Charter schools and the corporate makeover of public education: What's at stake? New York: Teachers College Press.
9. Evergreen Education Group. (2011). Keeping pace with K–12 online learning. Retrieved from http://kpk12.com/states/idaho/; Richtel, M. (2012, January 3). Teachers resist high-tech push in Idaho schools. The New York Times. Retrieved from www.nytimes.com/2012/01/04/technology/idaho-teachers-fight-a-reliance-on-computers.html?pagewanted=all; Wright, M. (2012, May 8). State legislature passes new online graduation requirements. Valor Dictus. Retrieved from http://valor-dictus.com/news/2012/05/08/state-legislature-passes-new-online-graduation-requirements/; Florida Legislature. (2011). The 2011 Florida statutes. Retrieved from http://leg.state.fl.us/Statutes/index.cfm?App_mode=Display_Statute&Search_String=&URL=1000-1099/1003/Sections/1003.428.html; Legislative Council,

State of Michigan. (2009). The revised school code (excerpt). Retrieved from www.legislature.mi.gov/%28S%28sacmdc2rrpildsiv1x45cuuo%29%29/mileg.aspx?page=GetObject&objectname=mcl-380-1278a. Regarding the evidence base related to requiring online learning, see: Means, B., & SRI International. (2009). Evaluation of evidence-based practices in online learning: A meta-analysis and review of online learning studies. Washington, DC: U.S. Department of Education, Office of Planning, Evaluation and Policy Development, Policy and Program Studies Service; Barbour, M., & National Education Policy Center. (2012). Review of "Overcoming the governance challenge in K–12 online learning." Boulder, CO: Great Lakes Center for Education Research and Practice.

10. Hu, W. (2011, December 21). Testing firm faces inquiry on free trips for officials. The New York Times. Retrieved from www.nytimes.com/2011/12/22/education/new-york-attorney-general-is-investigating-pearson-education.html.
11. Cochran-Smith, M., Piazza, P., & Power, C. (In press). The politics of accountability: Assessing teacher education in the United States. The Educational Forum.
12. National Commission on Teaching and America's Future. (2012). Evaluation and data: Age and experience by state. Retrieved from http://nctaf.org/research/evaluation-and-data; Carroll, T. G., Foster, E., & National Commission on Teaching and America's Future. (2010). Who will teach? Experience matters. Washington, DC: National Commission on Teaching and America's Future, p. 11.
13. Hargreaves, A., & Goodson, I. (2006). Educational change over time? The sustainability and nonsustainability of three decades of secondary school change and continuity. Educational Administration Quarterly, 42(1), 3–41.
14. Giddens, A. (1999). The Third Way: The renewal of social democracy. Malden, MA: Blackwell; Giddens, A. (2000). The Third Way and its critics. Cambridge, UK: Polity Press; Giddens, A. (Ed.). (2001). The global Third Way debate. Cambridge, UK: Polity Press.206 THE GLOBAL FOURTH WAY
15. Sahlberg, P. (2011). Finnish lessons: What can the world learn from educational change in Finland? New York: Teachers College Press; Sahlberg, P. (2011). The Fourth Way of Finland. Journal of Educational Change, 12(2), 173–185.
16. Hargreaves, A. (2003). Teaching in the knowledge society: Education in

the age of insecurity. New York: Teachers College Press; Marshall, F. R., & Tucker, M. S. (1992). Thinking for a living: Education and the wealth of nations. New York: Basic Books.

17. Weber, M. (1949). The methodology of the social sciences. New York: Free Press.
18. Camp, R. C. (1989). Benchmarking: The search for industry best practices that lead to superior performance. New York: Quality Resources.
19. Tucker, M. S. (2009). Industrial benchmarking: A research method for education. In A. Hargreaves & M. Fullan (Eds.), Change wars. Bloomington, IN: Solution Tree.
20. Tucker, Industrial benchmarking, p. 120.
21. Examples of international benchmarking include: Organisation for Economic Co-operation and Development (OECD). (2011). PISA 2009 at a glance. Paris: OECD; National Center for Educational Statistics. (2009). Trends in International Mathematics and Science Study (TIMSS) 2007 U.S. public-use data file. Retrieved from http://nces.ed.gov/pubsearch/pubsinfo.asp?pubid=2010024; Mourshed, M., Chijioke, C., Barber, M., & McKinsey & Company. (2010). How the world's most improved school systems keep getting better. New York: McKinsey & Company; Barber, M., Mourshed, M., & McKinsey & Company. (2007). How the world's best-performing school systems come out on top. New York: McKinsey & Company; Tucker, M. S., & National Center on Education and the Economy. (2011). Surpassing Shanghai; Tucker, M. S., (2011). Standing on the shoulders of giants: An American agenda for education reform. Washington, DC: National Center on Education and the Economy (NCEE).
22. See Schleicher, A. (2009). Securing quality and equity in education: Lessons from PISA. Prospects: Quarterly Review of Comparative Education, 39(3), 251–263; Schleicher, A. (2009). Lessons from the world—In countries where educators are strong leaders, innovative teaching practices thrive. Educational Leadership, 67(2), 50.
23. See Lundvall, B-A., & Tomlinson, M. (2002). International benchmarking as a policy learning tool. In B-A. Lundvall & M. A. Rodrigues (Eds.), The new knowledge economy in Europe: A strategy for international competitiveness and social cohesion. Cheltenham, UK: E. Elgar.
24. Mourshed, Chijioke, Barber, & McKinsey and Company, How the world's most improved school systems keep getting better; Barber, Mourshed, &

McKinsey & Company, How the world's best-performing school systems come out on top.
25. OECD. (2011). Strong performers and successful reformers in education: Lessons from PISA for the United States. Paris: OECD, p. 254.
26. Carnegie Forum on Education and the Economy. (1986). A nation prepared: Teachers for the 21st century: The report of the Task Force on Teaching as a Profession, Carnegie Forum on Education and the Economy, May 1986. Washington, DC: The Forum; National Center on Education and the Economy (U.S.). (2007). Tough choices or tough times: The report of the New Commission on the skills of the American workforce. San Francisco: John Wiley & Sons.
27. Tucker, Standing on the shoulders of giants.

| 02 혁신과 개선의 역설적 관계 |

1. Christensen, C. M. (1997). The innovator's dilemma: When new technologies cause great firms to fail. New York: Collins.
2. Christensen, The innovator's dilemma, p. 24.
3. Christensen, C. M., Horn, M. B., & Johnson, C. W. (2008). Disrupting class: How disruptive innovation will change the way the world learns. New York: McGraw-Hill.
4. Christensen, Horn, & Johnson, Disrupting class, p. 98.
5. Tyack, D., & Tobin, W. (1994). The "grammar" of schooling: Why has it been so hard to change? American Educational Research Journal, 31(3), 453–479.
6. Metz, M. H. (1989). Real school: A universal drama amid disparate experience. Journal of Education Policy, 4(5), 75–91.
7. Bernstein, B. B. (1971). Class, codes and control. London: Routledge and Kegan Paul; Goodson, I. (1988). The making of curriculum: Collected essays. London: Falmer Press; Skerrett, A., & Hargreaves, A. (2008). Student diversity and secondary school change in a context of increasingly standardized reform. American Educational Research Journal, 45(4), 913–945; Young, M. F. D. (1971). Knowledge and control: New directions for the sociology of education. London: Collier-Macmillan.
8. Fink, D. (2000). Good schools/real schools: Why school reform doesn't last. New York: Teachers College Press, p. 162; Gold, B. A., & Miles, M. B. (1981). Whose school is it, anyway? Parent-teacher conflict over an innovative

school. New York: Praeger; Smith, L. M., & Keith, P. (1971). Anatomy of educational innovation: An organizational analysis of an elementary school. New York: Wiley.
9. Giles, C., & Hargreaves, A. (2006). The sustainability of innovative schools as learning organizations and professional learning communities during standardized reform. Educational Administration Quarterly, 41(2), 124–156; Hargreaves, Teaching in the knowledge society.
10. Cuban, L. (1986). Teachers and machines: The classroom use of technology since 1920. New York: Teachers College Press, pp. 60–61.
11. Goldring, E., & Cravens, X. (2006). Teacher's academic focus for learning in charter and non-charter schools. Nashville, TN: National Center on School Choice, Vanderbilt University.
12. Drucker, P. F., Dyson, E., Handy, C., Saffo, P., & Senge, P. M. (1997). Looking ahead: Implications of the present. Harvard Business Review, 75(5), 18–32.
13. Collins, J., & Hansen, M. T. (2011). Great by choice: Uncertainty, chaos, and luck: Why some thrive despite them all. New York: Harper Collins.
14. Collins & Hansen, Great by choice, p. 77.
15. Collins & Hansen, Great by choice, p. 78.
16. Collins & Hansen, Great by choice, p. 21.
17. Leadbeater, C. (2004). Personalisation through participation: A new script for public services. London: Demos.
18. Institute of Educational Sciences (NCEE). (2011). The nations' report card: Findings in brief: Reading and mathematics 2011. Jessup, MD: National Center for Educational Statistics.
19. Guisbond, L., & National Center for Fair and Open Testing. (2012). NCLB's lost decade for educational progress: What can we learn from this policy failure? Jamaica Plain, MA: National Center for Fair and Open Testing.
20. OECD. (2011). Education at a glance 2011. Paris: OECD.
21. Zhao, Y. (2012). World class learners: Educating creative and entrepreneurial students. Thousand Oaks, CA: Corwin, pp. 25, 133, and 158.
22. Burkhauser, S., Gates, S. M., Hamilton, L. S., Ikemoto, G. S., & RAND Education. (2012). First-year principals in urban school districts: How actions and working conditions relate to outcomes. Santa Monica, CA: RAND Corporation; Ronfeldt, M., Lankford, H., Loeb, S., & Wyckoff, J. (2011). How teacher turnover harms student achievement. Cambridge, MA: National Bureau of Economic Research.

23. Springer, M. G., Hamilton, L., McCaffrey, D. F., Ballou, D., Le, V-N., Pepper, M., Lockwood, J. R., & Stecher, B. M. (2010). Teacher pay for performance: Experimental evidence from the Project on Incentives in Teaching. Nashville, TN: National Center on Performance Incentives, Vanderbilt University.
24. Fullan, M. (2006). Turnaround leadership. San Francisco: Jossey-Bass.
25. Center for Research on Education Outcomes, Multiple choice; Dynarski, S., Hoxby, C. M., Loveless, T., Schneider, M., Whitehurst, G. J., Witte, J., Croft, M., & Brookings Institution. (2010). Charter schools: A report on rethinking the federal role in education. Washington, DC: Brown Center on Education Policy at Brookings.
26. Daly, A. (2009) Rigid response in an age of accountability: The potential of leadership and trust. Educational Administration Quarterly, 45(2), 168–216.
27. Tucker, Standing on the shoulders of giants.
28. Goldring & Cravens, Teachers' academic focus on learning in charter and non-charter schools.
29. Zhao, World class learners; Zhao, Y. (2009). Catching up or leading the way: American education in the age of globalization. Alexandria, VA: Association for Supervision and Curriculum Development (ASCD).
30. Berliner, D. C. (2006). Our impoverished view of educational research. Teachers College Record, 108(6), 949–995.
31. Mourshed, Chijioke, & Barber, How the world's most improved school systems keep getting better; OECD. (2010). Ontario, Canada: Reform to support high achievement in a diverse context. Strong performers and successful reformers in education: Lessons from PISA for the United States. Paris: OECD; Levin, B., Glaze, A., & Fullan, M. (2008). Results without rancor or ranking: Ontario's success story. Phi Delta Kappan, 90(4), 273–280; Fullan, M. (2010). All systems go. Thousand Oaks, CA: Corwin.
32. Hargreaves, A., & Braun, H. (2012). Leading for all: Final report of the review of the development of Essential for Some, Good for All—Ontario's strategy for special education reform devised by the Council of Directors of Education. Toronto, ON, Canada: Council of Directors of Education. The data concerning Ontario that are cited in this chapter and in Chapter 6, unless otherwise stated, derive from this study, the final report, and the data supporting it. Attributions for the sources of particular quotations or factual claims are included in these endnotes, unless the attributions are

obvious in the main body of the text. The study and report were concluded with significant contributions from a large graduate assistant research team at Boston College, whose names are recognized in the earlier acknowledgements.

33. Open-ended survey response which includes the remaining quotations in this paragraph.
34. Focus group interview, District 3.
35. Opening orientation meeting with elementary school principal and staff in District 3.
36. Focus group interview, District 3.
37. Open-ended survey response.
38. This chart was in the principal's office of an elementary school in District 3 above.
39. Focus group interview, District 3.
40. Interview with elementary school teacher in District 8.
41. Open-ended survey response.
42. Interview with anonymized senior ministry official.
43. Interview with another senior ministry official.
44. Interview with the anonymized senior ministry official cited in Note 42.
45. Campbell, D. T. (1975). Assessing the impact of planned social change. Paper No. 8, Occasional paper series. Hannover, NH: Public Affairs Center, Dartmouth College, p. 49.
46. Bird, S., Cox, D., Farewell, V. T., Goldstein, H., Holt, T., & Smith, P. C. (2005). Performance indicators: Good, bad, and ugly. Journal of the Royal Statistical Society, Series A(168), 1–27.
47. Examples of perverse incentives across a range of sectors are presented in Seddon, J. (2008). Systems thinking in the public sector. Axminster, UK: Triarchy Press. For perverse incentives in crime: Goebel, P. R., & Harrison, D. M. (2012). Money to burn: Economic incentives and the incidence of arson. Emmitsburg, MD: National Emergency Training Center; in health care: Besley, T., Bevan, G., & Burchardi, K. (2009). Naming and shaming: The impacts of different regimes on hospital waiting times in England and Wales (CEPR Discussion Paper No. DP7306). Retrieved from http://papers.ssrn.com/sol3/papers.cfm?abstract_id=1433902; in education: Ryan, J. E. (2004). The perverse incentives of the No Child Left Behind Act. New York University Law Review, 79(3), 932.

48. Open-ended survey response, District 6.
49. Boellstorff, T. (2008). Coming of age in second life: An anthropologist explores the virtually human. Princeton, NJ: Princeton University Press, p. 21.
50. Cuban, Teachers and machines.
51. Shirley, D. (2011). The Fourth Way of technology and change. Journal of Educational Change, 12, 187–209.
52. Alberta Education. (2010). Education Business Plan 2010–13. Edmonton, AB: Government of Alberta. Retrieved from http://education.alberta.ca/media/1213923/20100122educationbusinessplan.pdf; Alberta Education. (2010). Inspiring action on education. Edmonton, AB: Government of Alberta. Retrieved from http://engage.education.alberta.ca/inspiring-action/.
53. Ballou, B. R. (2012, June 6). Haverhill teen convicted in texting-while-driving case. The Boston Globe. Retrieved from http://articles.boston.com/2012-06-06/metro/32066554_1_texting-fatal-crash-courtroom
54. Jackson, M. (2008). Distracted: The erosion of attention and the coming dark age. Amherst, NY: Prometheus Books.
55. Spitra, J. B. (2011) Overload! How too much information is hazardous to your organization. Hoboken, NJ: John Wiley & Sons.
56. Honoré, C. (2004). In praise of slowness: How a worldwide movement is challenging the cult of speed. San Francisco: HarperSanFrancisco.
57. Turkle, S. (2011). Alone together: Why we expect more from technology and less from each other. New York: Basic Books, p. 18.
58. Turkle, Alone together, p. 18.
59. Turkle, Alone together, p. 14.
60. Warschauer, M., & Matuchiniak, T. (2010). New technology and digital worlds: Analyzing evidence of equity in access, use, and outcomes. Review of Research in Education, 34(1), 179–225.
61. Lowther, D. L., Strahl, J. D., Inan, F. A., & Bates, J. (2007). Freedom to Learn program: Michigan 2005–2006 evaluation report. Memphis, TN: Center for Research in Educational Policy; Silvernail, D. L., & Gritter, A. K. (2007). Maine's middle school laptop program: Creating better writers. Portland, ME: Center for Educational Policy, Applied Research and Evaluation, University of Southern Maine; Shapley, K., Sheehan, D., Sturges, K., Caranikas-Walker, F., Huntsberger, B., & Maloney, C. (2009). Evaluation of the Texas Technology Immersion Pilot: Final outcomes for a four-year

study (2004–05 to 2007–08). Austin: Texas Center for Educational Research.
62. Aboujaoude points out that there is a debate raging among psychiatrists today about whether it is scientifically accurate to use the term "Internet addiction," with the majority currently preferring to identify and to treat Internet abuse and dependence instead: Aboujaoude, E. (2011). Virtually you: The dangerous powers of the e-personality. New York: W.W. Norton, pp. 214–234.
63. Powers, W. (2010). Hamlet's Blackberry: A practical philosophy for building a good life in the digital age. New York: Harper.
64. Powers, Hamlet's Blackberry, p. 218.
65. Honoré, C. (2008) Under pressure: Rescuing our children from the culture of hyper-parenting. New York: HarperOne, p. 110.
66. Tremblay, M., Barnes, J., Copeland, J., & Esliger, D. (2005). Conquering childhood inactivity: Is the answer in the past? Medicine and Science in Sports and Exercise, 37(7), 1187–1194.
67. MacDonald, E., & Shirley, D. (2009) The mindful teacher. New York: Teachers College Press; Shirley, The Fourth Way of technology and change.

| 03 핀란드 |

1. Sahlberg, Finnish lessons.
2. World Economic Forum. (2011). The global competitiveness report 2011–2012. World Economic Forum, Geneva, Switzerland. Retrieved from http://reports.weforum.org/global-competitiveness-2011–2012/.
3. OECD (2011). Finland: Slow and steady reform for consistently high results. In Strong performers and successful reformers in education: Lessons from PISA for the United States. Paris: OECD, pp. 117–136.
4. Mourshed, Chijioke, Barber, & McKinsey & Company, How the world's most improved school systems keep getting better; Ruzzi, B. (2005). Finland education report. National center on education and the economy new commission on the skills of the American workforce. Washington, DC: National Center on Education and the Economy; OECD, Strong performers and successful reformers in education.
5. Compton, R. A., Faust, S. T., Woodard, A., Ellis, B., Wagner, T., New School Films, & True South Studios. (2011). The Finland phenomenon: Inside the world's most surprising school system. United States: 2mminutes.com.

6. Taylor, A. (2011). 26 amazing facts about Finland's unorthodox education system. Business Insider. Retrieved from www.businessinsider.com/finland-education-school-2011–12?op=1#ixzz1yG0iV56X; Partenen, A. (2011). What American schools keep ignoring about Finland's school success. The Atlantic. Retrieved from www.theatlantic.com/national/archive/2011/12/what-americans-keep-ignoring-about-finlands-school-success/250564; Anderson, J. (2011, December 13). From Finland, and intriguing school-reform model. The New York Times. Retrieved from www.nytimes.com/2011/12/13/education/from-finland-an-intriguing-school-reform-model.html?_r=1&pagewanted=all.
7. Hargreaves, A., Halasz, G., & Pont, B. (2008). The Finnish approach to system leadership. In Pont, B., Nusche, D., & Hopkins, D. (Eds.), Improving school leadership, Vol. 2: Case studies on system leadership (pp. 69–109). Paris: OECD.
8. Grubb, N., Marit Jahr, H., Neumuller, J., & Field, S. (2005). Equity in education: Thematic review of Finland. Paris: OECD.
9. Sahlberg, Finnish lessons.
10. Hargreaves, A., & Fullan, M. (2012). Professional capital: Transforming teaching in every school. New York: Teachers College Press.
11. Adapted from Hargreaves, Halasz, & Pont, The Finnish approach to system leadership.
12. Adapted from Hargreaves, Halasz, & Pont, The Finnish approach to system leadership.
13. Sabel, S., Saxenian, A., Miettinen, R., Kristensen, P. H., & Hautamäki, J. (2011). Individualized service provision in the new welfare state: Lessons from special education in Finland. Helsinki: Sitra.
14. Compton, Faust, Woodard, Ellis, Wagner, New School Films, & True South Studios. The Finland phenomenon.
15. Sahlberg, Finnish lessons, p. 112.
16. Hargreaves, Halasz, & Pont, The Finnish approach to system leadership, p. 81.
17. Sahlberg, Finnish lessons, p. 63.
18. Sahlberg, Finnish lessons.
19. Sahlberg, Finnish lessons, p. 82.
20. Barber, M. (2011). Re-imagining education governance: An international perspective. Washington, DC: Center for American Progress.

21. This critique of networks has previously been made by Hadfield, M., & Chapman, C. (2009). Leading school-based networks. New York: Routledge.
22. Hill, R., Dunford, J., Parish, N., Rea, S., & Sandals, L. (2012). The growth of academy chains: Implications for leaders and leadership. Nottingham, UK: National College for School Leadership.
23. Munby, S. (2012). Chains do more than brace weak links. Times Educational Supplement. Retrieved from www.tes.co.uk/article.aspx?storycode=6191841.
24. Hargreaves, Halasz, & Pont, Finnish approach to system leadership, p. 85.
25. Hargreaves, Halasz, & Pont, The Finnish approach to system leadership, pp. 79, 86.
26. Hargreaves & Shirley, The Fourth Way, p. 102.
27. P. Sahlberg, personal communication, January 25, 2011.
28. In announcing a review of Key Stage 2 testing at age 11, UK Education Secretary Michael Gove stated that the review should address "how to avoid, as far as possible, the risk of perverse incentives, over-rehearsal and reduced focus on productive learning". See Department for Education, "Lord Bew to chair external review of testing, News and Press Notices, 5th November, 2010, http://www.education.gov.uk/inthenews/inthenews/a0066609/lord-bew-appointed-to-chair-external-review-of-testing, last accessed, 8/20/2012; Bird, Cox, Farewell, Goldstein, Holt, & Smith, Performance indicators.
29. National Association of Head Teachers. (2009). Active trust and supportive responsibility: A charter for assessment and accountability in England. Haywards Heath, West Sussex: NAHT. Retrieved from www.naht.org.uk/welcome/resources/key-topics/assessment/naht-presents-charter-for-assessment-and-accountability.
30. Sahlberg, Finnish lessons.
31. Hargreaves, Halasz, & Pont, The Finnish approach to system leadership, p. 86.
32. Hargreaves, Halasz, & Pont, The Finnish approach to system leadership, p. 86.
33. Collins, J., & Hansen, M. T. (2011). Great by choice: Uncertainty, chaos, and luck : Why some thrive despite them all. New York: HarperCollins, p. 95.
34. Collins & Hansen, Great by choice, p. 21.
35. Castells, M., & Himanen, P. (2002). The information society and the welfare state: The Finnish model. Oxford, UK: Oxford University Press, p. 166.

36. Sahlberg, Finnish lessons, p. 6.
37. Finland is currently more populous than 29 states in the U.S. See: United States Census Bureau. (2010). Population estimates. Retrieved from www.census.gov/popest/data/state/totals/2011/index.html
38. UNICEF. (2001). A league table of educational disadvantage in rich nations. Florence: UNICEF, Innocenti Research Centre.

| 04 싱가포르 |

1. Singapore's GDP per capita is fifth in the world: Index Mundi. (2011). Country comparison: GDP per capita. Retrieved from www.indexmundi.com/g/r.aspx?t=10&v=67&1 =en; OECD, Strong performers and successful reformers in education; One school in Singapore, the Anglo Chinese School, obtained nine perfect scores, making up almost half of only 20 candidates worldwide with the perfect score of 45: International Baccalaureate. (n.d.). Ng, J. (2008, January 8). ACS(I) among world's best in IB exams. The Straits Times. Retrieved from http://www.straitstimes.com/Free/Story/STIStory_193799.html
2. Attenborough, D. (n.d.). Travels with Sir David Attenborough. Retrieved from www.warman.demon.co.uk/anna/att_int.html.
3. Yew, L. K. (1998). The Singapore story: Memoirs of Lee Kuan Yew. Singapore: Simon & Schuster. For some of the most recent dialogue with Lee Kuan Yew that also refers to the visit of Deng Xiaping, see: Kwang, H. F., Ibrahim, Z., Hoong, C. M., Lim, L., Lin, R., & Chan, R. (2001). Lee Kuan Yew: Hard truths to keep Singapore going. Singapore: Straits Times Press. For a summary of data on Singapore's achievements, see: Schulman, M. (2009). The miracle: The epic story of Asian's quest for wealth. New York: Harper Business, pp. 55–80.
4. Fullan, M. (2001). The new meaning of educational change. New York: Teachers College Press, p. 92.
5. Interview with Cheryl Lim.
6. In Southeast Asia, a shophouse is typically a small shop or store with a residence on the floor above it.
7. Turkle, Alone together.
8. Aboujaode, Virtually you; Jackson, Distracted.
9. Cuban, Teachers and machines.

10. Handy, C. (1995). The age of paradox. Cambridge, MA, Harvard Business Review Press.
11. Vaish, V., Gopinathan, S., & Liu, Y. (2007). Language, capital, culture: Critical studies of language and education in Singapore. Rotterdam: Sense Publishers; Gopinathan, S. (2007). Globalisation: The Singapore developmental state and education policy: A thesis revisited. Globalisation, Societies and Education, 5(1), 53–70.
12. Goh, K. S., & Education Study Team Singapore. (1979). Report on the Ministry of Education, 1978. Singapore: S.N.
13. "Shaping our future: Thinking schools, Learning nation", Speech by Prime Minister Goh Chok Tong at the opening of the 7th International Conference on Thinking, Monday 2nd June, 1997, Suntec City Convention Centre Ballroom, Singapore, http://www.moe.gov.sg/media/speeches/1997/020697.htm
14. Kwang et al., Lee Kuan Yew: Hard truths to keep Singapore going.
15. Ng, P. T. (2003). The Singapore school and the School Excellence Model. Educational Research for Policy and Practice, 2(1), 27–39; Ng, P. T., & Chan, D. (2008). A comparative study of Singapore's school excellence model with Hong Kong's school-based management. International Journal of Educational Management, 22(6), 488–505; Mok, P. K. H., & Ng, P. T. (2008). Changing education governance and management in Asia. Bradford, UK: Emerald Group.
16. Tan, O. S., & Educational Research Association of Singapore. (2007). Teach less, learn more (TLLM). School-based curriculum innovation: Research reports 2007. Singapore: Curriculum Policy and Pedagogy Unit, Curriculum Planning and Development Division, Ministry of Education and Educational Research Association of Singapore.
17. Lee, H. L. (2004, August). Our future of opportunity and promise. Singapore Government Press Release. Address by Prime Minister Lee Hsien Loong at the 2004 National Day Rally, Singapore.
18. Tharman, S. (2005, September). Achieving quality: Bottom up initiative, top down support. Speech by Tharman Shanmugaratnam, minister for education, at the Ministry of Education Work Plan Seminar 2005, Singapore.
19. Zulkifli, M. (2009). Experiences in education reform: The Singapore story. Speech by the Singaporean senior parliamentary secretary, Ministry of Education and Ministry of Home Affairs, at the 1st International Conference

on Learning and Teaching, Bangkok, Thailand. Retrieved from www.moe.gov.sg/media/speeches/2009/10/16/thailand-conference-learning-teaching.php
20. Hogan, D., & Gopinathan, S. (2008). Knowledge management, sustainable innovation, and pre-service teacher education in Singapore. Teachers and Teaching, 14(4), 369–384; Ng, P. T. (2008). Educational reform in Singapore: From quantity to quality. Educational Research for Policy and Practice, 7(1), 5–15.
21. Ng, E. H. (2008, August). Opening address by the Singaporean minister for education and second minister for defence, at the International Conference on Teaching and Learning with Technology, Singapore. Retrieved from www.moe.gov.sg/media/speeches/2008/08/05/opening-address-by-dr-ng-eng-h-1.php.
22. Bentley, T. (2010). Innovation and diffusion as a theory of change. In Hargreaves, A., et al. (Eds.), The second international handbook of educational change. Springer International Handbooks of Education, Volume 23, 29–46. New York: Springer.
23. Tucker, Surpassing Shanghai.
24. Thaler, R. H., & Sunstein, C. R. (2008). Nudge: Improving decisions about health, wealth, and happiness. New Haven, CT: Yale University Press.
25. Johnson, S. (2010). Where good ideas come from: The natural history of innovation. New York: Riverhead Books.
26. Brandenburger, A., & Nalebuff, B. (1996). Co-opetition. New York: Doubleday.
27. Interview with Adrian Lim.
28. Keat, H. S. (2011, September). Opening address by Heng Swee Keat, minister for education, at the Ministry of Education Work Plan Seminar, Ngee Ann. Retrieved from www.moe.gov.sg/media/speeches/2011/09/22/work-plan-seminar-2011.php.
29. OECD, Strong performers and successful reformers in education, p. 161.
30. OECD, Strong performers and successful reformers in education.
31. Mourshed, Chijioke, Barber, & McKinsey & Company, How the world's most improved school systems keep getting better.
32. Tucker, Standing on the shoulders of giants, p. 33.

1. UNICEF, Child poverty in perspective; United Nations Development Programme. (2011). Human development report 2011. New York: UNDP; Transparency International—Country Profiles. (n.d.). Transparency International—the global coalition against corruption. Retrieved from www.transparency.org/country#CAN; The World Factbook. (n.d.). Distribution of family income—the Gini Index. Retrieved from www.cia.gov/library/publications/the-world-factbook/fields/2172.html.
2. OECD 2010, PISA 2009 results: Executive summary.
3. Tucker, Surpassing Shanghai.
4. Knighton, T., Brochu, P., & Gluszynski, T. (2010). Measuring up: Canadian results of the OECD PISA study: The performance of Canada's youth in reading, mathematics and science: 2009 first results for Canadians aged 15. Ottawa: Statistics Canada.
5. Knighton, Brochu, & Gluszynski, Measuring up.
6. OECD, Strong performers and successful reformers in education, p. 68.
7. OECD, Strong performers and successful reformers in education, p. 69.
8. Hancock, D. (2009). Leading and learning—celebrating the great journey. Speech presented at the AISI Conference, Calgary, AB, Canada.
9. Hargreaves, A., Crocker, R., Davis, B., McEwen, L., Sahlberg, P., Shirley D., & Sumara, D. (2009). The learning mosaic: A multiple perspectives review of the Alberta Initiative for School Improvement AISI. Edmonton, AB: Alberta Education.
10. Hargreaves et al., The learning mosaic.
11. Sumara, D., & Davis, B. (2009). Using complexity science to study the impact of AISI on cultures of education in Alberta. In Hargreaves, Crocker, Davis, McEwen, Sahlberg, Shirley, & Sumara. The learning mosaic, pp. 34–61.
12. This excerpted account is from an adapted and edited version of the original text in Sumara & Davis, Using complexity science to study the impact of AISI on cultures of education in Alberta.
13. Hargreaves et al., The learning mosaic.
14. This supposed truism appears in many places. One authoritative source is Michael Fullan. In Motion Leadership, p. 25, Fullan states that "research on attitudinal change has long found that most of us change our behaviors somewhat before we get insights into new beliefs. The implication for

approaching new change is clear. . . .give people experiences in relatively nonthreatening circumstances and build on it."
15. The critical perspective of the Alberta Teachers' Association on standardized testing, combined with the organization's dedication to continuing to work with government collaboratively whenever possible, is explained in: Alberta Teachers' Association. (2009). Real learning first: The teaching profession's view of student assessment, evaluation and accountability for the 21st century. Edmonton, AB, Canada: Alberta Teachers' Association.
16. Alberta Education. (2012). Alberta education—10 Point Plan for Education. Retrieved from www.education.alberta.ca/department/ipr/10ptplan.aspx

| 06 캐나다 온타리오 주 |

1. The population of immigrants in Ontario is taken from the website of the Ontario Ministry of Finance: Sponsor. (2003). Census 2001 highlights: Factsheet 5: Immigration to Ontario. Retrieved from www.fin.gov.on.ca/en/economy/demographics/census/cenhi5.html
2. See, for example, Levin, B. (2008). How to change 5000 schools: A practical and positive approach for leading change at every level. Cambridge, MA: Harvard Education Press; and Fullan, M. (2010). All systems go: The change imperative for whole system reform, Thousand Oaks, CA: Corwin.
3. OECD, Strong performers and successful reformers in education, p. 22.
4. Ontario Ministry of Education. (2005). Education for all: The Report of the Expert Panel of Literacy and Numeracy Instruction for Students with Special Education Needs, Kindergarten to Grade 6. Toronto, ON, Canada: Queen's Printer, p. 3.
5. Interview with initial coordinator of the design team for the CODE project and former district director of education.
6. Hargreaves, A., & Braun, H. (2012). Leading for all. Council of Directors of Education. Toronto, ON, Canada: Council of Directors of Education. The data cited in this chapter, unless otherwise stated, derive from this study, the final report, and the data supporting it. Attributions for the sources of particular quotations or factual claims are included in these endnotes, unless the attributions are obvious in the main body of the text. The study and report were concluded with significant contributions from a large

graduate assistant research team at Boston College, whose names are recognized in the earlier acknowledgements.

7. Hargreaves & Braun, Leading for all, EQAO Results Chapter. All the data in this paragraph are drawn from this source.
8 Hargreaves, A., & Fullan, M. (Eds.). (2010). Change wars. Bloomington, IN: Solution Tree.
9. Interview with Ben Levin, former deputy minister.
10. Interview with Ben Levin, former deputy minister.
11. Rose, D. H., & Meyer, A. (2002). Teaching every student in the digital age: Universal design for learning. Alexandria, VA: ASCD; Hitchcock, C., Meyer, A., Rose, D., & Jackson, R. (2002). Providing new access to the general curriculum: Universal design for learning. Teaching Exceptional Children, 35(2), pp. 8–17.
12. Interview with special education superintendent in District 3.
13. Interview with school principal, District 9.
14. Open-ended survey response.
15. Edyburn, D. L. (2000). Assistive technology and students with mild disabilities. Focus on Exceptional Children, 32(9), 1.
16. Interview with elementary teacher, District 10.
17. Interview in Learning Center, District 7.
18. Interview in Learning Center, District 7.
19. Interview in Learning Center, District 7.
20. Interview with special education resource teacher, District 8.
21. Open-ended survey response.
22. Interview with teacher, District 3.
23. Interview with the superintendent of District 7, a former teacher of the hearing impaired.
24. Interview with teacher, District 5.
25. Interview with Barry Finlay, director of the Special Education Policy and Programs branch for the Ministry of Education.
26. See, for example, Mourshed, Chijioke, & Barber, How the world's most improved school systems keep getting better; OECD, Ontario, Canada: Reform to support high achievement in a diverse context; Levin, B., Glaze, A., & Fullan, M. (2008). Results without rancor or ranking. Phi Delta Kappan, 90(4), 273–280.
27. Interview with ESGA co-chair and former district superintendent of special

education. The leadership structures and responsibilities for initiating and implementing what was first known as the CODE project (the project steered by the Council of Directors of Education), and that then became known as Essential for Some, Good for All are rather complex. So, to clarify the sources that follow, the person who was first responsible for confirming and agreeing the existence of the CODE project with the Ministry of Education was Frank Kelly, CODE executive director. The CODE project that turned into Essential for Some, Good for All, or ESGA, then had an initial project coordinator in the first year. Her cited data are referred to as "Interview with initial coordinator of the CODE project and former district director of education." This coordinator left the position after one year, and the leadership of what was now firmly the ESGA project was undertaken by two co-chairs who were also former superintendents of special education. They are referred to in cited data as "Interview with ESGA co-chair and former district superintendent of special education." Last, other members of the small Steering Team are referred to as Steering Team officials. This designation is sometimes also assigned to the project co-chairs, where the need for anonymity is greater.

28. Interview with high school principal, District 7.
29. Interview with two senior Ministry of Education officials who were leaders in the Special Education Programs Branch at the time of ESGA.
30. Interview with two senior Ministry officials who were leaders in the Special Education Programs Branch at the time of ESGA, as in Note 29.
31. Interviews as per Notes 29 and 30.
32. Thompson, E.P. (1971). The moral economy of the English crowd in the eighteenth century. Past and Present, 50, 76–136.
33. Interview with ESGA co-chair and former district superintendent of special education.
34. Interview with Frank Kelly, CODE executive director.
35. Interview with ESGA Steering Team official.
36. Interview with ESGA Steering Team official.
37. Interview with Frank Kelly, CODE executive director.
38. Interview with initial coordinator of the CODE project and former district director of education.
39. Interview with ESGA co-chair and former district superintendent of special education.

40. Interview with initial coordinator of the CODE project and former district director of education.
41. Interview with ESGA co-chair and former district superintendent of special education.
42. Interview with initial coordinator of the CODE project and former district director of education.
43. Interview with ESGA co-chair and former district superintendent of special education.
44. Interview with ESGA Steering Team official.
45. Interview with two senior Ministry officials who were leaders in the Special Education Programs Branch at the time of ESGA.
46. Interview with ESGA Steering Team official.
47. Interview with CODE co-chair and former district superintendent of special education. The ensuing quotation is also taken from this interview.
48. Interview with ESGA Steering Team official.
49. Interview with Frank Kelly, CODE executive director.
50. Interview with ESGA Steering Team official.
51. Interview with Frank Kelly, CODE executive director.
52. Interview with ESGA Steering Team official.
53. Interview with ESGA Steering Team official.
54. This case and the following three are all district examples drawn from the project.
55. Interview with ESGA co-chair and former district superintendent of special education.
56. Interview with initial coordinator of the CODE project and former district director of education.
57. Interview with ESGA Steering Team official.
58. Interview with initial coordinator of the CODE project and former district director of education.
59. The following case example is based on observations and focus group interviews with a large group of school staff, District 2.
60. Open-ended survey response.
61. Based on analysis of closed-question survey responses.
62. Open-ended survey response.
63. See Sharratt, L., & Fullan, M. (2012). Putting FACES on the data: What great leaders do. Thousand Oaks, CA: Corwin.

64. Interview with Frank Kelly, CODE executive director.
65. Interview with initial coordinator of the CODE project and former district director of education.
66. Interview with initial coordinator of the CODE project and former district director of education.
67. Interview with Frank Kelly, CODE executive director.
68. Interview with Frank Kelly, CODE executive director.
69. Interview with Frank Kelly, CODE executive director.
70. Interview with ESGA co-chair and former district superintendent of special education.
71. ESGA is not the only Fourth-Way style initiative already at work in Ontario that is more explicitly focused on innovation and professionally generated change as a priority. Another one of these is the Teacher Learning and Leadership project where, since 2007–08, several thousand Ontario teachers with four or more years of teaching experience have been involved in designing, reviewing, reporting on, and collectively sharing their own school-based innovations. For a report of this project's work, see: Lieberman, A. (2010). Teachers, learners, leaders. Educational Leadership, 67.

| 07 영국 |

1. UNICEF, Child poverty in perspective.
2. Hargreaves, A., & Harris, A., with Boyle, A., Ghent, K., Goodall, J., Gurn, A., McEwen, L., Reich, M., & Johnson, C. S. (2011). Performance beyond expectations. Nottingham, UK: National College for School Leadership. The overall study is of 18 organizations in business, sports, and education that, at the time of the study, performed above expectations in relation to past performance, performance of similar peers, and availability of resources and support. The study of Grange Secondary School, like the other cases, was based on an intensive three-day site visit, with a project team of three, who undertook tape-recorded and transcribed interviews with leaders and members of the organization, observed the organization at work, and collected key archival data about performance and processes. At Grange Secondary School, the interviews were with present and former headteachers (principals); other members of the senior leadership team;

and a range of department heads, school governors, and learning mentors. Archival data include school inspection reports, records of examination success reported on national databases, internal reports of attendance rates, and nationally published indicators of social deprivation in the wider community. This chapter is drawn from an extended case study report of over 12,000 words produced for and ethically approved by the school and the participants interviewed within it. Data attributions by name or by role are made in these endnotes unless they are self-evident in the body of the chapter.

3. Department for Communities and Local Government. (n.d.). Indices of Deprivation 2010—Communities and neighbourhoods—Department for Communities and Local Government. Retrieved from www.communities.gov.uk/communities/research/indicesdeprivation/deprivation10/
4. Interview with the chair of governors.
5. Interview with Graeme Hollinshead, Grange School's recently retired headteacher.
6. Interview with deputy headteacher.
7. Interview with chair of governors.
8. Interview with deputy head.
9. Interview with Graham Hollinshead.
10. Interview with Graham Hollinshead.
11. Interview with Gillian McMullen, headteacher at the time of the study.
12. Interview with vice governor.
13. Interview with assistant head, the next position below deputy head in the English system.
14. Interview with assistant head.
15. Interview with vice governor.
16. Interview with assistant head.
17. Interview with assistant head.
18. Interview with assistant head.
19. Interview with vice governor.
20. Interview with the school's business manager.
21. Interview with department head.
22. Interview with assistant head.
23. Robinson, K., & Aronica, L. (2008). The element: How finding your passion changes everything. New York: Viking.

24. Interview with deputy head.
25. Interview with Gillian McMullen.
26. Johnson, L. (2007). Rethinking successful school leadership in challenging U.S. schools: Culturally responsive practices in school-community relationships. International studies in Educational Administration, 35(3), 49–57.
27. Interview with assistant head.
28. Interview with head learning mentor.
29. Interview with Graeme Hollinshead.
30. Interview with assistant head.
31. Interview with business manager.
32. Interview with business manager.
33. Interview with Head of Year.
34. Interview with vice governor.
35. Interview with Graeme Hollinshead.
36. Interview with business manager.
37. Interview with business manager.
38. Interview with Gillian McMullen.
39. Interview with Gillian McMullen.
40. Interview with assistant head.
41. Interview with assistant head.
42. Interview with learning mentor.
43. Interview with head of English Department.
44. Hargreaves & Harris, Performance beyond expectations. Also Hargreaves & Shirley, The Fourth Way.
45. Interview with assistant head.
46. Interview with head of English Department.
47. Chapman, C., & Harris, A. (2004). Improving schools in difficult and challenging contexts: Strategies for improvement. Educational Research, 46(3), 219–228; Harris, A., James, S., Gunraj, J., Clarke, P., & Harris, B. (2004). Improving schools in exceptionally challenging circumstances. London: Continuum Press; James, C., Connolly, M., Dunning, G., & Elliott, T. (2006). How very effective primary schools work. London: Sage.
48. Interview with Graeme Hollinshead.
49. Interview with Graham Hollinshead.

| 08 미국 캘리포니아 주 |

1. Nicholas, P. (2004, July 18). Gov. criticizes legislators as 'girlie men'. Los Angeles Times. Retrieved from http://articles.latimes.com/2004/jul/18/local/me-arnold1.
2. Caroll, S. J., Krop, C., Arkes, J., Morrison, P.A., & Flanagan, A. (2005). California's K–12 schools: How are they doing? Santa Monica, CA: RAND, p. xxxiv.
3. Oakes, J., Rogers, J., & Lipton, M. (2006). Learning power: Organizing for education and justice. New York: Teachers College Press.
4. Noah, T. (2012). The great divergence: America's growing inequality crisis and what we can do about it. New York: Bloomsbury; Reich, R. B. (2010). Aftershock: The next economy and America's future. New York: Alfred A. Knopf; Reich, R. B. (2012). Beyond outrage: What has gone wrong with our economy and our democracy, and how to fix them. New York: Albert A. Knopf.
5. Innocente Research Center, Child poverty in perspective: An overview of child well-being in rich countries.
6. Braun, H. (2010). The black-white achievement gap revisited. Education Policy Analysis Archives, 18(2), 1–99.
7. Johnson, S., Dondaldson, M., Munger, M., Papay, J., & Qazilbash, E. (2007). Leading the local: Teachers union presidents speak on change, challenges. Education Sector, 1–40.
8. Duffett, A., Farkas, S., Rothertham, A., & Silva, E. (2008). Waiting to be won over: Teachers speak on the profession, unions, and reform. Education Sector, 1–32.
9. Sarason, S. B. (1996). Revisiting "The culture of the school and the problem of change." New York: Teachers College Press.
10. Hoxby, C. (2000). The effects of class size on student achievement: New evidence from population variation. The Quarterly Journal of Economics, 115(4), 1239–1285; Finn, J. (2002). Small classes in American schools: Research, practice, and politics. Phi Delta Kappan, 83(7), 551.
11. Nye, B. (2000). The effects of small classes on academic achievement: The results of the Tennessee class size experiment. American Educational Research Journal, 37(1), 123–151.
12. Collins & Hansen, Great by choice, pp. 76–78.
13. Hargreaves, A. (1994). Changing teachers, changing times: Teachers' work

and culture in the postmodern age. New York: Teachers College Press.
14. Vygotsky, L. (1978). Mind in society: The development of higher psychological processes. Cambridge, MA: Harvard University Press.
15. OECD. (2011). Building a high quality teaching profession: Lessons from around the world. Paris: OECD, p. 23.
16. For descriptions of teachers engaging in "mindful data analysis," see MacDonald & Shirley, The mindful teacher, pp. 52–56.
17. Rawls, J. (1971). A theory of justice. Cambridge, MA: Belknap Press of Harvard University Press.
18. Bryk, A. S., & Schneider, B. L. (2002). Trust in schools: A core resource for improvement. New York: Russell Sage Foundation.
19. DuFour, R., & Eaker, R. E. (1998). Professional learning communities at work: Best practices for enhancing student achievement. Bloomington, IN: National Education Service.
20. California Department of Education. (2010). Quality Education Investment Act: Report to the legislature and the governor, first progress report. Sacramento, CA: California Department of Education.
21. California Department of Education. (2010). Quality Education Investment Act.
22. As cited in Malloy, C., & Nee, A. (2010). Lesson from the classroom: Initial success for at-risk students. Los Angeles: Vital Research.
23. As cited in Malloy & Nee, Lessons from the classroom. Table 8.1 and Table 8.2 below are taken from Figure 1 and Figure 2 of this report on pages 10 and 11 respectively. For an explanation of the research methodology used in this study, go to Malloy & Nee, Lessons from the classroom, pages 6–7.
24. Hargreaves, Changing teachers, changing times.
25. Rogers, J., Bertrand, M., Freelon, R., & Fanelli S. (2011). Free fall: Educational opportunities in 2011. Los Angeles: UCLA Institute for Democracy, Education, and Access.
26. Rogers, Bertrand, Freelon, & Fanelli, Free fall, p. 5.
27. Brown, Gov. E. J., Jr. (2011, October 8). Address to the California State Senate, Sacramento, CA.

| 09 학교교육 제4의 길의 방법론 |

1. Sampson, A. (1999). Mandela: The authorized biography. New York: Knopf.

2. Hargreaves & Shirley, The Fourth Way.
3. Boyle, A., & Humphreys, S. (2012). A revolution in a decade. London: The Learning Trust.
4. Those who can, do; those who can't, teach. (n.d.). In Idioms, by the Free Dictionary, Thesaurus and Encyclopedia. Retrieved from http://idioms.thefreedictionary.com/Those+who+can,+do%3B +those+who+can't,+teach.
5. Conaty, B., & Charan, R. (2010). The talent masters: Why smart leaders put people before numbers. New York: Crown Business.
6. As cited in Whicher, S. E. (1957). Selections from Ralph Waldo Emerson: An organic anthology. New York: Houghton Mifflin, p. 153.
7. Kets de Vries, M. (2006). The leader on the couch: A clinical approach to changing people and organizations. San Francisco: Jossey-Bass.
8. UNESCO. (1996). Learning: The treasure within. Paris: International Commission on Education for the 21st Century.
9. Mourshed, Chijioke, & Barber, How the world's most improved school systems keep getting better.
10. Sahlberg, Finnish lessons, pp. 90–91.
11. Boulay, B., Gamse, B., Checkoway, A., Maree, K., & Fox, L. (2011). Evaluation of Massachusetts Expanded Learning Time (ELT) initiative: Implementation and outcomes after four years. Evanston, IL: Society for Research on Educational Effectiveness.
12. Zhao, Y. (2012). World class learners: Educating creative and entrepreneurial students. Thousand Oaks, CA: Corwin.
13. Robinson & Aronica, The element.
14. Piddocke, S., Magsino, R. F., & Manley-Casimir, M. (1997). Teachers in trouble: An exploration of the normative character of teaching. Toronto: University of Toronto Press.
15. Ingersoll, R. (2003). Who controls teachers' work? Power and accountability in America's schools. Cambridge, MA: Harvard University Press.
16. Richtel, M. (2011, October 22). A Silicon Valley school that doesn't compute. New York Times. Retrieved from www.nytimes.com/2011/10/23/technology/at-waldorf-school-in-silicon-valley-technology-can-wait.html?_r=1.
17. Lever. (n.d.). Dictionary and Thesaurus—Merriam-Webster Online. Retrieved from www.merriam-webster.com/dictionary/lever.
18. What is driver? (n.d.). BusinessDictionary.com—Online Business Dictionary.

Retrieved from www.businessdictionary.com/definition/driver.html.
19. Glossary of Generator Terms. (n.d.). Lawn Mower Parts & Small Engine Parts by Briggs & Stratton. Retrieved from www5.briggsandstratton.com/eu/en/corp/glossary/generator.aspx.
20. Dynamo (n.d.). Macmillan Dictionary and Thesaurus: Free English Dictionary Online. Retrieved from www.macmillandictionary.com//thesaurus/british/dynamo#dynamo_6.

2015년 07월 31일 | 초판 인쇄
2021년 10월 08일 | 2판(번역개정판) 7쇄

지은이 앤디 하그리브스, 데니스 셜리
옮긴이 이찬승, 홍완기

펴낸이 이찬승
펴낸곳 교육을바꾸는사람들

출판등록 2012년 4월 10일 | 제313-2012-114호
주소 서울시 마포구 양화로 7길 76 평화빌딩 3층
전화 02-320-3600
팩스 02-320-3611

홈페이지 http://21erick.org
이메일 gyobasa@21erick.org
유튜브 youtube.com/gyobasa
포스트 post.naver.com/gyobasa_book
트위터 twitter.com/GyobasaNPO
인스타그램 instagram.com/gyobasa

ISBN 978-89-97724-02-4 (04370)
978-89-97724-00-0 (세트)

- 책값은 뒷면 표지에 적혀 있습니다.
- 잘못 만든 책은 구입하신 서점에서 바꾸어드립니다.
- 본 책의 수익금은 사회적 돌봄이 필요한 아동·청소년을 위한 교육지원사업에 사용됩니다.

이 도서의 국립중앙도서관 출판예정도서목록(CIP)은 서지정보유통지원시스템 홈페이지(http://seoji.nl.go.kr)와 국가자료공동목록시스템(http://www.nl.go.kr/kolisnet)에서 이용할 수 있습니다.
(CIP제어번호: CIP2015020930)